AU DELÀ DE L'UNIVERS
ET DES ÉTOILES

JOURNAL D'UNE PETITE PASSEUSE D'ÂMES DEVENUE
INFIRMIÈRE, PATIENTE PUIS MESSAGÈRE.

ÉMILIE PELLETIER

AU DELÀ DE L'UNIVERS
ET DES ÉTOILES

JOURNAL D'UNE PETITE PASSEUSE D'ÂMES DEVENUE
INFIRMIÈRE, PATIENTE PUIS MESSAGÈRE.

Édition : BoD · Books on Demand, 31 avenue Saint-

Rémy, 57600 Forbach, bod@bod.fr

Illustrationsetcouverture:Émilie Pelletier

Impression : Libri Plureos GmbH, Friedensallee 273,

22763 Hamburg (Allemagne)

ISBN : 978-2-3225-5585-7

Dépôt légal : mars 2025

Je dédie ce livre à la petite fille que j'ai été, celle qui avait conscience de sa « magie sienne ».En son hommage, je signe ce livre avec mon nom de jeune fille.

Je dédie ce livre à ma famille, à mes proches, aux rencontres qui ont parsemé mon chemin et participé à construire la femme que je suis.

Enfin, je dédie ces lignes à mon ami Christian (Cri-Cri) et à ma tante Martine (Tata), les deux phares qui ont largement contribué à révéler celle que je suis.

AVANT-PROPOS

Chers lecteurs,

Avant de vous plonger dans mon histoire, il va me falloir planter quelques éléments de décor, et me présenter.

Tout d'abord, ce livre est un témoignage, un journal de la petite-fille, de l'infirmière, de la patiente puis de la messagère que je suis, entre autres. En 2021, j'ai vécu, avec ma tante, une expérience extraordinaire alors que celle-ci était dans le coma. Nous avons eu l'idée d'écrire ensemble notre histoire après son réveil, mais elle est partie rejoindre les étoiles avant que cela ne soit possible. J'ai décidé, malgré tout, de mener notre projet au bout. Elle a su, de l'autre côté du voile, au-delà de l'univers et des étoiles, me faire comprendre qu'elle avait eu le temps d'écrire ce qu'elle avait vécu. Grâce à sa fille, ma cousine, j'ai eu accès à ses écrits. En lisant son journal intime et le mien, je me suis dit qu'il était impossible de parler de notre histoire sans relater plusieurs éléments de la mienne, avant que le destin nous réunisse toutes les deux d'une manière pour le moins inattendue.

Alors, je vais vous relater quelques éléments pour mieux comprendre ce qui va suivre. Pour se présenter, on se définit toujours par notre prénom, notre âge, notre métier. J'ai envie de procéder autrement en vous laissant plonger dans certains chapitres de ma vie. Avant cela, je peux vous apprendre quelques faits : je suis née dans une famille unie, aimante, athée et « cartésienne ». Je suis l'aînée d'une fratrie de trois, et les plus beaux cadeaux que mes parents m'aient faits ont été mes frères. Car, bien que solitaire et discrète, j'aurais mal supporté d'être « seule ».

Certains évènements de ma vie m'ont tant marquée que je les avais consignés dans ma tête ou sur des supports papiers...J'ai passé mon enfance à ce qu'on appelle « voir des choses », et j'ai su très vite qu'il n'en était pas de même pour ceux qui m'entouraient. C'est un secret que j'ai gardé bien enfoui jusqu'à ce que l'Univers en décide autrement.

Cet Univers m'a envoyé plusieurs signes pour me révéler :

Le premier, ou plutôt devrais-je dire les premiers, ont été mes « visions » et les défunts venant côtoyer mes nuits d'enfant.

Les deuxièmes auront été nombreux. Il y aura eu, entre autres, mon ami Cri-Cri, seule personne de mon entourage à mes 15 ans à parler ouvertement de choses considérées comme irrationnelles par mes proches ; puis mon mari, mon moteur. Je me souviendrai toujours de ma première rencontre avec sa mère, un matin de novembre 2005 où elle me dit soudainement : « Je suis désolée d'être fatiguée, j'ai fait un voyage astral cette nuit ! ». Les fibres de mon pull s'en rappelleraient certainement si je l'avais encore en ma possession, puisque j'en recrachais mon chocolat chaud que je buvais tranquillement à l'annonce de cette phrase énigmatique.

Le troisième signe fut mon expérience en tant qu'infirmière. Alors que je tentais désespérément de tout expliquer par mon mental (que j'appelle mon Ingénieur), en me raccrochant au monde médical et scientifique ; chassez le naturel, comme on dit, il revient au galop.

Le quatrième signe, le moins sympathique : mes problèmes de santé. Il est important de vous faire comprendre que c'est ma souffrance et mon désespoir qui m'ont menée vers une quête : celle de moi-même.Alors que je cherchais à faire taire les alarmes de douleurs insupportables, alors que j'osais sortir des sentiers battus puisque la médecine ne pouvait plus rien pour moi (selon ses dires), je découvrais l'univers de la médecine holistique. C'est ma rencontre avec les soins énergétiques Kolaimni qui changea définitivement ma vie et me confirma « qu'il y avait bien autre chose ».

Le dernier signe, et non des moindres, fut donc l'histoire incroyable vécue avec ma tante, mon Soleil. Nous avons vécu dans l'entre-deux une expérience digne d'un livre...celui-là même que nous devions écrire ensemble...une partie de celui que vous vous apprêtez à lire.

Mon livre aborde donc ces signes sous forme de chapitres illustrés par mes dessins, et se présente comme un journal intime, un témoignage d'une partie de mon histoire, puis de celle de ma tante.

Ceci afin que vous compreniez notre cheminement, nos croyances et les grandes lignes de nos vies avant cela. Ce fut un véritable travail d'introspection. Et puis, les peurs et les doutes n'ont pas tardé à se faire entendre, car écrire est une chose, publier en est une autre.

Finalement, ce travail d'introspection me mène à l'exposition, et cela n'a jamais fait partie de mes habitudes. J'ai plutôt passé ma vie à me cacher, à éviter d'être vue et regardée, préférant passer pour une personne timide et réservée plutôt que pour une « folle ».

Mais, refuser l'expérience serait refuser de vivre...

Enfin, ce que j'ai écrit n'a pas pour vocation à être présenté comme LA vérité. Ce sont les faits et les interrogations d'une petite fille, d'une infirmière, d'une patiente, d'une passeuse d'âmes. Mais ce sont finalement les interpellations, les nombreuses questions d'un être humain avant tout : une femme en quête de sens, en quête d'elle-même...

Pour moi, pour vous, pour eux, pour toi, Tata...

NB : Afin de préserver l'anonymat et l'intimité de certaines personnes, j'ai parfois dû modifier les prénoms, noms et une partie de leur histoire (surtout dans le chapitre 3 concernant ma vie d'infirmière).

LETTRE À MOI-MÊME : DE LA PETITE FILLE À L'ADULTE QUE JE SUIS

Chère moi-même,

Bravo, tu as réussi, il était temps ! J'ai bien cru que ton Ingénieur allait encore nous trouver mille et une autres raisons pour ne pas publier notre histoire. Soit dit en passant, je salue son magnifique travail : grâce à son souci du détail, il a enregistré des moments que tu ne te souvenais même plus avoir gardés. Je me réjouis de son sens inné du rangement et ne cesse de m'étonner de sa rapidité à te sortir toujours de nouveaux dossiers. Certains d'entre eux t'ont fait perdre du temps, peut-être, et ton impatience a bien failli te perdre. Tu sais, parfois, le chemin le plus court et le plus simple n'est pas le plus adapté pour te faire comprendre les choses...Alors, il me faut improviser. Ton ingénieur est là pour t'aider. Même si, au fond, je sais que tu pestes contre lui, car tu aimerais qu'il soit aussi consciencieux en ce qui concerne ton sens de l'orientation qui n'a pas la présence d'esprit, lui, d'exister...Que veux-tu, ce n'est pas de sa faute si, à la place des casiers intitulés « temps et espace », c'est le néant. Peut-être est-ce dû à un oubli de nos parents lors de ta conception, ou peut-être est-ce un choix de notre Âme...qui sait ? En parlant de cette dernière, je suis bien heureuse que tu aies compris la nécessité de la laisser te guider...Les guides, l'univers, ton ADN, nos mémoires familiales, notre vie quotidienne, notre corps, les autres, l' environnement, le temps qui passe inlassablement, nos émotions, tout cela sont tant de choses difficiles à concilier. Mais, je crois que tu as compris, dans le fond, que ta boussole intérieure, l'unique que tu te dois d'écouter, c'est elle, notre Âme. Même si parfois elle te met dans de fâcheuses positions...Fais-lui confiance, elle sait : alors laisse-toi porter, par pitié, cesse de vouloir tout contrôler !

Eh bien, à toi désormais, de t'exprimer dans les chapitres suivants. Tu as tant de choses à dire, maintenant que tu t'y es enfin autorisée. Je souhaite à tes lecteurs qu'ils apprécient, autant que moi, notre aventure riche en rebondissements. Ah oui, au fait, Émilie, j'oubliais, je peux te le dire maintenant : Love...

PREMIER SIGNE

NAISSANCE D'UNE PETITE MAGIE-SIENNE

L'âme hors du corps, la mort du corps.

« Il nous faut naître deux fois pour vivre un peu, ne serait-ce qu'un peu : il nous faut naître par la chair et ensuite par l'âme. Les deux naissances sont comme un arrachement. La première jette le corps dans le monde, la seconde balance l'âme jusqu'au ciel ». Christian Bobin.

« Rien ne se perd, rien ne se crée, tout se transforme ». Lavoisier.

Je ne sais pas exactement quel âge j'avais lorsque cela a commencé. On détermine souvent une date pour parler de quelque chose qui nous a marqué dans notre vie. En ce qui concerne mes visions, je ne saurais vraiment pas situer leur début...comme si elles avaient toujours fait partie de ma vie. Je me souviens de bribes, de moments incroyables que j'ai cru longtemps rêvés, jusqu'à ce que la porte s'ouvre, que la lumière dissipe les ombres de mes pensées, les ténèbres de ma peur.

Ce chapitre est dédié à l'enfant que j'ai été. Il retrace des souvenirs succincts, des moments écrits dans mon journal intime puis déchirés par une petite fille apeurée non pas par les choses qu'elle voyait et percevait, mais apeurée par ce qu'elle était.

Mon souhait est de relater ici des événements marquants, sans y mettre ma « patte » d'adulte. J'ai donc, dans ce premier volet, laissé la place à cette petite fille tout en m'imprégnant de sa vision de ce qui l'entourait, et lui arrivait.

Et la vision qui a marqué à tout jamais son, mon histoire fut celle d'un certain jour de juin, en 1990...

Il est essentiel que je la mentionne afin de comprendre le lien qui m'unira à ma tante, plus tard (ma tante étant la sœur de ma mère, et la femme de mon parrain, décrit après).

Ici, c'est la petite fille qui parle et, pour elle, c'est ainsi que tout a commencé...

JUIN 1990 : LA MORT DANS L'ÂME

Ma vue se brouille. La lumière des bougies devient floue. Je ne peux même plus les compter...mes bougies. Je sais qu'il y en a 5. Maman attend que je les souffle, pour la photo. Mais, je ne peux pas. Je suis prise de panique. Là, assise sur les genoux de mon parrain bien-aimé, j'ai eu la pire vision qu'il soit : « Il va mourir .»

En image, tout disparait autour de moi pour laisser place à une scène d'une tristesse abyssale : ma famille réunie autour d'une tombe au cimetière face au domicile de mes grands-parents : dedans, il y a mon parrain : « Il va mourir », pensé-je alors, encore dans ma tête. C'est quoi « mourir » ? En tout cas, je sens que cela va nous faire mal, très mal. Je me sens nauséeuse, et je ne sais pas quoi faire, alors, je pleure, car c'est la seule réponse adaptée qui me vient en premier. Que m'arrive-t-il ? Pourquoi j'ai cela dans la tête ? Si je souffle les bougies, ma vision se réalisera-t-elle ? Peut-être que si je refuse de les souffler cela n'arrivera pas ? Tout le monde s'impatiente autour de moi : « Allez Émilie, ne fais pas du boudin, souffle tes bougies !». Je ne peux pas, je ne veux pas car si je grandis, il va mourir, je le sais. « Allez, Émilie jolie, on le fait ensemble ? ».

Il m'a serrée contre lui et m'a rassurée, mais ce que j'ai senti ne disparaît pas. Il a ramené ma tête contre son cœur et cela n'a fait qu'accentuer ma terreur. Son battement sonne comme le tic-tac incessant du temps qui passe, et qui passera jusqu'au jour fatidique. C'est à cet instant précis, que maman nous prit en photo.

Que faire quand une telle prémonition vous touche de plein fouet lors d'un moment qui se doit d'être joyeux ?

Comment, et à qui en parler ? À personne...c'est la décision que j'ai prise avec moi-même : personne ne devra savoir, car je le sens au plus profond de moi, personne ne l'entendra.

Parrain m'a demandé ce que je voulais pour Noël. J'ai répondu : une boîte à magie. Je sais que la magie existe, j'en suis certaine. Maman et papa disent que c'est « pour de faux », mais moi, je ne suis pas d'accord. Je sens qu'il y a de la magie partout autour de nous, et je veux savoir, contrôler cette magie...pour soigner, et peut-être pour éviter le pire à venir...

Il faut à tout prix que j'évite cette catastrophe qui s'annonce, me dis-je, la mort dans l'âme.

10/01/1991 : PARTIE AU CIEL

Je suis dans le salon, assise sur le tapis.

Je repense à Noël. Je n'ai pas eu la boîte à magie demandée, et cela m'inquiète vraiment. Je me demande comment je vais pouvoir empêcher ce que j'ai vu...J'ai envie de prévenir Tata et Parrain, j'ai tant envie de leur dire, j'ai envie d'en parler à maman aussi, mais je sais déjà ce qu'elle va me répondre : «Tout cela c'est ton imagination Émilie !» ou encore : «Arrête de dire n'importe quoi, tu vas nous porter la poisse !». J'ai parlé des fantômes à mes parents, et ils m'ont dit que cela n'existait pas, et que c'était des histoires pour faire peur aux enfants. Je ne sais pas pourquoi ils disent cela, moi j'en vois, et ils ne me font pas peur. Si je leur parle de ce que je pressens concernant la mort de mon parrain, je crois qu'ils vont avoir encore plus peur. Je ne sais pas comment faire, et me redis, une fois de plus, que me taire est la meilleure solution.

Soudain, je lève la tête et observe ma mère. Elle est au téléphone, dans le canapé face à moi. Sur sa droite, il y a une fenêtre. Je ne sais pas à qui elle parle mais la conversation semble l'attrister, et puis, elle pleure. Mais ce n'est pas cela qui m'intrigue, non, c'est la silhouette que j'ai vue qui me tire de mon occupation. Je plisse les yeux, et cherche autour de maman. Là, à sa droite, devant la fenêtre, je la vois nettement : c'est mémère Georgette ! Elle a ce petit sourire triste qui lui appartient, mais je sais qu'elle est apaisée. On se regarde, je lui souris. Elle contemple maman. Je ressens l'Amour Inconditionnel qu'elle a pour elle. «À ses côtés, toujours», perçois-je. Maman raccroche et m'explique la cause de sa tristesse. Pendant que je vois mon arrière-grand-mère s'envoler vers l'extérieur, vers la lumière, elle m'annonce : «Je pleure car mémère est partie au ciel». Ces mots sont restés gravés dans ma tête et dans mon cœur...

Car alors, enfant que j'étais, j'avais cru que, finalement, ma mère, elle aussi, l'avait vue monter au ciel...Je pensais que maman, comme moi, voyait les esprits...

FEVRIER 1991 : UNE NUIT PARMI TANT D'AUTRES : MES ANGES

Je dors beaucoup. Enormément même. Il est très difficile pour moi, de me réveiller, ou plutôt de sortir de la torpeur dans laquelle je me retrouve la nuit. Parfois, je flotte dans ce monde que je qualifie « d'entre-deux ». Dans cette dimension, des « fantômes », se succèdent à mon chevet. Malgré tout, j'ai toujours accès à ce qu'il se passe dans ma chambre.

Ce soir, cela recommence. Je suis couchée, et je sens le sommeil me gagner, vite, rapidement. Je n'ai pas le temps de m'endormir finalement, j'ai de la visite. C'est une femme. Grande, fine, cheveux longs, elle vient à moi...perdue. Je ressens une telle souffrance, une telle douleur que cela me coupe le souffle. Je sais que ce n'est pas elle qui me fait du mal : je sais que c'est sa peine que je reçois en écho. Il y a une voiture. Je comprends que c'est un accident qui a causé sa fin. Elle a le souffle coupé...et moi aussi. Je lui parle, en image. « Tout va bien, je vais t'aider, il suffit d'aller vers la lumière, toujours la lumière... ». Je la vois y aller, la traverser. C'est beau, c'est chaud dans mon cœur. Parfois, j'aimerais rester à côté, à la contempler, mais il me faut redescendre. C'est très difficile, car je me sens légère et lourde en même temps, ce soir. Soudain, j'entends des bruits de pas dans l'escalier. Je suis toujours au-dessus de mon corps alors, c'est comme si je regardais sous mes pieds, et je vois maman qui monte les marches. « Mon Dieu, me dis-je, vite, faites que je redescende dans mon corps ». Cependant, il est impossible d'y revenir cette nuit, je suis comme bloquée là-haut, spectatrice de mon corps endormi dans mon lit, spectatrice du baiser que ma mère dépose sur ma tête, certaine que je suis bien dans les bras de Morphée. Il n'en est rien, je suis coincée dans l'immensité de l'entre-deux. Incapable de revenir. Lorsque maman sort de ma chambre, je suis prise de panique qu'elle me retrouve le lendemain ainsi, et qu'elle me croit morte. Alors, je stresse...et, une idée, comme une voix, s'impose à moi : « La lumière Émilie, pense à la lumière : allume la lumière de ton chevet ». Cela me demande une force mentale extraordinaire, j'arrive à sortir de cette torpeur, comme si je sortais de sables mouvants.

Je porte l'attention sur mon bras droit, en espérant qu'il cherche l'interrupteur de ma lampe de chevet, mais je ne peux toujours pas le bouger : impossible. Je lutte, résiste, et enfin, j'y parviens, mon bras bouge, et je le vois s'agiter non plus de là-haut, mais de l'intérieur de mon corps : me voilà revenue dans mon enveloppe physique ! Il semblerait que la lumière dans l'entre-deux met fin au calvaire des défunts, celle de mon chevet met fin au mien.

Je reste un moment à contempler la lampe de mon chevet : c'est une petite femme rose avec un bonnet. Je l'adore, elle me réconforte. Elle est le témoin de mes voyages, astraux, apprendrai-je plus tard, elle est mon phare dans les ténèbres...Elle me rappelle que je ne suis pas seule dans ces expériences. Aussi, très souvent, dans celles-ci, j'y perçois des entités, en retrait, tout en étant à mes côtés. Il y a une petite femme. J'ai mis du temps à comprendre son rôle. Au début, je la craignais, car dans son apparence, elle me faisait penser à une petite sorcière. Les cheveux réunis en une grosse tresse grisée se baladant sur un châle foncé, des multitudes de rides sur un visage tanné, ses yeux qui semblaient ne pas me voir...Tout, chez elle, dégageait une sorte de mystère non résolu. Si je cédais à la peur, alors, je me sentais « chuter » en dehors de mon propre corps. Je savais qu'elle avait des choses à me dire, je savais qu'il me fallait la laisser m'approcher, et pourtant, ma tête d'enfant était apeurée...Un jour, je n'ai pu m'empêcher d'en parler à ma mère qui a pris cela comme un cauchemar. Je n'ai pas cherché à lui faire entendre le contraire. Elle m'a été d'un sage conseil, malgré elle. « Lui as-tu demandé pourquoi elle venait te voir ? Car c'est toi qui contrôles tes rêves, Émilie ! ». Alors je me suis mise au lit le soir avec moins d'appréhensions, armée du fameux conseil de maman comme un bouclier de protection autour de moi. Et cela a fonctionné ! La « petite sorcière amérindienne », c'est ainsi que je l'appelai alors, m'apprit en me montrant des images, ce que je devais faire avec les défunts. Et puis, elle me montra mes mains et les siennes : il y avait de la lumière dedans ! J'ai vu et su que je pouvais utiliser celle-ci.

17

Je me rappelle avoir pensé qu'il ne fallait pas se fier aux apparences, car si son allure ne m'inspirait pas confiance, elle était d'une infinie bienveillance.

Et puis, il y a une autre entité, pleine de lumière, immense et dégageant un Amour Inconditionnel. Je l'adore. Sa lumière est douce et si chaude dans mon cœur. Elle est grande, auréolée d'une lumière bleutée et rose. Elle m'apparait par moment avec un cheval ailé blanc. Comme j'ai le sentiment qu'ils sont tous les deux liés, je les appelle de la même façon : Lathara.

Bien sûr, j'en ai parlé à maman. Pour toute réponse, elle a levé les yeux au ciel en évoquant une fois de plus mon imagination débordante...Papa, quant à lui, a ricané...

Lathara et la petite sorcière amérindienne savent ce que je vis la nuit. Elles connaissent mes difficultés, mes peurs, mes craintes et mon chagrin. L'une me montre le feu dans ses mains, l'autre, la lumière en son sein, vers son cœur. J'ai compris : la lumière, c'est là où doivent aller les personnes qui m'appellent : je dois m'en rappeler, surtout lorsque je commence à entrer dans la peur, et le réciter comme un mantra : Lumière, Lumière, Lumière...C'est ainsi qu'il m'arrivera ensuite, fréquemment, de voir mes guides. À l'époque, je ne les nommais pas de cette façon. Je les qualifiais tout simplement : « d'anges ». Je suis heureuse de me sentir soutenue, et aidée dans ce monde entre-deux, et surtout, je me sens exister. La petite sorcière amérindienne et Lathara veillent sur moi, et cela, c'est inestimable. Je leur ai fait part de mes inquiétudes pour mon parrain, mais elles semblent ne pas s'y intéresser, comme si je ne pouvais rien y faire. Mais j'ai peur, vraiment très peur, car je sais, je sens que cela arriver, sans que je ne puisse l'expliquer.

Avant, je disais de ces évènements qu'ils étaient simplement des rêves, même si je sentais qu'ils étaient bien plus que cela. Mais je ne savais pas qui pouvait m'aider à comprendre ce qui se passait réellement, et si d'autres que moi vivaient des expériences similaires.

J'avais pensé (pas longtemps), que maman voyait les esprits suite à l'expérience avec mémère « partie au ciel », mais je m'étais vite rendue compte que non. Pire, elle disait avoir très peur de cela. Il n'était donc pas préférable d'en parler avec elle. Alors, j'ai tu cette partie de moi. La lecture et le dessin m'ont aidée à canaliser ce vécu qui me semblait magique mais tabou. Les chevaux ailés, les fées, le rose, le bleu ont longtemps recouvert mes feuilles blanches...

PLUS TARD : MÉLODIE

Je m'endors en regardant le rayon lumineux que dessine la lumière du pallier sous la porte de ma chambre. Cela me rappelle « mon mantra » : la Lumière, la Lumière, la Lumière. Je sens mon corps lourd, puis je deviens légère, je monte, me vois dormir et regarde en haut : ils sont quatre ce soir. Des parents et leurs deux enfants. Ils sont perdus, je sens leur détresse, leur crainte et leur peur. Cela a été brutal pour eux, la perte de leur corps physique. Je vois une voiture...un accident de la route, encore un, les a définitivement emmenés dans l'autre monde, mais ils ne semblent pas le comprendre. Je leur parle, et dans cette dimension, quand je parle ce ne sont pas des mots qui sortent de ma bouche mais plutôt des sortes d'ondes, une énergie comme une vague que je leur envoie dans leur esprit. C'est ainsi que nous communiquons entre les deux mondes. Alors que la lumière apparait derrière eux, ils se tournent face à elle et réalisent son existence. C'est beau, si beau, ça me réchauffe le cœur. C'est si fort, si doux à la fois. Aucun mot n'est assez puissant pour décrire ce que je ressens lorsque je vois cette Lumière. Elle est si forte qu'elle m'attire et me repousse en même temps, comme pour me rappeler que ce n'est pas encore l'heure pour moi. Je les vois partir main dans la main, et disparaitre dans cette lumière si présente que je ne peux plus distinguer leurs contours, et quand je reviens dans mon corps de chair, c'est le rayon lumineux sous ma porte que je vois...J'ai réussi, je n'ai pas eu peur ! Et je leur ai montré le chemin !

Soudain, je me sens repartir, et un homme apparait. Je ressens qu'à sa mort, il était d'une tristesse immense. Une mélodie me parvient : celle d'un chant que j'apprends en ce moment à l'école. C'est important, me fait-il comprendre, que je la chante devant mon père. Alors, je le ferai le lendemain. Nous sommes dans la cuisine, et je m'exécute, chantonne cette mélodie, en regardant papa. Il réagit immédiatement : « C'est bizarre que tu chantes cela, mon collègue le faisait lui aussi ! Il est décédé hier ». J'appris plus tard, qu'il s'était donné la mort.

Je n'ai pas pu en dire plus à papa. J'aurais pu lui répondre que c'était justement son collègue qui m'avait demandé de lui chanter cet air, mais je ne m'en suis pas sentie capable. Je sais que la peur n'est pas toujours de bon conseil, et qu'il vaut mieux l'éviter dans le monde entre-deux, mais, ici, dans la matière, il vaut mieux l'écouter au risque d'être rejetée. Alors, je me contenterai d'admirer, seule, la puissance de nos Âmes, leurs vibrations, et les frissons qui me parcourent comme lorsque j'écoute certaines mélodies.

JUILLET 1991 : UNE NUIT CHEZ MES GRANDS-PARENTS : PAS ENCORE L'ÂGE

J'adore séjourner chez mes grands-parents, mais à chaque fois, c'est pareil : je les vois. Il y a la maman et le papa de mamie qui rôdent dans la chambre, et me regardent d'un air attendri. Pépère Paul a une douceur et une bienveillance telles vis-à-vis de mamie que cela m'émeut énormément. Mais en même temps, cela me fatigue, j'aimerais bien qu'ils m'oublient et me laissent dormir tranquille. J'ai remarqué qu'ils sont beaucoup plus présents lorsque je dors dans la chambre face au cimetière. Je sais que pépère Paul voudrait que je parle de lui à mamie, mais je ne sais pas ce qu'elle aurait à dire de tout cela, et j'ai peur de la choquer. Cette nuit, il est venu à moi : il m'a montré un tendre moment entre lui et sa fille, sur un banc. Il lui parlait, et tenait sa main, et ils ont fini par se serrer dans les bras.

Le lendemain matin, alors que mamie est dans la chambre en train de refaire mon lit, j'en profite pour lui demander comment était son papa. Je me dis que c'est une manière comme une autre d'aborder le sujet. Elle se redresse brusquement et me regarde étrangement :

-C'est bizarre que tu me poses cette question, ma Ninie (c'est ainsi que mamie me surnomme), car j'ai rêvé de lui cette nuit : il était avec moi sur un banc, et on parlait tous les deux, puis il m'a serrée dans ses bras !

Je suis si heureuse qu'elle en parle ! Elle s'en souvient donc, me dis-je.

-Il est venu te voir, je sais, je l'ai vu, dis-je dans un souffle.

Elle me regarde d'un air gêné, et continue ce qu'elle fait, comme si de rien n'était.

Décidément, personne de mon entourage ne souhaite dialoguer avec moi, et j'ai la nette impression de leur faire peur, à tous. Je ne peux donc pas me confier à mamie non plus. De la fenêtre de la cuisine, j'admire le cimetière en me disant que j'aimerais tant y aller. Je voudrais rendre hommage à mes ancêtres. Mais je ne peux pas : mamie me dit que je n'ai pas encore l'âge pour cela. Si elle savait, ce que je vois la nuit, elle changerait peut-être d'avis. Je me demande souvent si je ne suis pas beaucoup plus âgée que ce qu'on me dit.

SEPTEMBRE 1991 : LA FIN DE LA FAIM : LE DÉBUT DE MON CHEMIN

J'ai 6 ans...dans une de mes mains, celle de ma maman, dans l'autre un paquet de riz. J'ai deux trésors aux creux de mes paumes...l'un m'aide à grandir, l'autre, je l'espère, aidera d'autres enfants à en faire autant. Il y a quelques jours, la maîtresse a dit que certains d'entre nous mourraient de faim dans le monde : beaucoup se trouvent, en ce moment, dans cette situation en Somalie. Je ne sais plus situer la Somalie sur la carte du monde, mais j'ai retenu une chose : des enfants souffrent et ont faim.

On a parlé de la guerre, et les images que j'ai vues de ces enfants m'ont bouleversée.

Je ne déteste pas grand-chose dans la vie, si ce n'est le melon, les épinards, le sport, le bruit, mais j'ai rajouté quelque chose en haut de la liste : ce que je déteste le plus au monde : la guerre. Comment est-ce possible ? Pourquoi ne fait-on rien ? Et puis pourquoi je mange à ma faim, moi, et d'autres pas ? Alors que j'aimerais tant les aider. J'ai dit cela à ma mère : « Je veux aider ». Alors, aujourd'hui, je ramène le graal...ce qui sera peut-être la fin de la faim pour un enfant comme moi.

Et, en marchant aux côtés de maman, j'ai une révélation, une idée sur le but de ma vie : je me dis que j'aiderai les gens, que je ferai tout pour que les guerres cessent, que je réconforterai les malades. Je pense à maman. Elle a souvent mal à la tête en ce moment, elle dit que ce sont des migraines.

Je lève ma tête et lui dis : « Tu sais maman, quand je serai grande, je te sauverai : je te trouverai des médicaments, et plus jamais tu n'auras mal ». Je sens au plus profond de mon être, de mon Âme, que je trouverai un jour, quelque chose qui aidera les personnes à aller mieux, à soigner leurs blessures. En tout cas, je l'espère, tellement. Je suis habitée par cette pensée, et elle ne quittera jamais mon enfance, elle guidera mes pas comme un gouvernail intérieur. Dans mon cœur, j'imagine un monde meilleur, où tout serait possible.

C'est ainsi que le combat contre la faim dans le monde révéla le chemin que je voulais emprunter. J'avais donc trouvé ma voie, le but de ma vie, à 6 ans, c'était si clair et simple dans mon esprit....

10 FEVRIER 1993 : ENTRE-DEUX

En me levant ce matin, je me sens étrange car j'ai eu une vision particulière cette nuit. J'ai peur qu'elle soit réelle. J'ai vu mon parrain au ciel : il était sur un nuage et me tendait une échelle.

Je suis inquiète, car je n'ai encore pas eu de boîte à magie à Noël, mais une montre, et un réveil. Comme pour me narguer et me rappeler le temps qui nous reste avec mon parrain...Et c'est lui, justement, qui m'a offert ces présents. Quelle ironie.

Je descends l'escalier. La maison est silencieuse. Je me souviens encore si nettement de ce silence assourdissant. En m'approchant, j'entends ensuite des reniflements et des sanglots. Mais, je n'entends pas mes frères. Alors que j'arrive à l'entrée de la cuisine, me voilà subitement incapable d'avancer, là debout sur le seuil, la scène devant moi me paralyse : mon papa pleure, ma maman est livide, et mes petits frères semblent immobiles. Ai-je déjà vu papa pleurer ? Ça doit être grave. Mon petit frère de 3 mois est dans son transat, et je me demande s'il lui est arrivé quelque chose pour que mes parents soient dans un tel état. Et puis soudain, je comprends ma vision de cette nuit. Alors que je réalise ce qui se passe, maman me le confirme : « Émilie, nous sommes tristes car ton parrain est parti au ciel hier, tu comprends ? ». Parti au ciel ? Non, pas déjà ? pensé-je silencieusement.

J'adore mon parrain, il me fait rire quand il m'embrasse sur la joue, il me chatouille avec sa moustache et me chante « Émilie Jolie ». J'aime bien cette chanson, on dirait qu'elle a été écrite pour moi. Je ne l'entendrai donc plus me chanter cela ? C'est triste, vraiment triste. Et Tata et mes cousins doivent être affreusement tristes eux aussi. Mes larmes coulent. Je l'avais senti en plus. Pourquoi n'ai-je rien dit ? Si je l'avais fait peut-être que cela l'aurait sauvé. Je me sens si mal. Je m'en veux, et cela me rongera jusqu'à ce qu'enfin je puisse en parler...bien plus tard.

Ce soir, mon petit frère Romain pleure, et a peur que maman meurt aussi. C'est bizarre, je n'avais pas pensé à tout cela. Pour moi, nous sommes éternels. Je l'entends poser des questions à maman sur la mort, et moi j'écoute de ma chambre. Ainsi, ce serait cela la mort selon eux : la fin. C'est moche, et cela ne va pas avec ce que je perçois. Il faut dire que j'ai une imagination débordante, apparemment.

En effet, il y a peu, la maîtresse nous a autorisés à faire un « dessin libre ». « Chouette ! », j'adore dessiner et je n'aime pas qu'on m'impose un thème même s'il faut dire que cela m'aide souvent à canaliser mes idées qui fusent trop vite. Alors, j'ai dessiné un bateau : j'adore les bateaux. Ils sont magiques : ils sont lourds mais ils se déplacent sur l'eau comme s'ils volaient. J'adore l'eau, elle cache des trésors, la vie, les poissons, les dauphins, les sirènes. Je dessine une île et puis des arbres sur le bateau parce que c'est triste un bateau sans arbres. Je rajoute le soleil, les nuages et des oiseaux qui volent parce qu'ils sont libres. J'aimerais bien voler moi aussi, ou nager comme une sirène. Je regarde dans le vide et pars dans mes rêves, dans mon monde... : « Émilie, cesse de rêvasser ».

C'est la phrase préférée de Mme C. en ce qui me concerne. Je sursaute. Elle vient à mes côtés et regarde mon dessin : « Mais où vas-tu chercher tout cela ??!!! ». Elle a l'air choquée. Maman aime bien, elle, quand je dessine. Elle dit que je suis douée et semble surprise par mes idées. Pourquoi la maîtresse paraît offusquée, elle ? Qu'ai-je fait de mal ?

Ce soir, elle parle à maman.

Je suis assise devant la table à regarder mon dessin que l'institutrice a mis en évidence devant moi. Ainsi, j'ai l'impression que je dois réfléchir à ce que j'ai fait : au crime que j'ai commis...celui d'avoir fait encore preuve de « trop d'imagination ». Elles sont toutes deux, debout à mes côtés, discutant de moi. On dirait que j'ai fait quelque chose de grave pour Mme C. Ma mère, elle, semble être de mon côté, et lui dit que je suis une petite fille qui a beaucoup d'imagination, et que mes dessins sont magnifiques.

L'imagination débordante dans le monde, ça n'a pas l'air d'être bien vu. Je m'efforcerai donc de la cacher autant que je le peux, mais c'est dur. Les crayons m'attirent, et les pages blanches me fascinent. Mon feutre fait une trace, puis, c'est à moi de lui donner forme, de lui donner vie. J'adore me mettre au plus près de ma feuille et regarder ce trait, cette ligne qui devient quelque chose ou quelqu'un : cela m'émerveille. Ma main ne peut plus s'arrêter : le crayon est son prolongement.

La feuille n'est pas une limite, alors parfois j'en rajoute autour pour continuer mon art. Je n'ai pas la notion du temps et encore moins lorsque je dessine. On dit que, dès que j'ai su tenir un crayon, je n'ai plus eu envie de m'en séparer. J'aime dessiner tout ce que je vois de mes yeux, mais aussi dans mon cœur. Et puis, j'aime écrire...écrire mes pensées, mes envies, mes joies et mes peines. Ma haine et ce que j'aime. Je découvre à quel point la limite entre les deux est si fine, à quel point les deux sont si proches...autant que les deux lettres de l'alphabet qui se suivent de si près...M et N...si peu les distancie. Je suis à l'aise lorsqu'il s'agit de coucher les mots sur du papier...bien plus que lorsqu'il s'agit de les faire voler dans l'air. Peut-être parce que j'ai peur qu'ils se perdent dans le vide. Le papier semble les retenir, les mémoriser aussi. Écrire sera ma façon de m'exprimer, de partager avec mes proches, mes amis. Je m'écrirai aussi à moi-même, moi la petite fille qui se trouve si différente, si étrange, et que ça dérange. Je chercherai à me comprendre jusqu'à écrire mes rêves...Ceux qui me réveillent en sursaut, ceux qui me font si peur, ceux qui se réalisent, ceux que je vis, j'en suis sûre, dans une autre dimension...celle où mon parrain me parle...celle où je lui réponds parfois à voix haute, au milieu de ma chambre...

Le soir, « je cherche dans ma tête » : Qui est cette voix qui me pousse, qui me guide ? Quel est ce corps qui me retient ? Pourquoi ai-je parfois l'impression d'y être enfermée ? Comment expliquer ce sentiment que c'était mieux avant, alors que je n'ai que presque 8 ans ? Je me sens si seule, si coupée du monde. Alors, je me laisse dériver vers l'entre-deux, pour m'y sentir entière. Je ferme les yeux, serre ma peluche contre moi...celle que Parrain m'a offerte...derrière mes paupières, je vois. Je vois la Terre, perdue dans l'Univers...Uni ? Je n'en ai pas l'impression. Je sens la guerre sur cette Terre...la haine, la tristesse...Vers ? Vers quoi ? Vers quoi cela nous mènera ? Et puis, y a-t-il plus grand que nous ? Je pense aux acariens peuplant mon drap : ont-ils conscience des humains ? Si oui, nous prennent-ils pour des Dieux ? Je force sur mes paupières...une larme s'échappe. Je me laisse aller plus haut. Je vois. Je suis loin, loin de la Terre. Elle n'est qu'un point. Mais pas un point final.

Je frissonne...je sens la chaleur, l'Amour qui explose dans mon cœur...c'était comme cela avant, je m'en rappelle : Uni-vers L'Amour. Il y a eu un avant pour moi et les autres. Il y aura un après. Cela me fait penser aux cœurs avec des spirales à l'intérieur que j'aime tant gribouiller. Parce que justement, elles ne s'arrêtent jamais. Nous sommes éternels, et nous ne sommes pas seuls. Alors, je rejoins cette autre dimension où je peux parfois y retrouver mon parrain, comme un ange. Je me sens ainsi entière dans cet entre-deux. Mais dans la matière, je me sens toujours entre-deux, partagée entre deux solutions : parler ou se taire, culpabiliser ou ignorer. J'aimerais tant en discuter, mais je ressens chez ceux qui m'entourent une réelle aversion pour cela : avant même que j'ouvre la bouche, je sens leur énergie comme un aimant inversé. Non, je ne peux rien dire, je ne peux pas parler, je dois me taire...Les adultes disent de moi que je suis terriblement réservée. Mes instituteurs s'étonnent toujours de ma discrétion et me poussent à parler mais, c'est impossible : si je parle, ne serait-ce qu'un peu, je risquerais de dévoiler mon secret, et j'ai bien trop peur des conséquences...Se taire semble la meilleure option à ma disposition, pour le moment en tout cas. Je crois que c'est à cet âge que mon Ingénieur (mon mental) a commencé à prendre sérieusement le dessus. Certains parlent de l'âge de raison, pour moi, c'est la naissance du syndrome de l'Ingénieur.

DÉBUT JUIN 1993 : L'AMOUR, TOUJOURS

Un anniversaire sans lui dans la matière, mon premier. Je dois souffler mes bougies, et je manque de pleurer, parce que je me souviens tellement de cette vision, parce que je m'en veux aussi, parce qu'il me manque tant, mais surtout, parce qu'il y a un immense vide lors de nos réunions de famille.

Cette famille, elle est toujours présente, quoi qu'il se passe, et je me rends compte de la chance que j'ai de les avoir, tous.

Mes parents disent qu'on ne choisit pas sa famille, moi je crois que si, et que cette fois, dans cette vie, j'ai drôlement bien choisi. Je les observe autour de moi, et cela me réchauffe le cœur. Malgré leur tristesse, malgré le manque qu'il a laissé, ils sont là, tous, à m'encourager pour que je souffle mes bougies. Je sais à quel point ils souffrent, et ils se disent certainement la même chose de moi, mais ils ne peuvent pas imaginer l'immensité de ma culpabilité.

Alors, pour ne pas sombrer dans la tristesse, je m'imprègne de l'Amour autour de moi : la façon qu'a mon grand-père maternel de regarder ma grand-mère, la façon qu'a celle-ci de m'admirer, la façon qu'a ma grand-mère paternelle de rire, la façon qu'a mon père de toucher ma mère, la façon qu'a ma mère de nous réunir toujours, la façon qu'a mon frère Romain de m'encourager, la façon qu'a mon petit frère David de se tenir tranquillement dans les bras de maman. Et puis, je regarde ma marraine, la sœur de mon père, que j'aime tant, et que je nomme ma marraine la bonne fée. J'observe mes cousines, ses filles, qui attendent, toutes, à leur façon, que je passe à l'action. Enfin, j'admire en secret mon cousin Sébastien qui me fait tant rire avec ses blagues, je l'admire car malgré la perte de son père, il est là pour moi. Il m'a fait une promesse peu de temps après le décès de Parrain : il m'a dit, sous le regard appréciateur de Tata : « Papa n'est plus là pour tenir son rôle de parrain, alors je le ferai pour lui, je prendrai le relais ». J'ai vu dans leurs regards la promesse d'être aimée, comme il m'aimait. J'ai balancé mes jambes sous la table, mal à l'aise que j'étais de tant de démonstration d'Amour. Et j'ai souri car, en plus d'avoir une marraine la bonne fée comme dans les contes, j'allais maintenant avoir à mes côtés, un Sébastien, comme Ariel La Petite Sirène !

J'observe mon cousin Sylvain, et je ressens sa culpabilité en écho de la mienne. Je sais qu'il s'en veut, car son papa est décédé d'une crise cardiaque, sur le bas-côté d'une route, alors qu'il venait le chercher à son entraînement de foot. J'aimerais lui dire que c'est moi, la coupable, mais, comme lui, je suis introvertie.

J'observe ma cousine Lolo, toute petite qu'elle est, et qui doit déjà faire face au deuil de son papa. Se rappellera-t-elle de lui ? Je me fais la promesse intérieure de lui rappeler, moi, ce dont je me souviens de son père, mon parrain.

Et puis, enfin, il y a elle, Tata, que je trouve si belle. Maman lui ressemble tant, et j'aime l'amour qui les lie. Tata souffre, mais sourit en me regardant avec ses beaux yeux bleus. Elle rit avec son fils Seb qui raconte les blagues aussi bien qu'elle. J'admire leur force, à tous.

Tous, ils sont là pour moi, et me montrent à quel point l'amour toujours, est le plus puissant des remèdes. Je ferme les yeux, prends une grande inspiration, et enfin, je les souffle, ses bougies, en faisant le vœu, qu'un jour, je leur dirai à tous, que Parrain est là, juste à côté.

MI-JUIN 1993 : « L'IMAGINATION EST PLUS IMPORTANTE QUE LE SAVOIR » A. Einstein

À l'école on parle d'un Jésus Christ lorsque nous étudions la frise chronologique. Ainsi, j'écris et apprends que tel ou tel évènement a eu lieu tant d'années avant ou après JC. Tout cela me perturbe. Qui est-il ? Lorsqu'on me répond, on conclut par un : « mais on ne sait pas s'il a existé ». Quant à Jeanne d'Arc, celle-ci a marqué mes souvenirs d'enfant lorsque notre institutrice de CE2 nous relata son histoire. Ce que j'ai retenu : « elle entendait des voix ». Mais, comme pour Jésus Christ, lorsque je demande plus d'informations, on me répond : « elle a existé mais ce qu'elle a entendu ce n'est que son imagination ». Les « ce sont des légendes », « ce sont des histoires », « c'est l'imagination », se succèdent à mes interrogations jusqu'à ce que je comprenne une chose : l'adulte est fou. Je ne vois pas d'autres explications à ses paradoxes permanents. Car si tout ce monde n'a pas existé, pourquoi continuer d'utiliser nos calendriers comme nous le faisons ? Pourquoi parler de ces personnes en cours d'histoire ? Je suis perdue, et je me sens attirée par l'Amour de ces personnages.

Je me demande alors si la religion ne pourrait pas répondre à toutes mes questions, et si elle ne pourrait pas aider celle que je suis, celle « qui voit des choses ».

Un jour, en allant chez mon amie d'enfance, je perçois sur un meuble une petite figurine. Elle est rose et bleu pâle, un voile sur sa tête, les mains jointes, je frissonne car elle me semble familière : elle ressemble tant à Lathara. « Qui est-ce ? », demandé-je à mon amie. « Fatima, ou Marie pour certains », me répond-elle. Je suis fascinée et écoute ensuite le récit de cette merveilleuse Âme, racontée par la mère de mon amie. Ainsi, il existe des êtres invisibles, et certains adultes parlent d'eux sans crainte de passer pour des fous. Mieux, ils se réunissent pour les prier et leur demander conseils. Mon amie me dit même qu'elle se rend régulièrement à une école où elle apprend la vie de ces personnes : le catéchisme. La mère de mon amie m'offre la statuette de Marie, et je la garde précieusement. Pour ne pas embêter maman, je la cacherai tous les matins dans mon chevet. Je sais qu'elle a peur de toutes ces choses-là, en plus elle n'a pas caché sa colère lorsqu'elle m'a vue revenir de chez ma copine avec cette figurine. Un jour, je l'ai même entendue dire qu'elle ne croyait pas en Dieu, tout comme sa famille, connue dans le village pour être les rares athées, à l'époque. Alors tous les soirs, je sortirai et mettrai la figurine au creux de mes paumes jointes. Elle sera mon gri-gri, ma compagne nocturne, celle qui me rappellera que je ne suis pas seule. De même, j'aurai toujours à mes côtés un cadeau offert par mon parrain (ma peluche, ma chaîne de baptême, mon réveil ou encore ma montre), ainsi que ma lampe de chevet qui me rappelle « ma petite sorcière ». J'aime avoir ces objets qui ont pour moi un immense pouvoir : celui de me rappeler l'Amour qui reste toujours, malgré la distance. Mais j'aimerais tellement, tellement parler de tout cela. Et je rêverais de permettre à ma famille de voir mon parrain comme moi je le vois...

Alors, un jour, j'ai une idée...j'en ai souvent mais celle-ci a été déterminante dans ma vie. Me rappelant cette conversation avec cette maman, et de la phrase de la mienne qui disait « parti au ciel », je me dis qu'il y a forcément un moyen de me rapprocher de mon parrain avec ma famille. De plus, papa avait dit un jour, lorsque je lui avais demandé ce qu'était une Église, qu'elle était « la maison de Dieu ». Et si je me rapprochais de Dieu ? Peut-être qu'il pourrait me faire entrer dans son royaume avec ma famille pour qu'ils puissent le voir ? Non ? Je suis heureuse de mon idée, vraiment, je sens que je suis proche des réponses à toutes mes questions.

Je ne m'imagine pas demander à mes parents de m'y emmener. Je crois qu'ils seraient choqués. Alors, je demande à ma mère : « Maman, je peux faire du catéchisme ? ». J'ai envoyé mes mots dans l'air après les avoir pourtant choisis et attrapés dans ma tête. J'ai même tourné 7 fois ma langue dans ma bouche...pour de vrai : car à cette époque, papa m'ayant dit cela, et expliqué que nos mots pouvaient blesser, je l'avais pris au pied de la lettre. Il semblerait que celles que je viens de prononcer ont percuté la tête de ma mère, provoquant une sortie presque imminente des yeux de ses orbites. Oups...j'ai dû mal attraper et lancer les mots, peut-être aurais-je dû les coucher pour qu'ils paraissent moins agressifs. On se sent moins petit, moins en danger devant quelqu'un lorsqu'il est allongé plutôt que debout...il doit en être de même pour les mots. Mais maman m'aime, et ne me juge pas. Je la vois se ressaisir, elle me répond : « Si tu veux » . Pas de pourquoi ? Non...elle sait certainement que je serai incapable de trouver les mots, et puis, surtout, peut-être ne préfère-t-elle pas en parler. Maman a peur de la mort. Je le sens, le sais. Alors comment réagirait-elle, si je lui disais que je vois des fantômes ? Je ne veux pas lui partager mes pensées, car je ne veux pas la choquer, mais surtout, je ne voudrais pas qu'elle me fasse changer d'avis au cas où elle m'expliquerait sa vision des choses. Car maman a toujours raison, ça aussi je le sais : il vaut donc mieux qu'elle garde ses raisons pour elle. Tant pis, si elle voit peut-être dans ma façon d'être, une grande démonstration de mon imagination débordante. Je me servirai de celle-ci une fois de plus...mais pour moi ce sont des visions, et non le fruit d'une quelconque invention.

Et si l'imagination me permet de continuer mon chemin sans attirer d'autres regards que ceux amusés de mes proches, alors je prends...

Ce soir, j'ai entendu maman relater à papa la demande que je lui ai faite. Elle a rajouté qu'il était hors de question qu'elle mette les pieds dans une église, et que si cela était demandé par le catéchisme, ce serait à papa de m'y emmener. Papa a répondu qu'il ne voyait pas d'inconvénient. Puis ils ont parlé de toi, Imagination. Sacrée Imagination, tu me sembles bien trop présente dans ma vie...

UN JOUR DE 1994 : DES FOIS, DES LOIS, DES ROIS

Je suis déçue. Aujourd'hui, nous visitons l'église avec la dame du catéchisme. Je m'attendais à trouver un accueil digne de ce nom, avec une salle d'attente, un secrétariat à l'entrée, avec une personne pour prendre des rendez-vous. Rien. Rien du tout, rien de tout cela. Où est Dieu ? La dame dit qu'il est partout. Elle me fait peur, là...Il voit tout ? Sait tout ? Alors pourquoi ne vient-il pas me voir maintenant ? Peut-on prendre rendez-vous avec lui ? Je me balade dans l'église...silencieusement, a dit la dame. De toute façon, il ne me viendrait pas à l'idée de faire autrement vu l'atmosphère qui règne ici. Aucun mot ne semble vouloir sortir de ma bouche, aucun ne vole dans ma tête. C'est le calme total. Je suis bien ici. C'est magique. Comme un royaume, une porte vers autre chose. Je m'assois sur un banc et regarde autour de moi. Jésus est là, sur sa croix, des clous plantés dans son corps, la douleur se lit sur son visage. Quant à Marie, elle ne respire pas non plus la joie de vivre. Jésus a souffert, Marie aussi...c'est triste me dis-je. C'est cela le prix à payer pour avoir le droit de voir et d'en parler ? Je fais bien de me taire alors...

Sauf qu'aujourd'hui, je ne peux pas me taire. La dame dit que Jésus guérissait les gens, et que Moïse a ouvert la mer en deux. « Waouh, c'est trop génial »...moi aussi je veux faire cela ! Si j'avais un tel pouvoir, je pourrais arrêter la guerre, la faim comme en Somalie ?

Mais la suite des histoires de ces hommes empreints de foi est parfois une véritable tragédie. Que fait Dieu ? Pourquoi les laisse-t-il dans cette souffrance ? Mes questions dérangent la dame, et elle dit que personne ne peut se servir de la lumière comme Jésus l'a fait. Mais, c'est surtout moi que mes questions dérangent. Encore plus lorsque j'apprends à l'école que la religion a été à l'origine de beaucoup de guerres. Ce n'est pas cela, la Vérité...ce n'est pas celle de mon cœur.

J'arrêterai donc l'école de Dieu au bout de deux ans. De toute façon nous déménageons. Je ne sais toujours pas expliquer ce que je suis, mais j'ai compris bien d'autres choses. Ainsi, la foi a été un prétexte pour ramener tout à soi, grâce à des lois inventées par des rois...C'est à cette époque que je m'amuse avec les lettres et les mots. Ceux qui retiennent le plus mon attention : « Marie » qui devient « aimer », et « image » qui donne « magie ». C'est drôle ce qu'on peut faire avec les lettres, me dis-je mais ne les aurions-nous pas mélangées ? Nous faisant perdre la foi. Les voies sont sans issue, lorsqu'on ne pense qu'à soi. J'en perds la voix...mais au fond, j'en ai la foi : la vie n'a rien de mortelle...il y aura des fois, des rois, des lois et plusieurs moi-s pour expérimenter la Loi de l'Uni-vers...

1994 : UN SOIR COMME D'AUTRES : SORT D'HIER, MAGIE-SIENNE, SORCIÈRE

J'ai mal au ventre ce soir, on dirait qu'il y a un monstre qui cherche à en sortir. J'ai remarqué que cela arrivait à chaque fois qu'un évènement me bouleversait. Aujourd'hui, on s'est encore moqué de moi à l'école, à cause de mon nez trop crochu et de mon grain de beauté sur le menton. On m'a appelé : « la sorcière ». Ce mot évoque en moi une peur phénoménale. Dans mon corps, cela se déchaine, j'en ai des suées, et la nuit, je cauchemarde. Je ne sais absolument pas d'où cela me vient, mais ce sont toujours les mêmes songes : des femmes enchaînées et torturées, des cris, du feu, énormément de feu...et quand je me réveille on dirait que le feu est resté dans mon ventre. Quelle sensation atroce.

Si je réfléchis, cela devient l'embouteillage dans ma tête : je me remémore l'histoire de cette pauvre Jeanne d'Arc, et je prie pour ne pas avoir sa fin tragique. J'ai peur d'être folle, j'ai peur qu'on me fasse du mal si on découvre qu'il m'arrive, comme elle, « de voir et d'entendre des choses».

Je ne sais pas quoi faire, et je ne veux pas déranger mes parents. Je ferme les yeux et me rappelle ma vision : celle de « ma petite sorcière » avec la lumière dans ses mains. Je sens que moi aussi je peux utiliser mes mains de cette façon, alors je m'exécute. Je m'allonge sur le dos, et dans l'obscurité, les yeux fermés, je laisse mes mains se diriger à l'endroit où j'ai mal. Je ressens une telle chaleur et une telle pression sur mon ventre que je suis persuadée que mes mains ont touché ma peau. J'allume donc ma lampe de chevet et regarde, stupéfaite, mes mains tourner au-dessus de mon ventre. Mes ressentis n'ont rien à voir avec mes mains qui toucheraient ma peau, non, ils sont bien réels mais sont dus à quelque chose d'invisible. Des vagues suivent l'impression d'oppression dans mon ventre, puis tout s'apaise, soudainement, comme s'il n'y avait jamais eu de monstre dans à l'intérieur, comme si j'avais rêvé ce moment...En m'endormant, je m'inquiète de ce que je suis : « Suis-je une sorcière ? », mes camarades ont-ils eu raison de m'appeler ainsi aujourd'hui ?

1996 à 2000: LA PEUR : NOTRE PIRE ENNEMIE

Je suis intriguée par la période de l'Inquisition, puisqu'on y parle justement de sorcières. J'essaye de retrouver à la bibliothèque des ouvrages parlant de la sorcellerie et de l'histoire de ces femmes qui l'auraient pratiquée. Qui étaient-elles pour être si craintes ? Quels étaient leurs crimes pour être ainsi traitées ?

Une visite au musée de la sorcellerie avec mes parents me permettra d'en apprendre un peu plus sur cette sombre période. C'est la peur, comme d'habitude, qui a très bien fait son travail.

Je m'indigne lorsque j'apprends que l'Église a joué un rôle important dans cette chasse aux sorcières. Quelle ironie, me dis-je, pour ceux qui croient en un Dieu d'Amour invisible à l'œil nu que de fustiger des femmes qui pratiqueraient les sciences occultes. Et d'exterminer dans la souffrance ces êtres, au nom de ce Dieu d'Amour. Tout cela par peur du pouvoir alors qu'il n'y en a aucun : nous avons tous en nous des capacités inédites et innées. À nous de les faire se révéler. Et puis, à s'être comportés comme des dieux décidant du droit de vie ou de mort sur nos semblables, ne se comportaient-ils pas comme des « faux prophètes » ? Pour certains, le fait que cette chasse aux sorcières se soit abattue sur la femme est aussi une manière d'expliquer qu'il y avait là une volonté de soumission de l'homme sur la femme. Cela a certainement été l'une des causes, en effet, mais pour ma part, j'en viens toujours à trouver la même raison : la peur...

Moi aussi j'ai peur, souvent. J'ai peur d'être folle, peur d'être différente, car je pense l'être, et pas qu'un peu. On dit que je suis hypersensible, et vraiment, si cela existe, alors oui, c'est mon diagnostic. Mes parents m'appellent d'ailleurs « Jean qui rit, Jean qui pleure », car je peux très vite passée d'une émotion à l'autre, mais ce qui est très étrange c'est que souvent, j'ai l'impression que ces émotions ne m'appartiennent pas. Je suis capable de ressentir la tristesse, par exemple, à des kilomètres à la ronde. À cause de cela, les cours d'histoire font mal à la jeune fille que je suis. Parfois, je suis à la limite de devoir sortir en courant pour me réfugier dans les toilettes afin d'y pleurer toutes les larmes de mon corps, tant la souffrance des autres me brise. Voir des vidéos sur la guerre, tomber sur des images de tous ces malheureux victimes de la folie d'autres hommes me rend malade. Et ce qui me rend le plus triste c'est de remarquer que je suis la seule à réagir ainsi dans ma classe. La seule à cacher mon visage dans la manche de mon pull lorsque je sens les larmes pointer au bord de mes yeux. Pourtant, je cherche autour de moi, et me sers de mon radar intérieur : d'autres ressentent-ils comme moi cette tristesse intolérable ? Non. Mon radar ne capte rien de semblable. Alors, à chaque fois, le soir, dans mon lit, je pleure.

Je pleure pour cette souffrance que l'on a infligée aux autres, et je pleure pour celle que ces cours d'histoire m'infligent. Les professeurs ne peuvent pas s'imaginer à quel point leurs cours me font mal, et me brisent. Je me raccroche toujours plus à mes cours de prédilection : la biologie, la physique, l'art : car au moins, le beau y est omniprésent. L'histoire me fait trop souffrir, surtout lorsque je vois qu'elle se répète inlassablement. Les guerres, les génocides me perturbent au plus haut point. Je pleure en silence l'ignorance qui a mené à l'extermination de certains peuples. Par exemple, le sort des Amérindiens me touche particulièrement. Certains aspects de leur culture m'émeuvent. Ils parlent du Grand Esprit, remercient la Vie, et sont très connectés au monde des rêves. Du moins c'est ce que je retrouve dans mes lectures. La vérité a tellement d'aspects et de visages. Si nous mettions en commun toutes nos impressions peut-être aurions-nous une image plus juste de la réalité ? Mais nos différences semblent nous éloigner, moi, je trouve, comme la génétique l'explique, qu'elles nous rendent plus fort. C'est la diversité qui fait de nous des êtres vivants encore vivants. Je ne comprends pas comment nous ne pouvons pas le voir. À moins que je ne me trompe. Toutes ces questions ont le mérite de m'interroger sur le psychisme de l'Homme.

Alors, au collège, je passe un temps phénoménal au CDI m'intéressant peu à peu aux livres sur la psychologie en essayant par tous les moyens de comprendre ce qu'il se passe dans le cerveau humain le jour et la nuit...comme pour trouver une raison écrite à ce que je vis, quelque chose qui me prouverait que je ne suis pas folle. Les études sur le sommeil me fascinent. Petit à petit, je m'ouvre à un monde qui se veut plus compréhensible et rationnel grâce à la psychanalyse, bien que cette science ne convienne pas à tout le monde et semble diviser les uns et les autres. Moi, j'y vois le début d'une réponse : car si on en est venu à étudier le sommeil, et les états de conscience, c'est qu'il y a forcément matière à discuter sur le sujet. Je ne peux donc pas n'être qu'un cas à part...Je deviens ainsi un véritable rat des bibliothèques.

Je crois, qu'à cet époque, j'ai la conviction que tout ce qui est écrit est une preuve indélébile et intangible, ainsi j'accorde énormément de pouvoir aux livres en général.

Au lycée, je découvre les récits sur l'hystérie puis les travaux de Charcot, Freud et Josef Breuer sur l'hypnose, et je suis totalement fascinée par ce que je lis. Il existe donc le conscient, l'inconscient et l'entre-deux comme je l'appelle...Mais la psychanalyse semble porter sur ces trois plans une dimension scientifique telle qu'elle ne répond pas à mes questions : car si mon inconscient a enregistré mon passé, c'est très bien, mais de quel passé me parlent mes nuits ? Quel genre de passé cet inconscient fait-il ressurgir en moi pour que j'y voie autant de personnes avec des détails si nets ? Et où est la lumière dans tout cela ? Est-ce une métaphore de mon inconscient pour parler de l'intelligence ? Tout cela ne répond pas à toutes mes questions mais c'est un début...

Petit à petit, je me tourne donc vers la littérature ésotérique.

N'ayant pas accès à de telles lectures dans mon environnement à l'époque, c'est dans les rayons d'Auchan que je trouve, par hasard, un dictionnaire des rêves ainsi qu'un livre sur les sciences occultes. Je prends alors le risque de les réclamer pour mon anniversaire, et à ma grande surprise, mes parents me les offriront. En parlant d'anniversaire, chacun des miens est une sorte de journée commémorative où je me souviens inlassablement de cette vision qui a changé ma vie, ou plutôt qui a changé ma façon d'être en me rendant muette. Chaque fois que Tata est là, chaque fois que mes cousins sont là, chaque fois que la photo de ce jour de mes 5 ans réapparait, chaque fois qu'on me demande pourquoi je pleurais, chaque fois, je me mure un peu plus, chaque fois, je souffre encore plus, chaque fois mon syndrome de l'Ingénieur revient à vive allure, me faisant perdre les pédales, me faisant peur, peur de ce que je suis. Peut-être que toutes mes lectures finiront par me faire comprendre qui je suis ?

Je lis donc aléatoirement, des dictionnaires des rêves, des récits sur les voyages astraux, l'étude de l'astrologie, les rituels magiques et autres...cherchant dans tout ce que je peux trouver une réponse à mon identité...à ce que je suis en vivant cette étrangeté qui semble faire peur aux autres. J'aimerais les dissuader de ressentir de la crainte, mais vu les réactions que je suscite lorsque j'ouvre mes ouvrages, je doute que ce moment arrive un jour ! En attendant, j'ai compris que la peur est notre pire ennemie.

MAI 1998 : SCIENCE, PEUR, AMOUR

Il y a au CDI un magazine que j'affectionne particulièrement : « Sciences et Vie ». Dans l'un deux, un article sur le Divin me fascine. La page de couverture est gravée dans ma mémoire : la planète Terre au milieu de l'Univers avec une main tendue vers elle. Le titre est à peu près celui-ci : « Et si Dieu existait ? ». Ainsi, plusieurs scientifiques tentent de répondre à cette question. Tous savent expliquer le comment, mais jamais le « pourquoi » et le « qui ». Comment expliquer tant de hasards pour que la vie telle que nous la connaissons ait pu exister ?

Albert Einstein dit : « Cette profonde conviction émotionnelle de la présence d'un pouvoir de raisonnement supérieur, qui se révèle dans l'univers incompréhensible, forme mon idée de Dieu ». Un de ses homologues dit encore : « Découvrir une loi scientifique, c'est lire ce qui est écrit dans le cerveau de Dieu ». Séduite par cet Albert Einstein, je décide de poursuivre mes lectures vers ses écrits. Même si la compréhension de certains m'est parfois, voire souvent, ardue, la phrase qui retient mon attention est celle-ci : « La source principale des conflits actuels entre la religion et la science se trouve dans le concept d'un dieu personnel ». Dans mon analyse, et en conclusion de ce que j'ai découvert et expérimenté, il y avait chez la dame du catéchisme un fond de vérité : une sorte d'intelligence supérieure nous a peut-être créés et rassemblés sur cette Terre.

Elle nous a conseillé d'expérimenter l'Amour, de nous aimer les uns les autres, mais nous avons semblé nous préoccuper d'autres choses. Attachés toujours à comprendre et à prouver l'existence de celui qui aurait laissé un tel message. Attachant plus d'importance à la source du message qu'au message lui-même...nous déchirant et créant des histoires toutes plus invraisemblables les unes que les autres...nous croyant plus méritant qu'un autre, et asservissant cet autre à notre intelligence, à notre vérité...oubliant toujours un peu plus la portée du message et son importance. Nous avons toujours eu la réponse, mais elle fait naître en nous très certainement une vieille habitude : la raison du plus fort est toujours la meilleure. Le plus fort fit subir sa vérité oubliant son prochain et l'intelligence supérieure qu'il nomma Dieu...celui pour qui il se permit alors de tuer en son nom, oubliant chaque jour un peu plus le message d'amour...laissant place au Dieu Pouvoir. C'est ainsi que j'imagine la vérité sur cette dimension...Peut-être que c'est erroné. Mais c'est ce que je pense du haut de mon jeune âge..

Je me mets à penser qu'il nous faudrait un ennemi commun afin de nous rassembler, et nous permettre de devenir unis. Mais je me dis que, pourtant nous en avons déjà un, et que cela ne fait que nous diviser. Cet ennemi a, moi aussi, failli me perdre lorsque je me suis retrouvée bloquée entre les deux mondes...La peur...cette douloureuse et sournoise petite voix qui nous empêche d'aller de l'avant parce qu'elle imagine toujours le pire à toutes les situations...parce qu'elle nous pousse à nous cacher pour ne pas subir une éventuelle douleur. Et d'ailleurs, si nous devions la subir, ne serait-ce pas la colère qui répondrait présente et nous pousserait à haïr celui qui nous aurait posé en tant que victime ? Ainsi la peur a un ami...la colère. Peut-être qu'il faudrait qu'ils aient l'apparence physique d'un monstre de conte de fées pour qu'on les croit dignes d'exister et de les combattre. Beaucoup de contes et religions y font pourtant allusion. Et il n'y a toujours qu'un seul remède : l'Amour. Il est pourtant clair le message.

Je crois savoir pourquoi j'aime tant la science : parce qu'elle cherche à comprendre ce qui m'entoure, et m'aide à calmer l'Ingénieur, pour ne pas qu'il sombre dans la peur. Au fond, malgré ce que pensent certains adultes, je crois avoir compris quelque chose, la religion n'est pas un problème, c'est notre ignorance et la peur qui nous enferment.

JUIN 1999 : VOCATION

Je suis inquiète pour mon avenir : je sais exactement ce que je veux faire plus tard mais je ne sais pas quelle voie il me faudra emprunter pour y parvenir. Alors j'ai décidé d'aller voir la dame du CIO.

« Je veux être guérisseuse ». Mes mots la percutent en plein visage, elle semble au bord de la chute et se raccroche à la table devant laquelle elle est assise. Voilà…encore une fois, mes mots étaient trop forts, pourtant je murmure…pas assez apparemment.

« Cela n'existe pas », dit-elle en replaçant ses lunettes sur son nez. Inutile de parler avec elle, de toute façon mes mots sont bloqués dans l'air trop lourd qui nous entoure. En plus, je ressens nettement son énergie en « aimant inversé ». Elle regarde mes résultats, s'étonne de mes merveilleuses notes, et me lit mon avenir en un tour de main : « Tu feras une carrière scientifique ». C'est le mieux à faire : cela m'ouvrira toutes les portes inimaginables, et je pourrai vaquer à mes occupations…fantasques, semble-t-elle vouloir ajouter. Elle cherche à m'éclairer en me montrant les beaux métiers qui s'offriront à moi : je les retiens tous et m'accroche à chacun : chercheur au CNRS, chirurgien, médecin, infirmière, botaniste…Je peux tout faire, a dit la dame. Tout sauf guérisseuse. Pourtant, j'étais sûre que c'était ce pour quoi j'étais destinée…J'ai dû mal choisir mes mots…

Je lui fais part alors de mes souhaits d'avenir : « aider les gens à aller mieux et à analyser leurs rêves ».

Car j'ai pris l'habitude de noter les miens, et j'ai vite découvert un tas de choses sur moi-même sans parler de mes prémonitions. Peut-être aussi pourrais-je travailler avec d'autres personnes, et partager nos capacités et savoirs pour aider l'autre.

Elle me parle du métier d'infirmière qui s'en rapproche, car c'est un travail d'équipe, puis elle me répète que le reste n'existe pas, pour elle, c'est parce que « j'ai trop d'imagination ». Sacrée imagination...es-tu collée à moi pour toujours ?

Vais-je devoir m'appuyer inexorablement sur toi tandis que les autres te verront comme un boulet que je traîne derrière moi...un boulet qui m'empêcherait d'être ancrée dans la réalité ? C'est ironique quand on sait la lourdeur d'un tel objet. Je ne risque pas de m'envoler avec ce machin collé aux basques. Mais cela semble être drôlement triste pour les autres, d'être prisonnier de son Imagination, à en juger par leurs petits sourires de sollicitude à tous. Pourtant, moi, cela m'amuse de m'appuyer sur elle...

FEVRIER 2000 : 6ème SENS

Mes parents m'ont emmenée avec eux au cinéma pour voir ce film.

Stupéfaction : c'est l'émotion première que je ressens. Car oui, je suis stupéfaite qu'on parle de ce que je vis la nuit, sur un écran. La joie sera ma deuxième émotion : je ne suis pas la seule.

Bien sûr, je sais que c'est un film, mais si quelqu'un a écrit ce scénario, c'est qu'il sait que cela existe...L'espoir viendra ensuite : si mes parents sont là c'est qu'ils y croient ou envisagent la possibilité de...en plus, ils adorent le film Ghost. La déception et la douleur suivront vite. J'ai tenté d'en parler à papa et maman dans la voiture, sur le chemin du retour. Mais papa a rigolé, et maman a dit une chose du genre : « Émilie, c'est un film, tout ça c'est ton imagination ».

J'ai beau me servir de la citation de Lavoisier qui dit que « Rien ne se perd (...) tout se transforme», on ne m'entend pas.

Pourquoi suis-je ainsi ? Pourquoi je vois ces choses ? Ça va ressembler à cela ma vie, pour toujours ? Ma vie, c'est d'avoir une deuxième vie la nuit, ma vie, c'est de voir, et de savoir certaines choses que je ne sais pas expliquer, et que les autres ne veulent pas entendre ? Alors, à quoi je sers si personne ne veut écouter ?

Je préfère ma vie nocturne de très loin à celle diurne. C'est étrange car je pourrais avoir peur mais finalement, j'adore la nuit. Je vois des choses fabuleuses, et dans cette dimension personne ne juge l'autre. On vient me voir, et j'aide à aller vers la lumière. Parfois, c'est plus difficile que d'autres, car je vois des images douloureuses. Mais, je ne suis jamais seule, jamais. Oui, je préfère de loin cet Univers à celui de la journée, même si je ne sais toujours pas l'expliquer...

Papa dit : « Quand on n'est sûr de rien, alors on se tait ». Alors, c'est ce que je fais. Peut-être qu'un jour, la science expliquera ce que je vis. Après tout, certains ont parlé de la rondeur de la Terre, et de l'existence des atomes avant que cela ne soit prouvé. Ils avaient beau montrer leurs hypothèses et théories, beaucoup se sont moqués d'eux. Je choisis donc de continuer à me taire. Le soir, en revanche, je m'autorise à parler avec l'autre mode, dans ma chambre.

À cette époque, j'ignorais que ma mère m'entendait et se demandait avec inquiétude ce qui pouvait me rendre si « étrange » pour que je préfère parler seule dans mon coin plutôt qu'avec elle...

29/03/2000 : MAUVAISES ONDES

Une fois n'est pas coutume, j'ai encore déréglé l'ordinateur...le planter serait même plus juste. Comment ? Alors là, je ne sais pas. Maman, elle, a une réponse toute faite à ce don qui me colle à la peau : elle dit que c'est parce que « j'ai des mauvaises ondes ».

Si je ne m'étais pas si bien exercée à me taire, je lui répondrais qu'elle est bien superstitieuse pour quelqu'un qui ne croit qu'en ce qu'elle voit. Elle me fait rire, intérieurement bien-sûr. Et en même temps cela m'agace infiniment. Comment peut-elle affirmer de telles choses, et ne pas croire en Lathara, en mon parrain que je vois au-delà de l'univers et des étoiles, en mes rêves prémonitoires ?

C'est quand même dingue cette faculté d'envisager le pire dans l'invisible et d'ignorer le beau. J'ai failli hurler de rire lorsqu'elle a levé les yeux au ciel avec mon père, et qu'ils ont dit un truc du genre : « Bah, qu'est-ce qu'on a fait au bon Dieu ? ». Rien, ai-je eu envie de répondre, puisque vous n'y croyez pas justement...

Ainsi, j'ai des mauvaises ondes, semble-t-il. Il faut avouer que je fais toujours « planter » les appareils électriques. Et, il faut avouer aussi que je déteste les appareils électriques. Disons que je n'aime pas ces machines en tout genre, au fond, j'ai l'impression de dépendre d'elles et cela, c'est ma hantise. Je n'ai pas envie de dépendre de quoique ce soit, et encore moins d'un robot. En plus, je n'ai aucune patience avec ces engins. Peut-être que je sécrète des sortes d'ondes spéciales lorsque je suis face à ces appareils, et comme tout est énergie, je les fais « bugger ». J'ai bien envie d'en discuter avec mes parents mais comme d'habitude, je me tais. Je crois, qu'au fond de moi, je n'ai pas l'impression de pouvoir faire autrement, ou d'en avoir le droit. Pourtant, mon silence dérange souvent ma mère mais si elle savait, je crois qu'elle ferait une syncope.

Je préfère la laisser continuer à parler de mauvaises ondes en ignorant la portée de ses paroles. Un jour viendra, je le sais, où on pourra parler de ces ondes, qu'elles soient mauvaises ou bonnes...

ETE 2000 : NORMALITÉ

L'adolescence, quelle bizarrerie...J'ai souvent entendu dire que c'était une période difficile. En ce qui me concerne c'est un euphémisme.

Je ne sais pas si les hormones agissent sur le monde invisible mais je suis devenue une véritable éponge à sensations et à prémonitions. Cela peut s'avérer utile : le mois dernier nous avons eu un contrôle de maths surprise, et je l'avais vu en rêve juste avant. J'en ai fait part à mes copines, et cela les a stupéfiées quand c'est arrivé. En plus, ce n'était pas dans les habitudes de ce professeur d'agir ainsi.

Bref, si ce sont des visions comme celles-ci cela me va, mais ce qui me perturbe en ce moment, c'est ce que je ressens lorsqu'on me touche ou que je touche les autres. Hier, j'ai massé ma mère car elle avait mal au dos. J'adore masser. J'ai toujours eu le sentiment que mes mains me parlaient, comme lorsque je dessine.

Quand je masse, j'ai la même impression : mes mains me guident. Mais depuis peu, il y a une sorte de cartographie du corps de la personne dans ma tête, avec des points qui s'allument à certains endroits. Comme si on m'indiquait sur une carte là où je devais aller pour débloquer des zones d'ombre. Sous mes doigts c'est impressionnant : je ressens des silences et je vois des points noirs, une impression de vide, d'arrêt sur image : comme si le corps, à un endroit, s'était mis sur pause, comme si la vie avait quitté ce lieu. Alors, je laisse mes mains agir, pétrir la zone, et sur la cartographie je vois les points s'éclaircir, et je ressens la mélodie de la vie. C'est étrange non ? Suis-je normale ? Il me semble avoir déjà cherché à répondre à cette question, et franchement je m'épuise toute seule.

Et puis, il n'y a pas que cela qui m'intrigue. Mon front me brûle, et j'ai envie d'y dessiner un losange ou une spirale ou un rond peut-être...J'ai de la chance car la mode est un peu hippie depuis peu. Maman dit que je ne me suis jamais trop préoccupée de la mode mais disons que je me sers de celle-ci en ce moment pour lui demander de m'acheter des petits strass, ce qu'elle a fait sans me poser de questions. Certains d'entre eux ont fini sur mon front. Je n'ai pas osé regarder le visage de mes parents, surtout celui de mon père lorsque j'ai fait cela.

Nous sommes ensuite partis en camps de vacances, et un animateur a été interloqué par ce geste, et a dit que cela avait une signification spirituelle. Il a même évoqué le « troisième œil ». J'ai cherché à éviter cette personne pendant tout le séjour. Mes parents n'ont pas compris pourquoi j'étais partie dans ma chambre, quand il était venu leur demander la raison de mon absence au club ado. Je n'ai tout simplement pas envie de parler de cela. C'est une histoire entre moi et...moi-même en fait. J'ai l'impression que tant que je vivrai chez mes parents, je ne m'autoriserai pas à aller vers ce « monde invisible ». Je crois que ce sera à moi, plus tard, de faire le choix d'en parler ou non, mais je ne veux pas que cela fasse souffrir mes proches. Je ne veux pas leur faire peur, je préfère me taire, et en souffrir, que leur faire du mal.

En parlant de souffrir, il n'y a pas longtemps, j'ai eu le droit à une prise de sang. Je me suis imaginée que si je n'étais pas normale, cela se verrait forcément dans celle-ci. Maman m'a fait croire en rigolant que les résultats étaient anormaux car je la questionnais justement. Je me suis tout de suite dit avec fatalité : « Eh ben voilà je le savais ». Mais, elle a vite rigolé et cherché à me rassurer : mes résultats sont « normaux ». Sauf que cela ne me rassure pas...J'étais pourtant sûre qu'il y aurait une explication à ce que je suis dans mon sang, je ne suis donc toujours pas avancée sur la question.

Enfin, j'ai envie de faire brûler de l'encens dans ma chambre à certains moments. Par exemple, si je me dispute avec ma mère ou mes frères, après avoir massé maman, après avoir galéré sur un devoir...Mais d'où me viennent toutes ces idées ? C'est plus qu'une idée : c'est un besoin, cela me pousse sans cesse à le demander, car IL FAUT que je le fasse. Alors voici la réponse de maman : « on n'est pas dans une église ici, et j'aurais bien trop peur que tu mettes le feu à ta chambre ». Quelle poisse ! Et d'ailleurs, en parlant de cette poisse je me demande si mes parents savent à quel point ils me font rire quand ils l'évoquent alors qu'ils disent ne pas croire en l'invisible.

Porter la poisse cela veut bien dire qu'on a peur d'attirer des ennuis en pensant ou imaginant quelque chose non ? Donc c'est bien qu'on envisage la possibilité que cela soit possible ? Et puis zut, je préfère continuer à me taire et garder toutes ces questions pour moi.

En revanche, la poisse, il y en a qui la cherchent délibérément. En colo, et à l'anniversaire d'une copine, certains ont voulu invoquer les esprits. Je suis partie dans mon coin. Mes anges m'ont bien fait comprendre l'essentiel : on ne convoque pas, cela s'impose à nous s'il le faut. Je ne veux pas jouer aux apprentis sorciers, même si on m'appelle « la sorcière ». Je ne joue pas avec le feu, j'attendrai donc d'être en âge pour l'encens et le reste...et peut-être deviendrais-je un jour normale, qui sait ??

SEPTEMBRE 2000 : LOISIR/CHOISIR

Je rentre dans la salle de cours de biologie. Je connais ou reconnais cette odeur. J'adore. Cela sent la science, le savoir, la recherche. Je prends place et découvre devant moi un animal, un rat. Je sais ce qu'il va falloir faire, et à en juger par les gémissements et mines offusquées de certains autour de moi, je ne suis pas la seule. Je suis fascinée, excitée. Il ne faut pas y voir là une sorte de sadisme ou de plaisir à voir ce pauvre animal attendre son heure. J'ai un profond respect pour ce qu'il va me permettre de découvrir. Je le remercie d'ailleurs intérieurement.

J'entends et ressens encore les vibrations du ciseau dans ma tête, lorsqu'après une incision, je découpe sa peau et admire ses entrailles. Chaque chose a sa place, a sa fonction, son but, son rôle et tout fonctionne ensemble de telle façon que s'il manque une pièce du puzzle, tout dérive. Avec mon crayon, je trace ce que mes yeux parviennent à voir : les méandres des intestins rappelant ceux du cerveau, la beauté du cœur entouré de ses acolytes poumons, le foie, l'estomac...

Tout prend forme sur ma feuille blanche, et je me répète silencieusement et inlassablement à quel point le hasard a si bien fait les choses, et à quel point jamais aucun être humain ne pourra recréer une telle beauté, une telle perfection. J'en ai les larmes aux yeux, les frissons me parcourent. Ma professeure vient alors à mes côtés, la surprise se lit sur son visage : « Mais, on dirait que tu as fait ça toute ta vie ! ». J'ai envie de lui répondre « Bah oui !» car pour moi, je le sens, c'est inné, c'est en moi, c'est une évidence. Je sais ce que je ferai à l'avenir : je serai chirurgien.

C'est ainsi que mon métier changera en fonction de mes cours de biologie car tout m'intriguera. La vie des plantes que l'on croit si « inertes », la beauté des roches et ce qu'elles renferment. Et plus encore, jamais je n'oublierai la vidéo sur la méiose et mitose. Ce balai de nos chromosomes orchestré avec tant de grâce et de ponctualité...Ce cours sur la greffe des organes où je ne pourrai absolument plus quitter des yeux ce cœur qui bat à l'écran alors qu'il s'était arrêté l'instant d'avant, ce cœur qui vient d'être remplacé par celui d'un autre qui a quitté son corps.

D'ailleurs, après ce cours de greffe, je me passionne pour celle-ci et lis des récits de personnes greffées. Je suis intriguée de voir à quel point certains ressentent des choses qui ne leur appartiennent pas suite à leur opération, je reste fascinée devant ces mots : « mémoire cellulaire ». C'est incroyable tout de même tous ces phénomènes invisibles à l'œil nu qui mouvementent nos Vies.

Que dire de ces bactéries et virus qui intègrent sans cesse notre organisme, et la force de celui-ci à se battre ou plutôt à vivre en symbiose avec tout ce qui l'entoure...

Que dire aussi de toutes ces découvertes thérapeutiques qui reposent sur le hasard ? Les scientifiques seraient-ils guidés, inspirés comme les artistes ?

Que dire de la création d'une vie ?

Une part de masculin qui intègre un corps qui pourrait le prendre pour un ennemi, et qui lui offre pourtant la moitié de ce qui lui correspond au féminin, pour former un être unique qui ne cessera d'évoluer ?

Même les lamelles d'oignon me rendent stupéfaite, tout m'impressionne et me touche au plus profond de mon âme.

À cette professeure d'art qui me demandera qui est mon artiste préféré, je répondrai : la nature, la vie. Et lorsqu'on me dira « je ne crois que ce que je vois », je me dirai qu'il est bien triste de ne se résoudre qu'à cette vision de la vie car je prends conscience que tout ce qui m'entoure renferme une beauté qui n'a d'égale que sa grandeur. Je me sens si petite et si respectueuse face à cette Vie qui n'en finit pas de créer. Je me dis que ce doit être cela que j'aime dans la musique : chacun joue une partition différente, et cela forme malgré tout une unité. C'est l'équilibre entre le désir d'être seul, et celui de vivre avec les autres et de ne pas faire comme les autres. J'aurai donc moi aussi ma place dans ce monde, une partition à jouer, qui, avec celle des autres, formera une unité.Reste à savoir quelle partition jouer, quelle voie suivre...celle des lignes tracées par mon crayon ou celle des lignes de couloir suivies par des sabots blancs ?

Je maîtrise mon crayon bien plus que ma prestance, mon oral et ma confiance.

L'appel du dessin serait plus facile pour une fille sans-dessein comme moi.

Mais, il restera un loisir. Choisir n'aura pas été de tout repos...

Ainsi est née puis a vécu la petite magie-sienne en moi. Une fois ma voie choisie et trouvée, je ne cessais d'espérer intérieurement de pouvoir développer ce que je sentais vivre en moi. Et je savais que pour y parvenir, des anges viendraient m'aider à me révéler et à accepter la petite magie-sienne.

Ces anges tombés du ciel m'aidèrent à accueillir ma connexion avec l'invisible.

NOTES À MOI-MÊME :

1. Il y a un monde invisible de l'autre côté du voile, au-delà de l'univers et des étoiles...pas si invisible que cela en ce qui me concerne.
2. Ma magie-sienne fait peur à mon entourage qui préfère tout mettre sur le compte de l'imagination débordante.
3. Si ce que j'ai à dire n'est pas plus beau que le silence alors je dois me taire. J'adore cette phrase mais ce que je vois de l'autre côté du voile est plus beau que le silence, à mon sens...Que faire ? Me taire semble tout de même la meilleure option.
4. Les adultes sont remplis de paradoxes.
5. La peur est un ennemi à ne pas négliger.
6. Il y a des anges pour me guider au-delà du voile, il y en aura sur cette Terre aussi, j'en suis sûre...du moins je l'espère.

DEUXIÈME SIGNE

CONNEXION D'UNE PASSEUSE D'ÂMES

Les anges tombés du ciel

« Les amis sont des anges silencieux, qui nous remettent sur nos pieds quand nos ailes ne savent plus comment voler » Victor Hugo

« Et puis, il y a ceux que l'on croise, que l'on connait à peine, qui vous disent un mot, une phrase, vous accordent une minute, une demi-heure et changent le cours de votre vie ». Victor Hugo

« Nous ne faisons pas de nouvelles rencontres par accident. Elles sont destinées à croiser notre chemin pour une raison ».

« Le hasard, c'est Dieu qui se promène incognito » A. Einstein

Ce chapitre est dédié aux rencontres, même succinctes, qui ont marqué mon chemin. Elles sont parfois très brèves, mais elles méritent d'être relatées afin de comprendre la suite de mon histoire.

AOUT 2000 : UN ANGE ME DÉRANGE

On est dehors, et elle s'apprête à entrer dans la voiture. Elle m'embrasse en riant et me prend dans ses bras. Je ne sais pas si elle sent mon mal-être...peut-être. Tout à l'heure, on a discuté longtemps, assises sur mon lit. Elle m'a demandé ce que j'aimerais faire plus tard, et on a parlé de mes rêves d'avenir. Je lui ai expliqué mes difficultés à avoir choisi une voie scientifique plutôt qu'artistique. Elle aussi apprécie ces deux mondes. Malgré ce bon moment de partage, je ne sais pas l'expliquer mais je sais que c'est la dernière fois que je la vois.

« On dirait que tu es toute triste ! T'inquiète pas ma cousine on se revoit en octobre ». C'est vrai, un ami de notre famille fête son anniversaire, et on est censés tous s'y retrouver. Mais, un mauvais pressentiment s'installe en moi. Ma marraine, mon oncle, mes cousines la rejoignent dans la voiture. Et tandis que je regarde le véhicule s'éloigner en agitant ma main pour les saluer, la peur me gagne. Que va-t-il se passer ?

Je le saurai un mois plus tard. Virginie est partie de l'autre-côté du voile. Le cœur qu'elle attendait de recevoir ne lui a pas permis de rester auprès de nous.

Et comme je m'y attendais, elle est venue me voir, quelques nuits après son décès. Je n'ai jamais pu en parler à qui que ce soit. Il n'y a que le papier et mon ordinateur qui savent. Elle m'a demandé de dire à sa mère combien elle l'aimait. Elle m'a montré de grandes tablées réunissant ma famille et m'a demandé de leur dire de continuer de faire la fête, pas sans elle, mais pour elle.

Je n'ai pas pu. Je me suis tue. Elle est venue plusieurs fois. Je me souviens d'une en particulier où j'ai cherché à la prendre et la serrer dans mes bras : elle m'a fait comprendre que cela serait difficile pour moi de revenir dans mon corps si je m'approchais si près d'elle. Et elle avait raison. Je me rappelle l'immense difficulté que j'ai eue à retrouver mes esprits. Comme si une partie de moi s'était désintégrée, comme dissoute, à son lumineux contact.

J'ai peur de mon « anormalité », si peur d'être jugée folle. Cela me hante, toujours. J'ai vu une série il y a peu chez mes grands-parents (Ghost Whisperer), et cela m'a rappelé le film 6ème sens et Ghost. Je crois que je suis une passeuse d'âmes, et je ne dois pas être la seule pour qu'on en parle dans des films, cela me rassure, juste un peu.

Après son enterrement, ma marraine et ma cousine Nadège m'emmènent dans sa chambre et me proposent de récupérer quelque chose qui appartenait à Virginie : ses crayons et fusains et une paire de boucle d'oreille qu'elle portait souvent (une en forme de pelote de laine et l'autre en forme de libellule). Je ressens sa présence et perçois son énergie dans tout ce qui nous entoure et j'ai mal, mal de tristesse, mal de me taire. Maman le sent et me prend dans ses bras. J'enfouis mon visage dans son pull, m'enivrant de son odeur, comme pour bloquer mon antenne d'hypersensible, préférant continuer d'ignorer cet ange qui me dérange, même si d'en parler me démange...

JUIN 2001 : INATTENDU PRÉSENT

Cette journée est bien étrange. Alors que je fête mon anniversaire avec mes amis, l'un d'eux me demande de le suivre dehors pour me donner son cadeau. Je m'attends à une blague étant donné son esprit farceur mais il n'en est rien. Il pose dans ma main un petit sac en velours noir et me demande de l'ouvrir prudemment car son contenu est fragile. Quel étonnement lorsque je découvre un objet inconnu et fascinant.

Une petite chaine argentée rattachée à un magnifique cristal pointu, transparent. Avant que je pose des questions, il m'apprend : « C'est un pendule. Ma mère est astrologue, et elle a fait ton thème astral : elle dit qu'un jour tu sauras quoi en faire, tu as cela en toi ».

Le soir, je ne cesserai de m'en servir à ma façon, n'ayant jamais vu quiconque utiliser un tel objet. Je passe mon temps à lui poser des questions et découvre qu'il tourne pour répondre oui et qu'il fait des lignes lorsque c'est négatif. Bien-sûr, je lui ai demandé si j'étais folle, il a fait des lignes. J'ai alors envoyé la question : «Suis-je passeuse d'âmes », il a fait des cercles. J'ai demandé qui allait être mon mari : j'ai choisi plein de prénoms au hasard, dont celui de mon meilleur ami et voisin Julien. Il a fait des cercles. Quel imbécile ! Je ne vois pas comment une telle chose serait possible. J'abandonne donc cette question et lui demande si je serai une soignante : il répond « oui ».

Je m'interroge un millier de fois : est-ce mon bras qui remue inconsciemment et fait bouger le pendule ? Pour en avoir le cœur net, je pose mon avant-bras droit sur mon bureau et laisse pendre ma main dans le vide avec mon pendule entre mes doigts. De mon autre main, je maintiens mon poignet droit contre le meuble, empêchant ainsi tout mouvement. Et je suis stupéfaite : la petite chaine oscille et fait bouger le cristal, quoique je fasse. Le pendule me répond, toujours. En revanche, je ne mets pas longtemps à comprendre une chose : il semblerait que j'influence la direction de celui-ci. Si je pense très fort à « oui », alors il tourne. J'en conclus que tout est intention. Nos pensées et nos intentions seraient-elles créatrices ? Est-ce possible ? Je l'espère. Je n'aime pas imaginer que tout soit joué à l'avance. Cela me gêne, car j'ai l'impression de n'être qu'une marionnette incapable de décision.

J'ai lu quelque part que nous utilisions seulement 10% de notre cerveau. Que se passerait-il si nous nous servions de son intégralité ? Si je peux influencer le mouvement d'un pendule, pourrais-je envisager qu'un jour, l'être humain puisse faire bouger des objets ? Cela m'ouvre encore de nombreux dialogues et débats avec moi-même.

Et, comme pour répondre à mes questions, la meilleure amie de mère m'a fait halluciner quelques temps après. Nous sommes allés manger chez elle, et je ne sais pas ce qui lui a pris, elle est allée chercher un objet en disant à ma mère : « attends, tu vas voir, je vais te montrer un truc ». Elle est revenue avec un pendule semblable au mien. Mon cœur a cogné très fort dans ma poitrine : « elle aussi », me suis-je dit. Alors, Moumousse (c'est ainsi qu'on la surnomme) a attrapé la main de maman et a laissé le pendule au-dessus. Elle a demandé combien d'enfants elle avait eu, et le pendule a oscillé trois fois différemment. Ma mère a ri et a répondu que cela ne lui apprenait rien, et que c'était des bêtises. Moi, j'ai pris note de tout ce que Moumousse m'a appris sans le savoir. Alors le soir, j'ai continué de m'exercer.

Je suis subjuguée par cet objet, qui intriguera ensuite un de mes petits frères. Je déciderai donc d'oser demander à maman de nous emmener à une boutique afin que je lui en achète un. Et elle acceptera, tout en soupirant et levant les yeux au ciel devant cette nouvelle demande inattendue. De mon côté, je m'émerveille de l'incroyable présent que peut être l'inattendu.

MARS 2003 : RESPIRE

Elle est dehors, aux côtés de sa voiture à regarder vers le bâtiment où nous nous trouvons, mon amie et moi, sans savoir où nous sommes vraiment.

Laura s'apprête à sortir de la pièce pour passer son oral au concours infirmier, avant moi. Alors qu'elle quitte la salle, je fixe sa mère, Betty, qui nous attend à l'extérieur sur le parking.

J'ai peur de ne pas réussir mon examen. L'oral m'angoisse, car je n'aime pas parler, je préfère écrire. Cela ne change pas, pour le moment en tout cas.

Alors, en regardant Betty, je me mets à repenser à ce qu'elle nous a dit : « Respirez les filles ! La respiration, c'est essentiel, et n'oubliez pas de vous concentrer sur le PO-SI-TIF !».

Et ce faisant, je me rends compte qu'elle avait raison, mon corps se relâche, et de la buée se forme sur la vitre devant moi, créant une diversion bienvenue. J'écris « love » dedans, car j'adore ce mot.

Je prie intérieurement pour que Laura et moi soyons admises à cette école, ensemble. Elle est comme une sœur, et bien plus que cela. Elle m'écoute lorsque je lui parle de mes songes et s'amuse lorsque je sors mon pendule pour essayer de répondre à ses questions. La principale étant de savoir si elle trouvera l'homme avec qui faire sa vie, question que nous avons en commun, éternelles fleurs bleues que nous sommes.

Et puis, elle fait partie de ces personnes qui me rendent meilleure. Elle me donne envie d'aimer, de partager et de lui faire plaisir. J'adore faire plaisir depuis que je suis enfant. Apparemment, petite, j'offrais sans cesse des cadeaux improvisés à mes parents. Cela pouvait être un dessin, une bricole, et même des petites chaussures de Barbie que je cachais dans un mouchoir avant de les offrir à ma mère. Je ne change pas, offrir des cadeaux, c'est ce que je préfère, c'est pour cela que j'attends Noël et les anniversaires des autres avec impatience. Faire plaisir réchauffe mon cœur. Et je vibre, frissonne de partout lorsque je sais avoir trouvé « le cadeau idéal ». C'est l'intention qui compte. Mes parents disent cela très souvent, et ils ne savent pas à quel point cette phrase est juste. Celle de la mère de mon amie aussi est vraie : « Respire, et tout ira bien, concentre-toi sur le positif, vois le meilleur, et tout se passera au mieux ». Jusqu'ici, j'avais plutôt tendance à imaginer le pire afin de ne pas être déçue. Mais les paroles de Betty, et les réponses de mon pendule me font comprendre une chose : je peux influencer ma vie rien que par mes pensées. Alors autant que celles-ci soient adaptées. Et pour ce faire, oui, il faut que je respire. C'est la première chose que nous faisons en sortant du ventre de notre mère, ça ne devrait pas être bien compliqué de m'en rappeler !

MAI 2004 : CRI DE JOIE, CRI-CRI

Je me souviens : maman souffrait du dos, et nous étions à la musique.

Nous jouions, mon père, ma mère et moi, dans la même harmonie. C'est un héritage familial du côté de ma mère, les pères transmettent la baguette à leur fils et ainsi de suite, maman avait donc cela dans le sang. Mon père quant à lui, avait cela dans la peau.

C'est quand il alla jouer à l'harmonie de ma mère (que dirigeait mon grand-père), que mon histoire a commencé. Car la musique réunissait alors deux êtres qui allaient s'aimer et donner naissance à trois enfants : j'étais l'aînée d'entre eux.

J'ai donc grandi ainsi, dans un environnement riche en sons et en vibrations, bercée par les chants de ma mère, par les sifflements de mon père, par leur musique, leurs défilés, leurs concerts. J'aimais terriblement cela : les écouter et les voir jouer au sein de l'orchestre de mon grand-père. Il y avait mon oncle, le cousin et l'oncle de maman aussi. J'aimais cet univers, la salle de musique où papy m'emmenait et où il me laissait exprimer ma créativité débutante sur tout un tas d'instruments à ma disposition. On me proposa de suivre des cours de musique, mais je refusai...certainement muée par un sentiment de rébellion ou de contradiction car secrètement j'en rêvais : la harpe, le violon, le saxophone, auraient été mes instruments de choix si j'avais osé...

C'est à 15 ans que, n'y tenant plus, je pris la décision de demander à mes parents de m'inscrire à la musique. Il fallait peut-être que l'idée vienne de moi...

C'est le saxophone alto que je choisissais alors. Je me rappellerai toute ma vie la réaction de mes parents lorsque j'ai su jouer ma première gamme : maman riait et appelait son père en me disant : « Vas-y Émilie : joue pour ton papy » .

J'ai fait ma première gamme au saxo comme une enfant qui parle pour la première fois, et j'ai eu le droit aux mêmes réjouissements : le sourire de mes parents, la joie, le bonheur de parler la même langue. Papy, lui, était ému jusqu'aux larmes, et dans sa voix, résonnait l'amour et la tendresse d'entendre sa petite fille faire vibrer notre langue natale. Car la musique est bien plus qu'un son. Elle est puissante, elle réunit l'humain, elle réunit les êtres et les Âmes quel que soit leur pays.

Lorsque l'harmonie de mon grand-père accueillait les Allemands, j'étais toujours stupéfaite car même s'ils ne parlaient pas la même langue, ils étaient capables de jouer ensemble durant des heures, en se comprenant, et en émettant des sons qui se rejoignaient à l'Unisson à la perfection. La musique est Universelle, comme l'Amour. C'est pourquoi je l'aime tant...

C'est donc en arrivant à l'harmonie de mon village que je fis la connaissance de mon ami Christian (Cri-Cri), lui-même musicien. C'est lui qui m'a réconciliée avec cette partie enfouie de moi...Car, son Univers allait percuter le mien avec autant de puissance que le rythme qu'il faisait subir à ses tambours. J'allais vibrer comme jamais, me sentir Ré-unie avec moi-même...malgré mon savant mental, que j'appelais mon Ingénieur, qui allait essayer de me détourner de cette voie para-normale.

Maman souffrait donc du dos ce soir-là, et c'est ainsi qu'il s'est proposé de la soulager grâce à son magnétisme. J'ai eu le temps de voir mon père hausser les sourcils, et d'entendre ma mère lui répondre qu'elle ne croyait pas à cela. Malgré tout, elle se laissa tenter, et les résultats furent si inattendus que je m'en souviens encore...

Cet épisode a marqué ma vie, car cela me rappelait ce que je savais depuis petite mais que je ne pouvais pas dire. Ce pourrait-il que je rencontre enfin dans ma vie quelqu'un capable d'entendre ce que je pressens et vis ? C'est ainsi qu'il devint très vite bien plus qu'un ami.

Petit à petit, grâce à lui, mon champ de vision s'élargissait, et je prenais conscience de l'être dans toute sa splendeur.

Intérieurement, je criais de joie d'avoir trouvé Cri-Cri sur mon chemin.

DÉCEMBRE 2004 : MAGIE-SIENNE, MAGIE MIENNE

Maman souffre encore aujourd'hui. Cri-Cri a proposé de venir lui prodiguer des soins que je qualifie de magiques. À son arrivée, comme à son habitude, il retire son chapeau pour nous « bicher » comme il se plait à dire. Puis, en faisant cela, il pose sa main sur mon épaule et encore une fois, je ressens tout. Je ressens son énergie, sa puissance vibratoire dans tout mon être et, lorsque je le regarde dans les yeux, je le reconnais encore une fois. Je sais qui il est, et le rôle qu'il aura à jouer dans ma vie.

C'est écrit. Il est celui que j'attendais, celui qui me montrera le chemin, comme un professeur qui apprend à son élève. Il le sait, lui aussi, bien entendu. Je le sonde du regard : j'espère qu'il y lira : « Je veux savoir faire comme toi ». Il a compris et me fait signe de le suivre. Ma mère est allongée sur le dos sur mon lit. Cri-Cri me propose de me positionner aux pieds de maman alors qu'il se met au niveau de sa tête. Il me montre comment placer mes mains, et je m'exécute. Inconsciemment, je ferme les yeux et ressens l'énergie de ma mère et la mienne.

Puis, subitement, une autre se mêle aux nôtres : cela vibre très fort, je reconnais immédiatement les vibrations de mon ami. Je lève la tête, et nous nous regardons. Ce faisant, nous n'avons pas besoin de parler, on dirait que nous sommes connectés...et nous le sommes finalement. Nous faisons circuler nos énergies d'Amour jusqu'à la douleur de maman. Je la ressens, cette douleur : dans mon corps tout d'abord. Je la reçois en écho dans mon cou puis je la sens au bout de mes doigts. Des vibrations erratiques, anarchiques, discordantes qui semblent peu à peu se laisser « lisser » par les nôtres, plus douces, plus légères et bienveillantes.

Je lui parle dans ma tête comme lorsque je parle avec les défunts : « Calme-toi ». Et la magie opère : maman dit qu'elle ressent des choses dans son corps, et que la douleur s'atténue. Le fait qu'elle partage et confirme : « qu'il s'est bien passé quelque chose et que ce n'est pas dans sa tête », rassure la petite magie-sienne en moi.

NOVEMBRE 2005 : PORTE ET REPORTE

Je suis à Paris. Julien m'a emmenée voir une voyante.

Je connais Julien depuis 1996. Il était tout d'abord mon voisin, mon ami pour devenir par la suite l'amour de ma vie. Son univers, sa culture ont percuté les miens et confirmé ce que j'étais.

Julien ne sait pas encore ce que je suis...et moi non plus, peut-être d'ailleurs...Il m'a laissée écouter les anecdotes de sa mère sur ses voyages astraux, puis il m'a présentée au reste de sa famille : un univers très féminin du côté maternel, dans lequel il a baigné depuis petit. Il ne s'étonne pas de les entendre parler de voyance, d'astrologie, de passage d'âmes (une de ses tantes dirige d'ailleurs une entreprise de pompes funèbres). Sa famille maternelle baigne dans le monde paramédical, pas la mienne...Je suis, pour le moment, l'unique à avoir choisi cette voie.

Une autre tante (Sylvie) de Julien m'a tiré les cartes et m'a fait ce qu'elle appelle : l'écriture automatique. Mon parrain était là et lui a dit qu'il veillait sur moi, et que je n'avais pas à m'en vouloir de ce qui lui était arrivé. Comment peut-elle savoir cela ? Sylvie m'a dit que je cachais un secret, mais je n'ai pas pu parler. J'ai simplement dit que j'étais d'une grande sensibilité, et que je percevais des choses. C'est fou cette manie que j'ai de me taire, je me suis tellement entraînée à ne plus parler que maintenant c'est un automatisme.

Julien se doute que je tais quelque chose, qu'il y a une antenne en moi qui capte beaucoup.

Il m'entend parler la nuit et me voit écrire mes rêves tous les matins dans un cahier.

Je fais cela depuis longtemps et bien sûr, il m'a posé des questions, mais je reste évasive. Cela va changer, aujourd'hui...car je vais être démasquée, devant lui, à cause ou grâce à cette voyante...

Elle tourne et retourne ses cartes. Elle les mélange, les pose, puis les regarde en fronçant les sourcils. Je dois la regarder de la même façon. Elle recommence, reprend les cartes, les remélange, les repose. Même froncement de sourcils...

Que se passe-t-il ?

-Émilie, travaillez-vous dans les pompes funèbres ?

-Non, rétorqué-je, en m'inquiétant de la signification de cette question.

-Alors pourquoi y a-t-il tant de morts autour de vous ? Elle me dit cela en me regardant droit dans les yeux comme pour me percer à jour. Mon cœur bat la chamade.

-Je suis infirmière, lui dis-je rapidement afin de dissiper le malaise. Je ne voudrais pas qu'elle croit que j'ai tué toutes ces âmes qu'elle semble voir. Mais, au fond, je sais très bien où elle veut en venir, et je refuse d'aller sur ce terrain.

-Oui mais c'est d'autre chose dont je parle. Vous êtes une porte Émilie, une passeuse d'âmes, vous le savez n'est-ce pas ?

Je ne peux plus parler. J'ai l'impression d'être prise en flagrant délit.

-Émilie, quelle est votre couleur préférée ? dit-elle en regardant mon pull. Elle change de conversation, et je savoure cette diversion bienvenue. Cela ne durera pas longtemps.

-Le violet, le mauve, pourquoi ?

-C'est la couleur de la spiritualité. Dans certains pays, on la porte lors des funérailles. Vous êtes une passeuse d'âmes Émilie ; une porte, une porte vers l'au-delà, répète-elle.

En y repensant ce soir, je me dis que c'est bien étrange, cette relation que j'ai avec la mort. Car tout semble toujours me ramener à elle. Je vois des morts au bout de mon lit depuis petite, mes grands-parents habitent face à un cimetière, comme mon ex-petit ami. Aujourd'hui, c'est avec Julien que je suis, et une partie de sa famille dirige une entreprise de pompes funèbres. Et en plus, ils tirent les cartes, font des voyages astraux, pratiquent l'écriture automatique, parlent aux défunts, et consultent des voyantes avant de prendre de grandes décisions. Il semblerait que je ne sois pas la seule à être folle sur cette planète !

Et, ce qui est réconfortant, c'est d'être entendue sans jugement dans mon éventuelle folie. S'il y a bien quelque chose que j'ai réussi dans le scénario de mon incarnation, c'est celui du choix de mon mari : terre à terre, mais sachant avoir la tête dans les étoiles, il sait se montrer autant ancré que connecté, en étant un récepteur parfait à ce que mon antenne capte et émet sans cesse.

Je n'attends pas de lui qu'il me croie, simplement qu'il m'écoute et, le pauvre, il sera servi !

Un jour, lui relatant encore une fois mes expériences nocturnes, je conclus en disant : «N'empêche, j'ai vraiment de la chance que tu m'aies trouvée : tu me respectes tellement que si demain je te disais avoir accueilli des licornes et des fées dans notre salon, tu me répondrais : oh ma pauvre petite fée, vous deviez être trop à l'étroit. La prochaine fois, j'agrandirai la pièce ! ». À quoi il me répondit : « Bah, je ne vois pas le problème, je préfère que tes expériences nocturnes se fassent avec des défunts, hein ! ». Je préfère rire de tout cela, d'être une porte, reportant toujours à plus tard le moment où j'assumerai vraiment de l'être pleinement. Par moment, je reporte d'être une porte, oui, préférant l'être à moitié, l'être entrebâillée...

Et puis je me dis que j'ai compris maintenant : non, je ne suis pas folle, ou du moins je ne semble pas être la seule à l'être, et quel bonheur de parler avec Laura et sa mère, avec Julien, avec Cri-Cri...Tout cela m'ouvre d'autres portes.

Je suis impressionnée et si heureuse de vivre tout cela, de rencontrer des êtres ouverts aux questions que je me pose depuis si longtemps. Parler avec les uns, et pratiquer aux côtés de Cri-Cri me réjouit. J'espère qu'en choisissant mon métier d'infirmière, je pourrai en faire bénéficier les nombreux patients que je croiserai...Et quand je réfléchis, je souris intérieurement à ces mots « choisir un métier » car pour moi c'est plutôt lui qui m'a choisie. Je n'ai pas décidé de cette profession, elle s'est imposée à moi.

Alors je souris encore plus quand j'entends : « choisir un métier pour gagner sa vie ».

En ce qui me concerne, j'ai déjà gagné ma vie en naissant. Il me reste à la vivre pleinement en accord avec mon esprit intuitif (mon Infirmière intérieure), tout en gardant mon esprit rationnel (mon Ingénieur), au service de celle-ci...pourvu que je n'oublie pas cette sage décision.

NOTES À MOI-MÊME :

1. Je suis une porte qui a peur de l'ouvrir, de parler.
2. Si je suis folle, alors je ne suis pas la seule.
3. Les anges existent autant sur Terre que de l'autre côté du voile.
4. Ne pas oublier que tout est intention, et que mon cœur est mon meilleur allié, au même titre que mon imagination.
5. Monsieur Hasard n'existe pas.

TROISIÈME SIGNE

DÉ-CONNEXION D'UNE INFIRMIÈRE INFIRME

J'étais infirme hier, je n'avais pas assez de deux mains.

« L'esprit intuitif est un don sacré et l'esprit rationnel son fidèle serviteur. Nous avons créé une société qui honore le serviteur et a oublié le don ». Albert Einstein.

Après avoir envisagé tous les métiers du domaine médical et paramédical, celui d'infirmier s'est donc finalement imposé à moi. J'aurais aimé être la guérisseuse que j'envisageais : celle qui utiliserait son intuition et ses mains pour soigner, celle qui se servirait dans sa pharmacie illimitée : la nature, celle qui accompagnerait les cœurs brisés, les corps blessés et les esprits dérangés...Celle qui se servirait de ses visions pour le bien de celui qui le souhaite, ce bien. Celle qui marcherait sur le fil de la vie, oscillant entre les morts et les vivants au gré de son cœur. Celle qui se servirait de ce cœur, avec intelligence, toujours. Infirmière était ce qui semblait se rapprocher le plus de cette guérisseuse, du moins, dans mon imagination...

FÉVRIER 2004 : MAL À L'AISE, MALAISE, À L'AIDE

Je suis en stage en médecine digestive. Je m'apprête à entrer dans la chambre d'un patient nécessitant une transfusion. Pour cela, j'ai réuni tout le matériel nécessaire sur mon chariot de soins, sous l'œil avisé de l'infirmière. En m'approchant de la chambre, avant même de l'ouvrir, je me sens mal. Je rejette désespérément cette douleur inconnue pour me concentrer sur mes tâches mais cela reste difficile. En entrant dans la pièce, c'est une véritable décharge que je reçois dans tout mon corps.

Il est inconscient, du moins c'est ce que disent les soignants. Autour de lui, des bips-bips incessants résonnent dans la pièce comme pour couvrir son silence oppressant. Je sais qu'il est là, qu'il est bien présent dans son corps. Ses yeux tentent de s'ouvrir mais n'y parviennent pas, et pour cause. Ses petits gémissements à peine audibles ne sont pas la conséquence d'une quelconque difficulté respiratoire. Ils sont la répercussion d'une douleur insupportable. Je la ressens dans mon corps : à la base de ma colonne vertébrale. On dirait que l'on vient de brûler au fer rouge mon sacrum, et qu'on m'y a laissé le fer dessus. Je me frotte le bas du dos et tente de me concentrer sur la perfusion que je dois effectuer pour y brancher la poche de sang. Cela m'est impossible.

La douleur est telle qu'elle m'opprime et m'écrase littéralement jusqu'à me faire perdre conscience : je m'écroule, ici, à même le sol, devant le lit du patient. Je me réveille, allongée sur le linoléum frais, les jambes en l'air soutenues par ma collègue. Elle me regarde inquiète et m'interroge sur l'origine de mon mal-être. Je préfère mentir et lui dire me sentir stressée en ce moment, ce qui est vrai. Mais cet incident vient de ma clairvoyance, de ma « clairsentience »...que je perçois aujourd'hui comme une sentence. Cela m'exaspère.

Une fois la transfusion faite, nous reviendrons plus tard pour effectuer son pansement. Ma collègue m'explique qu'il souffre d'une escarre sacrée. Je découvre l'ampleur de celui-ci, après avoir positionné Mr. sur le côté. Pendant que je le tiens dans cette position, je constate, stupéfaite, sa chair rongée jusqu'à l'os. L'odeur qui se dégage est pestilentielle à nous en donner la nausée. Je reçois une nouvelle fois sa douleur en écho. Ma collègue peine à effectuer le soin tant l'odeur est insupportable. Le trou dans sa chair est tel qu'on pourrait y enfoncer un poing facilement. Je suis choquée par tous ces stimuli qui m'assaillent, qu'ils soient olfactifs, visuels, vibratoires...Il souffre, c'est atroce et apparemment, les antalgiques ne suffisent pas.

Lorsque je l'exprime, on me répond que les échelles de douleur sont « bien ». Je me mure donc dans le silence, mal à l'aise, n'ayant d'autre alternative que d'apaiser sa souffrance avec ma main dans la sienne pour lui venir en aide.

AVRIL 2004 : PAS DE CHANCE, PORTE LA POISSE

Même si j'entame une carrière médicale, je ne cesse de faire des rêves prémonitoires ou d'avoir des intuitions telles, qu'elles me perturbent parfois au plus haut point, ne sachant quoi en faire. Pourtant, je ne vois pas tout, des choses m'échappent...Ma cousine Aurore est décédée. Cette nouvelle me met dans une rage folle : contre la vie, contre Dieu, contre tous, contre moi surtout.

Contre moi, car quand j'y repense, je n'ai pas eu de vision sur cet événement, et puis, en y repensant encore plus, qu'est-ce que cela aurait changé de toutes façons ? Ai-je pu empêcher la mort de nous prendre Parrain et Virginie ? Non, je suis impuissante. Mon frère m'a dit ce soir : « N'empêche ma pauvre sœur, tu n'as vraiment pas de chance, tu as perdu ton parrain, et ta marraine a perdu deux de ses filles. Ou alors, c'est que tu portes la poisse ». Il a dit tout haut ce que je pense tout bas : « La chance n'existe pas, et je suis une porte la poisse. » Je me demande si je ne suis pas superstitieuse, et qu'à force d'avoir peur de tout cela, ce n'est pas moi qui déclenche tous ces malheurs. Papa dit : « Il ne faut pas être superstitieux car cela porte malheur ! », il a peut-être raison. Pourtant, je suis sûre qu'il y a aussi de belles choses qui ont lieu grâce à nos « bonnes pensées », dans ce monde.

Aujourd'hui, par exemple, j'ai été témoin d'un évènement qui ne cesse de tourner en boucle dans ma tête. La patiente qui était dans mon service hier, pour recevoir des rayons pour son cancer du poumon, était brûlée à vif. Elle nous a dit qu'elle allait faire appel à un coupeur de feu à distance. Et ce matin, contre toute attente, sa peau était rosée. Je n'ai jamais vu une chose aussi incroyable ! Certaines de mes collègues conseillent les patients à consulter ce genre de thérapeutes, mais cela reste tabou, caché. Lorsque j'essaye d'en parler, on me répond souvent que ce n'est pas prouvé, que c'est « placebo », que c'est un hasard. Non, pour moi, ce n'est pas un coup de chance, nos intentions peuvent faire des « miracles », et quelle chance !

JUILLET 2004 : SOURDE OREILLE

Le monde médical, dans lequel j'évolue, me pousse à faire la sourde oreille et à remettre en question ma clairvoyance, mais cela ne l'empêche pas de se manifester. Les prémonitions, les visions continuent parfois, et une de celles que je vais relater ici, m'a donné une bonne leçon, car en oubliant de l'écouter, je me suis mise en fâcheuse posture.

Nous nous rejoignons, Laura et nos autres copines, dans un petit village célébrant la fête de la Musique. Dans un bar, nous devons y retrouver nos petits-copains, et le mien décide de m'emmener flâner dans les rues animées. Sauf que ma vision de ce matin ressurgit dans mon esprit : je ne l'ai pas comprise, mais je nous ai vus en danger, lui et moi, seuls dans une ruelle sombre. Je me dis que c'est mon imagination, et préfère mettre un mouchoir sur cette image.

Nous marchons tranquillement en discutant de tout et de rien, en profitant des groupes de musique exposés sur les trottoirs. Puis, je me sens mal. Je m'arrête brusquement, je lui rends compte de mon malaise et lui affirme qu'il faut retourner avec nos amis. Pendant qu'il m'écoute, nous reprenons notre marche, et je LE vois : celui qui sera à l'origine de nos problèmes.

Il est face à nous, marche droit devant, et je comprends qu'il veut tout faire pour déstabiliser mon ami. Il ne marche pas, il fonce littéralement sur nous, je sais qu'il veut bousculer mon ami. Je tire le bras de celui-ci vers moi mais la collision a tout de même lieu, nous faisant trébucher lui et moi. Le gars sourit ironiquement et semble nous narguer, il dit quelque chose que je n'ai pas le temps de comprendre, m'empressant de continuer de marcher dans le sens inverse du sien. Nous avons évité le pire mais c'est sans compter sur la spontanéité de mon ami qui juge nécessaire de se retourner et de dire : « Eh mec, fais attention ! ».

Le regard meurtrier qu'il nous lance me glace le sang. Mon petit ami comprend instantanément que nous sommes en danger, moi surtout. Il se positionne devant moi et me fait reculer. En tournant ma tête, je réalise que nous arrivons dans une ruelle...sombre. Pire, c'est une impasse.

Et comme si cela ne suffisait pas, sans comprendre d'où ils viennent, d'autres garçons surgissent de nulle part. Comme nous, ils ont une vingtaine d'années. Je me sens mal, j'ai la nausée, et ce que j'entends n'arrange pas mes affaires. « Eh mec, alors tu ne fais pas le malin on dirait ?

On va s'occuper de toi, et après, on se fera un plaisir de s'occuper d'elle ». Je préfère ne pas écrire les autres réjouissances parvenues à mes chastes oreilles. L'un d'eux me tire par mon sac à main tout en baladant ses mains sur mon corps, j'essaye de me débattre, mais un deuxième le rejoint. Mon ami me tire vers lui tandis qu'il reçoit des coups et y répond avec sa seule main libre.

On essaye de me séparer de lui. Celui-ci se bat comme un fou, mais un contre tous, c'est peine perdue, je le sais bien. Je me fustige encore intérieurement de ne pas avoir écouté ma voix intérieure.

Soudain, je ressens et sais comment faire pour sortir de ce pétrin. Disons que « ça passe ou ça casse ». Je décide de m'interposer entre lui et un de ses adversaires, et ce que j'avais espéré, sans être maso, se réalise : alors que je m'extirpe comme une furie des mains de mes agresseurs, je me jette littéralement devant mon petit ami, et je reçois le poing qui lui était destiné en pleine figure.

Je ne m'attendais pas à un coup pareil : il est tel que je me retrouve projetée sur le mur de l'impasse. Ma tête siffle à n'en plus finir, mon cou semble s'être décroché de mon corps, et un gout de fer explose dans ma bouche. Un sifflement strident m'envahit, et le vertige est si intense que je ne peux pas ouvrir les yeux. Je m'écroule à terre, et j'entends mon ami crier tandis que nos agresseurs prennent la fuite. « Putain les gars, on l'a tuée, merde, vite, on se casse ». Le reste est flou. Les pompiers sont là, nos amis aussi lorsque je reprends conscience. Je sens des mains bienveillantes me toucher, et une voix douce me parler. Laura me tient la main et pense que j'ai fait un malaise, mais lorsqu'elle voit l'état de mes lèvres, et qu'elle entend les explications surexcitées de mon petit ami, elle comprend ce qui s'est passé. Moi, je suis sonnée, complètement sonnée. Comme dans un demi-sommeil.

Ma tête bourdonne, mes lèvres pleurent de sang, mes oreilles sifflent...Le bilan est cher payé pour avoir fait la sourde oreille.

Cette expérience me restera toujours en mémoire, comme une belle leçon à retenir avec moi-même : « Écoute-toi, Émilie, si tu ne peux pas aider les autres avec tes visions, qu'elles te servent au moins à sauver ta peau... »

SEPTEMBRE 2004 : DÉLIRE COLLECTIF, TOUS AUX ABRIS

Il pleut, ce qui ne rend pas facile notre tâche. On nous a demandé, à mon amie et moi, d'aller chercher une résidente. Elle s'appelle Anne, et elle est introuvable. Ici, c'est une clinique psychiatrique institutionnelle[1]. Ce stage est un choix personnel, car je voulais découvrir une autre façon d'aborder la maladie psychiatrique, et je ne le regrette pas. J'y vis une expérience humaine riche et incroyable qui me fait remettre en question ma vision de la réalité, le vrai, le faux, le bien, le mal. Je trouve en certains résidents, une humanité bouleversante qui parle de voix et d'images qu'ils perçoivent. Ont-ils accès à d'autres dimensions ? Notre approche est médicale, pourtant, j'ai lu il y a peu, que dans certaines tribus, ces mêmes personnes auraient pu être perçues comme des chamans...

Nous sommes dans un endroit perdu au milieu de nulle part, la forêt nous encercle et au milieu, il y a le château qui abrite quelques centaines de patients...le château et ses bâtiments annexes : des petits bouts de maison un peu partout, donnant un air disloqué et désorganisé à la structure, la rendant aussi inaccessible et incompréhensible que la plupart de ses habitants. Ici, je dors dans des wagons aménagés en dortoir et je côtoie donc 24h/24 la maladie psychiatrique. Aucun de nous ne sait quelles sont les pathologies et histoires de nos résidents. Un choix pour éviter aux soignants de devenir juges, entre autres.

---

[1] La psychothérapie institutionnelle est un type de psychothérapie en institution psychiatrique qui met l'accent sur la dynamique de groupe et la relation entre soignants et soignés.

Car parmi nos habitants se trouvent parfois, des humains en proie à la justice, et à leurs démons. Certains patients nous ont déjà fait part de leur crime, mais je ne sais pas pourquoi, finalement au fond de moi, je me sens sereine.

Anne est introuvable, et la réunion des résidents va débuter sans elle et nous, si cela continue. Je ne veux pas rater cet événement qui promet d'être haut en couleurs d'après nos tuteurs de stage. Je décide de faire confiance à mon intuition et retourne sur mes pas. Je bifurque dans un bâtiment où il y a sa chambre. Mon amie me rappelle que nos collègues y sont déjà allés, et qu'elle ne s'y trouvait pas. Mais je continue d'avancer et entends un bruit singulier : de l'eau. En marchant, je me rends compte que le clapotis de l'eau est engendré par mes pas sur le sol inondé, non pas par la pluie qui continue de se déverser inlassablement dehors, mais par autre chose : un robinet ouvert dans la salle de bain. À ce bruit, se mêle celui des sanglots de notre patiente recherchée, Anne. Elle nous entend et nous regarde.

Elle a l'air bouleversé, et nous l'écoutons déblatérer son interminable monologue d'une voix atone : « J'ai les cheveux gras, il fallait que je les lave, mais j'ai les cheveux gras, toujours ». Nous nous approchons de l'évier pour refermer le robinet et essayons tant bien que mal de rassurer Anne. Ceci s'avère impossible. Sa voix morne laisse place à des hurlements, elle tire sur ses cheveux longs de chaque côté de sa raie, et crie : « J'ai les cheveux gras, au secours, c'est pour ça que j'ai tué ma mère »...Devant cette scène inattendue, je préfère prendre la tangente, et mes collègues viennent en renfort, fort heureusement. Ce faisant, un parmi eux attire mon attention : on dirait un patient. Ici, on m'a expliqué que les soignants n'ont pas de blouse et s'habillent en civil. Et cette personne que je prends pour un patient est en fait bien un soignant. Mais, à force de se fondre dans le décor, il en fait maintenant partie, m'apprend-on. La folie est-elle contagieuse ?

J'en aurai la réponse quelques temps plus tard, lorsque bien assise sur ma chaise, j'assisterai au plus grand délire collectif jusque-là jamais vu.

Nous avons donc réussi à regagner la salle de réunion. Ici, plein de résidents se retrouvent afin de dialoguer et d'échanger sur leurs conditions de vie, et les événements qu'ils souhaitent mettre en place : après-midi crêpes, atelier loto, vente d'objets créatifs, etc. Tout se déroule dans le calme.

C'était sans compter sur le passage inopiné d'un avion au-dessus de nos têtes. C'est Anne qui commence, et je me dis que finalement on aurait peut-être mieux fait de ne pas la retrouver à en juger la scène de chaos qui se déroule devant nos yeux. Elle crie : « C'est les Allemands, vite ! Cachez-vous !!!! ». Elle s'éclipse sous la table où président deux soignants et un patient. C'est maintenant au tour d'Alice de s'égosiller et de bousculer ses congénères afin de trouver une place sous une chaise, faisant tomber au passage un malheureux patient sanglotant sur sa peur des nazis. D'autres autour de nous exécutent les mêmes gestes et les mêmes cris. Nous sommes, mon amie et moi, ébahies devant cette scène surréaliste. Je me dis que rien ne pourra ramener la paix maintenant dans cet état de désordre, mais c'est bien mal connaitre ce lieu mystérieux habité par des personnages plus invraisemblables les uns que les autres. Ainsi, un dénommé Mathieu (je l'apprendrai plus tard) se lève sur sa chaise et se présente comme étant Jésus, notre sauveur. Cela a l'effet escompté : chacun regagne sa place, et la réunion se poursuit sans encombre. Je reste coite, car finalement, lequel de nous tous est le plus fou ? En ce moment, j'ai plutôt l'impression que c'est moi et leur état psychotique me donne envie de me mettre aux abris. Je ne peux m'empêcher de repenser à tout cela.

Comment se fait-il que de si jeunes gens parlent autant de ces faits historiques ? Y a-t-il quelque part en eux un accès à une mémoire collective ? Perçoivent-ils des mondes et des dimensions qui les dépassent ? Ont-ils des sortes de visions ? Est-ce possible d'y songer autrement qu'en pensant à ce que je vis depuis petite ? Sont-ils plus psychotiques que moi ? En étant tous si bien orchestrés dans leur délire, étais-je, moi, dans la réalité ?

SEPTEMBRE 2004...AU BOUT DU FIL

Je tourne et retourne sans cesse le fil et l'étiquette de mon écharpe qui dépassent. J'adore cette écharpe, sa couleur, sa texture, je me perds dans la contemplation de tous ces fils qui semblent savoir exactement là où ils doivent se rendre. Surtout, ce que j'admire, c'est qu'ils se mêlent entre eux en passant inaperçus tout en ayant besoin des uns et des autres pour former une unité. Et quand l'un d'entre eux a le dessus sur un autre, l'instant d'après, les rôles sont inversés. Ils semblent tous savoir où aller, et se confondent dans une parfaite harmonie. Tous sauf un...Quant à cette étiquette, pourquoi l'avoir gardée ? Tout le monde se fiche bien de ses recommandations. En faisant cela, je n'ai pas idée à quel point je ressemble à ce fil et à cette étiquette. Un raclement de gorge me fait sursauter et me rappelle gentiment que je suis ici pour une bonne raison même si sincèrement je doute de son utilité.

Je suis en stage au CMPE (Centre Médico Psychologique pour Enfants) et j'effectue des visites à domicile avec ma collègue infirmière qui vient à l'instant de me rappeler à l'ordre.

Certains diraient encore que je rêvasse. Je suis surtout en train de remettre en question un monde qui tourne en rond, avec moi au milieu qui perçois des choses mais qui ne peux toujours pas en parler.

Je suis ici pour écouter Mme X. Un signalement a été fait, car ses deux enfants de 7 ans ont des troubles du comportement à l'école (insultes, gestes déplacés, violence en tout genre). Sur les conseils de l'école, Mme a pris rendez-vous avec le CMPE. Me voilà donc assise autour de cette table à écouter Mme expliquer qu'elle ne comprend absolument pas le comportement de ses enfants.

À force de questions ciblées de ma collègue, elle n'hésite pas à nous faire part de ses problèmes de couple. Ceux-ci sont très simples : elle se demande si elle désire toujours son mari, et n'ayant pas la réponse à cette question, elle prend une décision, celle de faire venir son voisin de palier chez elle afin de tester son affinité avec celui-ci au lit...

ou plutôt sur le canapé, ici, dans ce salon, alors que les enfants se trouvent dans la chambre à côté ou dans ce même salon en train de jouer, et que le mari, un peu sonné par cette solution, noie son chagrin dans l'alcool. Je comprends ainsi le pourquoi de mes visions...

Je ne suis pas à ma place ici. Je suis un mouton noir, un fil qui s'égare, une étiquette qui crie que le système prend les problèmes à l'envers.

Ici, je ne suis pas utile. Je suis un mot, un nom sur un papier qui rassure la société, car à chaque problème correspond un nom. Voilà à quoi se résume ce que je fais : j'écoute parce qu'on m'a dit de le faire, mais, lorsque nous faisons un signalement, cela met des mois à aboutir. En attendant que la justice effectue son travail, j'écoute.... « Au revoir Madame, à la semaine prochaine » ...et ça continue inlassablement. Tout comme mes autres collègues, c'est mon travail. Mais j'ai le droit à un bonus : ma clairvoyance. Certains diraient que c'est un don du ciel, un cadeau ou je ne sais quoi d'autre encore. Pour moi, c'est un fardeau, un poids inutile dans ce monde qui ne croit qu'en ce qu'il voit. Et pourtant l'œil humain ne voit rien...

Demain, je suis avec ma collègue psychologue à écouter Marine, petite fille de 9 ans abusée par son père.

Le signalement a été fait par ma collègue en juillet, nous sommes en novembre.

Pendant ce temps, elle a le privilège de pouvoir nous raconter une à deux fois par semaine, à quel point son papa l'aime profondément. Cette enfant qui a osé rapporter à sa mère les atrocités dont elle a été victime, a seulement le droit à notre écoute. Cela fait du bien de parler, et puis nous, nous prenons des notes, bien sûr. C'est beau les écrits, ce sont des preuves, et puis ça montre aux gens là-haut qu'on a bien travaillé. Elle a 9 ans et en sait plus sur la sexualité que jamais je n'en saurai. J'ai la nausée. Des images m'assaillent, celles de son cauchemar éveillé...

Je suis spectatrice de ses problèmes, et je ne peux pas parler. Du moins, ce n'est pas souhaitable. Et puis, de toute façon, tout le monde sait ce que cet enfant vit, nous sommes seulement dans l'attente du jugement...

Comment réagiraient mes collègues si je leur faisais part de mes visions ? Il y a de fortes chances pour que ce soit moi que l'on mette à la place de Marine face à la psychologue par la suite. Mais mon Dieu, faites que cela s'arrête ! Ses visions me coupent le souffle, et la nuit, cela me terrorise. Je vois, je suis spectatrice à l'insu de mon plein gré de cette violence. J'ai si mal, j'ai tant envie de vomir. Mais petite Marine, ce n'est pas que ton prénom donne le mal de mer...c'est ton père qui fait tant de mal. J'ai envie de régurgiter tout ce que j'ai et n'ai pas, j'ai envie de prendre le large avec cette gosse, la serrer dans mes bras et l'emmener vers d'autres horizons, la protéger de ce père fou, et de cette société mer-dique qui a bien plus de raisons de s'occuper de la sécurité routière que de celle de nos enfants...

Comment peuvent-ils avoir foi en l'adulte quand l'un les malmène, et les autres les promènent de spécialiste en spécialiste pour raconter sans cesse la même histoire ? Moi, cela me met en colère.

Alors, devant tant de détresse, je pose la même question à mes collègues :

« Comment faites-vous pour reprendre votre vie après avoir écouté de telles choses ? ». Aucun ne me répondra « par habitude », et j'en suis soulagée. Certains me répondent : « Il faut se blinder », et d'autres : « Notre travail c'est d'être soignants et non juges ». C'est la phrase que notre directrice nous a dite en début d'année : « Souvenez-vous : nous sommes soignants : nous aidons tout le monde sans distinction. Nous ne sommes pas juges, mais soignants ». C'est vrai, mais pouvons-nous nous demander malgré tout si la justice fait bien son travail lorsque l'on voit de telles situations durer ? La psychologue me répond qu'ils sont comme nous : débordés. Et puis, dans certains cas, comment prouver qu'il y a eu abus ? Certes, il y a le bénéfice du doute.

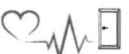

Mais je pars du principe qu'un enfant qui raconte de telles choses, ce n'est pas ordinaire : soit il l'a vécu, soit il l'a vu, et s'il parvient à imaginer de telles atrocités eh bien ce n'est pas plus ordinaire...Il faut réagir vite, non ? Je suis perdue, en colère, et si triste à la fois.

Ma sensibilité me met à rude épreuve, me dit-on. Je dois me « blinder », ne pas penser à tout cela...Je ne peux pas faire ainsi, ma sensibilité est un atout, elle est mon moteur.

En revanche, j'ai l'impression de subir mes visions, je ne sais pas comment faire autrement, je ne les maîtrise absolument pas. Elles renforcent mon impression que ces situations ne sont pas banales, et que nos réponses le sont bien trop quant à elles. Cette clairvoyance en bonus confirme ce qu'il se passe avant même que les enfants nous fassent part de leur histoire...me rendant mal à l'aise et perdue à la fois.

Marine est toujours dans ma mémoire. Tout comme Maëva...jeune adolescente arrivée un soir en urgence, allongée sur un brancard, entre la vie et la mort. Elle porte des stigmates partout sur ses bras, des traces qu'elle s'est infligées à force de souffrir de la douleur induite par ses parents. Mes collègues m'apprennent que ce n'est pas la première fois qu'ils la voient. C'est un passage entre tant d'autres...le signalement a été fait. Pourquoi ? Parce que cette enfant est l'esclave sexuelle de ses parents, une proie vendue aux plus offrants. Avant, elle hurlait sa douleur. Plus maintenant, elle a les yeux dans le vide.

Aujourd'hui, je me rappelle encore son regard. Si nos yeux sont le reflet de notre âme, alors la sienne était perdue...tant de souffrances s'y lisaient. J'y ai lu tous ses démons, ses parents y compris. J'y ai côtoyé la noirceur de l'être humain, sa descente aux enfers. Je me souviens lui avoir pris la main, l'avoir serrée, y avoir laissé s'exprimer la lumière réconfortante tout en posant mon autre main sur sa tête. Je me rappelle de ses cheveux presque rasés, de son allure garçon manqué...peut-être pour ne pas avoir à être une fille déchirée.

Je ne sais plus la suite, les détails de sa prise en charge. Je me souviens de la dérive, des naufrages qui se succédaient dans tous les services où j'étais censée apprendre mon métier...

J'y ai appris bien plus. Tout d'abord, l'être humain semble souffrir plus de maux émotionnels que physiques. Et lorsque ses problèmes sont physiques, le patient parle toujours de l'émotion et des événements vécus lors de leur apparition. Comme si nos maux voulaient parler. Cela me pose de plus en plus question. Et puis, je comprends aussi que le problème n'est pas mon hypersensibilité. Le problème c'est la réponse que nous avons cru mettre en place afin de le résoudre...mais au fond, qu'avons-nous résolu ? Rien. Nous sommes professionnels en faisant un signalement mis à notre disposition face à ces situations, certes.

Ce signalement a seulement le mérite de faire taire cette petite voix en nous qui nous dit « Ce n'est pas normal, fais quelque chose » . Ce signalement a le mérite de faire taire cette voix en lui disant : « Voilà, j'ai fait quelque chose » . C'est un voile, seulement un voile...un voile mis en place par nos têtes bien pensantes, le mental.

Dans mon univers, dans ma convention, je nomme le mental l'Ingénieur. Tout le monde en a un. Et dans mon univers professionnel, je trouve que beaucoup trop lui laissent les commandes...

Ces Ingénieurs sont persuadés de mettre en place des actions qui arrêteront les alarmes...mais cela ne règle pas la cause. Tous ces voiles...

J'aurais bien mis les miennes avec Marine, Maëva et tant d'autres. Parce que ma voix, à moi, est beaucoup trop forte et crie au scandale, à l'injustice, à la non-assistance à personne en danger.

C'est cela, mon métier ? Voir la souffrance sans broncher ? Serais-je seulement un kleenex ? Une épaule sur laquelle pleurer ? Et mes visions, à quoi me servent-elles donc si je ne peux les partager ?

Je suis perdue. Je me sens seule comme le fil de mon écharpe.

Impuissante comme l'étiquette qui dérange, et dont on se fiche bien des recommandations...

Je suis au bout du fil...

JUIN 2005 : PERDRE LE FIL

S. a 1 mois. Je m'occupe de lui, le change, le berce, le fait manger. Parfois, il tremble et crie jusqu'à ce que je vienne le rassurer. D'après mes collègues, il est né prématuré d'une mère toxicomane.

Il était en manque, dès la naissance. « C'est terrible, horrible même ». C'est le quatrième enfant de cette mère irresponsable, me fait-on comprendre. Une enquête est en cours, les trois premiers enfants ont été placés.

Aujourd'hui, en arrivant dans le service, je n'entends pas pleurer S. À ma grande surprise, une grande dame blonde aux yeux rêveurs, le berce contre elle en lui fredonnant une chanson. C'est sa mère. Autour d'elle je perçois et vois une énergie douce et enveloppante. Il y a du gris par endroits, des soubresauts dans son rayonnement timide révélant une grande fragilité, et une grande souffrance. À ce moment, elle me paraît tout sauf irresponsable. Je suis frappée par ce que je vois, car je pensais avec toute mon innocence et les « on-dit », que tout était noir ou blanc : elle met la vie de son bébé en danger, tous ses enfants sont en foyer = elle n'aime pas ses enfants, belle équation, belle analyse et conclusion. Sauf que la nature humaine étant ce qu'elle est, rien n'est simple. Et l'amour a ses raisons que nos cerveaux ne comprendront jamais. Je ressens tout l'amour que cette mère a pour cet enfant. Elle se confie, me raconte son enfance difficile, sa relation avec les hommes, la drogue. Elle me demande ce qu'elle peut ramener comme affaire à son petit, comment préparer ses biberons.

Malgré tout ce qu'on pourra me dire, je sais avec certitude que cette jeune femme aime son enfant, et qu'elle aurait aimé qu'on lui apprenne à devenir bien plus qu'une mère : elle aurait aimé être une maman, la maman de cet enfant, sa maman...Je réalise combien il est difficile de savoir quelle position prendre lorsque mes collègues sont en réunion avec les services sociaux.

Certains ont peur pour l'enfant et préfèreraient le voir en foyer afin de le protéger de cette mère, d'autres, moins nombreux, pensent qu'il y a peut-être espoir qu'elle réussisse à devenir la mère de son enfant. Quoi de plus difficile que de discuter d'un avenir de personnes dont on ne connaît que si peu de choses ? Alors, on creuse, interroge. Je me prends d'affection pour cette femme, perdue qui n'a pas eu la chance d'être aimée, entourée. Et je me pose cette question : comment réagir face à tout cela ? Doit-on retirer cet enfant à sa mère ? En sera-t-il plus heureux ? Pouvons-nous aider et accompagner cette mère en quête de le devenir ? Je suis bien heureuse d'être soignante, et non juge.

Les cours de psychologie me fascinent, l'être humain me fascine. Cet amas de matière déterminé par un génome complexe, mis en mouvement par le désir, la volonté, l'espoir, perturbé par ses émotions, son vécu, et habité d'une âme qui le guide inlassablement. Une âme ? Une conscience ? L'inconscient ? Comment l'appeler ?

Et si l'Homme est capable de comportement criminel, est-ce le fait d'une défaillance de ses gênes, de son manque ou excès d'empathie, est-ce dû à son manque de censure laissant son inconscient débridé ? Nous apprenons à traiter des maladies, pourrait-il en être de même avec le crime ? Le mal ronge-t-il physiquement une personne pour en expliquer son comportement inapproprié ? Et d'ailleurs, qui décide de ce qui est approprié ? ou commence l'inacceptable ?

Ma collègue psychologue me dira qu'il y a beaucoup de facteurs qui entrent en compte...

J'en perds le fil...

HASARD ?

Quelques jours après, je repense à cette histoire tout en berçant S. dans mes bras. Je réalise que je ne saurai jamais quelle décision prendra la justice pour lui. Il me fixe de ses yeux clairs et si intenses. Je me fais la réflexion que c'est incroyable de paraître si « vieux et sage » rien que dans un regard. Est-il conscient de tous les enjeux qui planent au-dessus, et autour de lui ? Je suis sûre que les bébés ressentent énormément de choses sans qu'ils puissent l'exprimer...et cela nous fait un point commun. Tout en chantonnant et lui murmurant de douces paroles, je l'installe dans son lit. Il est tard, ou plutôt très tôt dans la nuit (2h du matin). Je suis censée rejoindre mes collègues dans l'autre couloir, puisque nous avions terminé notre « tour » ici. Mais un pressentiment ne me quitte pas. Est-ce S. qui aura besoin de moi ?

Soudain, une impulsion venue de je ne sais où me pousse à me rendre au box du fond accueillant des prématurés jumeaux. Nous y sommes déjà allés, et ils dormaient, mais je ne sais pas l'expliquer : il faut que j'y aille, et une décharge intense dans mon cœur me perturbe et me confirme que je dois m'y rendre urgemment. Je suis comme un baromètre : je sens une tempête arriver.

Plus que quelques pas, et je serai dans leur box quand soudain, le scope se met en alerte : bip-biiiiiiip. Une rapide analyse de ce qui se déroule devant mes yeux me permet de comprendre l'origine des alarmes, celles du scope et les miennes, le cœur du petit M. s'est arrêté. Je me sens en mode « pilote automatique », comme habitée d'une force invisible : mes mains encerclent le minuscule torse du nourrisson, et elles émettent une impulsion en rythme.

Je me concentre sur la vie que je lui transmets, comme de la lumière jaillissante. « Respire, vis, reviens », ne cessai-je de penser. C'est ainsi que me retrouva ma collègue. C'est ainsi que le petit homme revint à lui, que le doux bip-bip du scope reprit sa mélodie.

Les yeux éberlués de la soignante, ceux réveillés du petit M. et les miens certainement ahuris par ce qu'il vient de se passer. « Tu lui as sauvé la vie », murmure ma collègue, essoufflée. Je compris qu'elle me cherchait dans les box lorsqu'elle entendit les alarmes quelques minutes ou secondes plus tôt. Le temps, je ne sais plus le situer, j'ai l'impression que tout s'est arrêté pour reprendre finalement plus vite. Mais je suis dans une sorte de torpeur, de brouillard. Mes pressentiments, mes visions prennent une part si incroyable dans mon quotidien qu'il m'est difficile de le comprendre et encore moins de le partager.

AOUT 2006 : ILLUMINÉ

Bip, bip...Les sonneries résonnent de tous les côtés. Le bruit de ces scopes berce mes nuits et mes journées.

J'ai l'impression de les entendre même lorsque je ne suis plus dans le service. Sauf que, ce bip-là n'est pas habituel. Il ressemble à une alarme stridente, à un appel à l'aide, il n'a rien d'une douce litanie. Alors que j'étais dans un box à prodiguer des soins de nursing à Mme P, je me vois contrainte de les mettre en suspens pour accourir vers la source des alarmes. C'est le monsieur du box d'en face, côté fenêtre.

Il est arrivé il y a une heure des urgences pour une tachycardie stabilisée. Nous le gardons en surveillance. Mais le scope ne montre rien d'une « tachycardie stabilisée », bien au contraire. Plus de 200 battements par minute, les alarmes et les LED s'affolent.

Ma collègue me rejoint alors que je questionne Mr, vérifie son pouls manuellement ainsi que la bonne adhésion des électrodes.

Mr nous dit se sentir bien. En le regardant, je constate l'intensité et la puissance de ses battements de cœur : sa poitrine bouge littéralement en rythme.

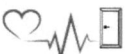
Nous appuyons rapidement sur le bouton d'urgence pour faire venir un médecin. Quelques minutes après, le voilà arrivé. Il fait un bref et efficace constat et attrape le défibrillateur sur le chariot que nous avions mis à disposition préalablement. Nous nous reculons alors qu'il choque le patient. Les yeux rivés sur l'écran, nous constatons une légère diminution des pulsations jusqu'à une stabilisation à 95 battements par minute.

Alors que le médecin range l'appareil et qu'il regagne le couloir, les alarmes recommencent.

Nous examinons Mr : il a les yeux fermés et ne nous répond plus, le scope montre une activité cardiaque qui brille par son absence. De mon côté, je me mets à frissonner et sens une énergie sortir du corps de Mr. C'est indescriptible, mais je comprends très bien ce qu'il se passe : Mr est parti de l'autre côté du voile. À chaque fois que je ressens cela, et que je vois cette ligne immobile sur un scope, je me dis qu'il ne manque qu'une chose sur l'écran : une porte pour nous indiquer : « Je suis parti de l'autre côté ». C'est ce qu'il vient de se passer pour Mr. Tandis que je perçois tous ses stimuli sensoriels et extra-sensoriels, je m'affaire à mes tâches d'infirmière. Le médecin a fait demi-tour et nous demande de préparer l'adrénaline et le défibrillateur de nouveau. Deux chocs suffiront, nul besoin de l'adrénaline : le scope enregistre une activité cardiaque, et Mr ouvre les yeux. Je me souviendrai toujours de l'intensité de son regard lorsqu'il le posa dans le mien. J'avais ma main dans la sienne et, dans un moment de flottement, il me murmura : « J'ai tout vu d'en haut, et je l'ai vu : la lumière ». Il semble choqué et heureux à la fois. J'observe ma collègue : elle baisse les yeux sur ce qu'elle fait et semble ignorer les paroles de Mr. Moi, je suis éberluée, bouleversée. J'ai tant envie de lui répondre : « Oui, je sais »...Mais j'en suis incapable. J'aimerais tellement revenir en parler avec lui, mais je n'ai pas le temps.

Je me noie dans mes nombreuses occupations d'infirmière, et j'admire discrètement son regard illuminé, tandis que tout doucement j'ai l'impression d'éteindre ce que je suis...

MAI 2007 : MÈRE-VEILLEUSE

En rentrant du travail cet après-midi, je suis passée directement chez mes parents. Je sais que maman attend les résultats de sa biopsie concernant la tumeur qu'elle ressent à son sein depuis peu. J'espère qu'ils seront bons, mais elle ne me semble pas confiante, on dirait qu'elle sait.

À mon arrivée, il y a sa tante, et cette visite ne fait qu'attiser ma peur. Celle-ci est très proche de ma mère, et elle a vécu un cancer du sein. Je n'ai pas besoin qu'elle m'explique quoi que ce soit, j'ai compris, rien qu'avec tous ces petits détails, rien qu'au son de sa voix, rien qu'à son regard. On se prend dans les bras. Malgré le choc de cette nouvelle, je m'étonne de l'énergie qui l'entoure, c'est bien la sœur de sa sœur : une sacrée guerrière déterminée.

Notre directrice nous avait prévenus, lors de ma formation, qu'il était très compliqué pour un soignant de prendre en charge sa famille. Mais je n'ai pas pu m'en empêcher. J'ai insisté pour m'occuper des soins de maman, de ses pansements, de l'ablation de son drain, et de ses agrafes. Sentir sa souffrance a été un véritable crève-cœur, mais je ne regrette rien. Je voulais vivre cela avec elle. J'ai reçu en écho sa douleur, et sans le maitriser je l'ai « pompée ». Julien appelle cela : « faire la main magique » : il parvient à aspirer le mal. Cri-Cri dit qu'il vaut mieux envoyer de la lumière plutôt que d'aspirer le mal, mais franchement je ne l'ai pas maitrisé...C'est arrivé tout seul, comme un automatisme.

Je refuse de voir souffrir maman, et je souhaite du fond de mon cœur qu'elle se rétablisse.

Alors tous les soirs, je prie pour elle. Je ne prie pas un Dieu en particulier, je prie la Vie, de laisser en Vie celle qui m'a donné la Vie, ma mère-veilleuse. Et la vie m'aura exaucée.

2007 : T2A (TARIFICATION À L'ACTE) –T'ES TE-B (bête !)

« La **tarification** à **l'activité** *(T2A)* est un mode de financement des établissements de santé français issu de la réforme hospitalière du plan Hôpital 2007, qui vise, selon ses promoteurs, à médicaliser le financement tout en équilibrant l'allocation des ressources financières et en responsabilisant les acteurs de santé. La tarification à l'activité constitue un mode de financement qui vise à la mise en place d'un cadre unique de facturation et de paiement des activités hospitalières des établissements de santé, qu'ils soient publics ou privés, quels que soient leur statut et leur spécialité, dans lequel l'allocation des ressources est fondée à la fois sur la nature et le volume de leurs activités »[2].

C'est ainsi qu'on nous présentera le nouveau système censé nous sortir des problèmes rencontrés dans les hôpitaux. À savoir : l'enveloppe budgétaire allouée pour l'année à un établissement par l'état ne suffit pas à subvenir aux besoins de celui-ci. Ainsi nous devrons transcrire tous nos actes qui seront facturés, et donc perçus par la suite...

Sage décision quand on sait que nos directeurs d'établissement sont bien souvent des gestionnaires, et qu'ils n'auront qu'une idée en tête : rendre leur hôpital rentable. Ainsi donc, cela nous poussera à faire faire de plus en plus d'actes afin de les justifier à l'état pour qu'ils soient ensuite payés. Nous n'arrêterons jamais l'étourdissante intelligence de l'être humain capable du pire comme du meilleur, surtout lorsqu'il s'agit d'être le meilleur dans le pire.

J'ai l'impression que les médecins se retrouvent le cul entre deux chaises : l'hôpital a besoin d'argent mais les patients n'ont pas forcément besoin d'actes techniques. Certains prescriront donc à outrance...provoquant l'incompréhension chez les petites mains dont je fais partie...

---

[2] Source : sante.gouv

Je n'avais déjà pas assez de deux-mains...j'étais infirme-hier, et voilà que je me retrouve pieds et poings liés par une T2A rendant tout le monde te-B. Car les actes techniques rapportent bien plus que mon rôle propre d'infirmière. Ce rôle qui semble devenir si sale et inutile pour certains qui s'en lavent les mains. Ce rôle qu'on m'a appris : la base de mon métier : celui de comprendre les besoins[3] de chaque individu dont je dois prendre soin afin de mieux le prendre en charge. Ce rôle si difficile à quantifier dans le temps, et surtout dans l'argent. Car comment acter le temps que j'ai passé au chevet de Mr N. qui ne voulait pas dormir, persuadé que c'était l'heure de se lever ? Comment acter le temps que j'ai passé à nettoyer avec mes collègues le mur rempli d'excréments que Mme G. a pris pour une toile d'artiste ?

Et si de tels actes ne trouvent pas leur place dans cette comptabilité, alors qu'en est-il de ma sensibilité, de mes visions ? Il n'y en a pas...de ces actes notés dans leurs jolis dossiers : pas de cases pour « besoin d'être rassuré », « nettoyage fortuit » , « patient mal luné », « échange avec l'entourage», et encore moins : « défunts invasifs ». Rien de tout cela n'existe aux yeux de nos dirigeants, et cela creuse encore un peu plus chaque jour le fossé qui nous sépare. Mais il faut jouer le jeu, nous dit-on, car si nous ne facturons pas d'actes, nous n'avons pas de raison d'être et d'exister au sein d'un service qui se verrait contraint de se séparer de son personnel inutile, puisque dés-acté. La peur fait alors très bien son travail. Celui de nous diviser pour mieux faire régner la raison du plus fort qui voit dans la charité un business florissant.

Tout cela au détriment de l'humanité, et de ceux qui avaient la volonté d'aider, nous rendant absolument tous te-bê...

Je ne dirai rien...Mais qui ne dit rien consent...Alors qu'on sent...

---

[3] Le métier d'infirmier se base sur le concept des 14 besoins de Virginia Henderson, définissant l'individu sur les plans physique, psychologique et social.

MAI 2009 : QUI NE DIT RIEN CONSENT/ALORS QU'ON SENT

Je me souviens...

C'était en octobre 2003 :

« Donnez-moi l'argent, donnez-moi l'argent ». Ces mots qu'elle lance résonnent en moi comme autant de piques qui me transperceraient le cœur. J'ai mal...où je ne sais même plus parce que je suis tout simplement perdue. On m'a dit de m'occuper d'elle sans se préoccuper de mes dires qui affirment que non, je n'ai jamais effectué de toilette à quiconque. Alors je suis là, les bras ballants, muette de stupeur devant Mme G qui a l'air aussi désorientée que moi.

J'ai 18 ans, et avec moi toute l'innocence que cela implique, et il faut dire qu'en matière de naïveté, je suis servie. J'ai décidé de faire des études d'infirmier pour aider, accompagner les personnes souffrantes, et franchement, je ne m'attendais pas à être dans le vif du sujet aussi vite. J'ai débuté ma formation il y a deux mois à peine, la théorie du moins. Pour la pratique, nous nous sommes entraînées les unes sur les autres dans un ancien hôpital désaffecté. C'était amusant et intéressant. Aujourd'hui, je suis loin, très loin de tout ça...que suis-je censée faire ? J'ai l'impression d'être dans un mauvais film où je serai la seule à ne pas avoir eu le script...

Mme G hurle et se redresse dans son lit en se cramponnant à la barrière à sa droite. Les draps sont sans dessus dessous, et sa blouse laisse découvrir un corps décharné.

Sa main gauche qu'elle tend devant elle semble chercher quelqu'un ou quelque chose. De sa bouche, les mêmes mots ressortent inlassablement : « Donnez-moi l'argent », et elle fixe de ses yeux vides un point devant elle. À l'image de l'équipe soignante, elle ne semble même pas me voir.

Elle a des griffures sur sa peau, et je comprends, en la voyant se gratter, que ses ongles longs comme ceux d'une sorcière de contes pour enfants, y sont pour quelque chose.

Que faire ? Laver cette femme ? Mais comment ? À en juger l'état de ses cheveux et de ses ongles, la toilette n'a pas l'air d'être faite fréquemment, et je soupçonne son état d'agitation d'en être la cause. C'est certainement aussi pour cela que c'est moi qui m'y colle, seule. Je m'approche, elle crie. J'en ferais bien autant, à vrai dire. Je me risque à poser ma main sur la sienne, et elle tourne vivement sa tête vers moi.

Je ressens sa douleur, sa détresse comme un choc dans mon corps et mon cœur. Tout est flou en elle, comme si elle n'était plus dans son enveloppe charnelle. C'est très perturbant. Je laisse la chaleur sortir de ma main pour se diffuser sur la sienne. Et soudain, elle me voit. On se regarde comme des animaux qui cherchent à s'apprivoiser, et elle se tait. C'est un pas en avant, mais il nous en reste beaucoup à faire. Je me résous à demander de l'aide alors je le lui dis et pars affronter l'interminable couloir...vide. Les cris ont repris.

C'est finalement une ASH[4] qui viendra m'aider et m'apporter son soutien. Les aides-soignantes et infirmières sont débordées, m'explique-t-elle, et étant en début de première année, je comprends que je ne leur suis d'aucune utilité, d'où leur refus de m'encadrer...si on peut parler de refus, car c'est plutôt de l'ignorance. Bref, j'ai au moins trouvé une personne avec qui échanger et apprendre, c'est déjà cela.

Mais j'ai tellement de questions que tout se bouscule dans ma tête : comment s'organisent-elles ? Qui fait quoi ? Comment savoir quel soin il faut pratiquer, et à qui ? Quelles pathologies ont les patients ? Comment faire une toilette lorsque la personne semble agressive ? Que dois-je faire ? Et puisque je dois être notée pendant mon stage, alors qui va s'en charger si personne ne m'encadre ?

---

[4] Agent de Service Hospitalié

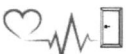

Ma détresse n'est pas grand-chose lorsque je vois celle de Mme G. Elle sursaute pendant la toilette. Nous la lavons dans son lit, et je comprends toute la difficulté de ce soin. À la fin, je suis rincée, autant qu'elle. Elle crie, se débat, nous griffe, nous la rassurons puis cela reprend de plus belle. Nous ne parvenons pas à la mobiliser. Pourquoi, qu'a-t-elle demandé-je ?

Question à laquelle je n'ai pas de réponses, car tout le monde semble s'être habitué à ce genre de comportements ici. Et quand je pose cette question, on me dévisage sans comprendre et me répond : « c'est la vieillesse » ou « elle a toujours été comme ça » ou encore « c'est sa pathologie ». Comment une telle agressivité peut-elle devenir banale, comment tant de détresse peut-elle ne rien engendrer d'autre que de l'ignorance ? Suis-je la seule que cela choque ? Ces cris des patients, et ce silence des soignants m'oppressent, me perturbent, et me bouleversent. C'est d'une telle violence, d'une telle absence d'humanité. En ne disant rien, est-ce que je consens ? Pourtant, je sens...

Je ne juge pas, non, du moins pas aujourd'hui. À l'époque, je me suis jurée de ne pas devenir ainsi, jamais. J'ai été témoin de tant de maltraitance sur l'être humain, que j'avais choisi d'en parler lors de mon mémoire de fin d'années. Cela n'a pas été très bien reçu de la part de mon jury lorsque j'ai émis l'hypothèse qu'un soignant ne pouvait pas être bientraitant lorsqu'il était « maltraité », remettant en question un système rodé. Mes hypothèses ont fait grincer des dents, alors j'ai continué de chercher pendant longtemps les responsables de cette inhumanité devenue banalité. Jusqu'à ce que...

« Ah, ah, ah, madame, madame » . Cela fait des centaines de fois qu'elle le répète depuis ce matin. Comme d'habitude, me dis-je en comptant mes semainiers.

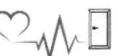

Je regarde cette pendule dans le couloir qui semble définitivement me narguer...Les heures défilent à telle vitesse que le moindre petit grain de sable dans les rouages de mon organisation peut être fatal...

Je suis là depuis 6h30. Je viens toujours un quart d'heure plus tôt, car nous sommes 5 infirmiers à prendre les transmissions à un seul collègue qui veille sur tout l'hôpital, la nuit. Alors, dès le matin, c'est celui qui aura les transmissions en premier qui pourra regagner son service au plus vite pour démarrer son travail. Et tout ça après un rapide passage à nos vestiaires au sous-sol, afin d'enfiler au plus vite notre blouse.

Cette blouse, c'était ma fierté...aujourd'hui, elle est devenue mon bouclier, ma carapace blindée. Une fois vêtue, je cours dans mon premier service. Un petit coucou aux aides-soignantes qui commencent leurs transmissions, puis je vérifie et prépare les médicaments à écraser. Je fais les prises de sang et les piqûres aux diabétiques, puis je fonce à mon deuxième service pour entamer mon tour de médicaments et d'injections. Je mets une heure minimum. Si on veut parler chiffre, je passe donc 2 minutes auprès de chaque patient (j'en ai 30 dans ce premier service, et autant dans l'autre). Bien peu, lorsqu'on sait que je dois tout de même prendre le temps de les réveiller s'ils ne le sont pas déjà, de leur donner les traitements tout en vérifiant et notant dans l'ordinateur, prendre les constantes, faire une éventuelle injection ou prise de sang. Et je ne parle là que de la technique, car inutile de dire que je n'ai pas le temps de prendre en considération les humeurs de chacun. Alors, lorsqu'il s'agit de faire ces mêmes choses pour des personnes souffrant de démence...je vous laisse imaginer. Je regagne ensuite mon autre service, afin de continuer mon tour de médicaments, maintenant que les aides-soignants commencent la distribution des repas.

Je finis vers 9h30...heure à laquelle je dois avoir vu mes 60 patients afin de juger de leur état pour prévenir les médecins, si besoin d'une visite médicale. Je passe donc un moment au téléphone et peux ensuite commencer mon tour de pansements. Les escarres, ulcères, plaies en tout genre se succèdent pendant que mon téléphone sonne sans cesse.

Je réponds à une nièce qui veut des nouvelles de sa tante, à un fils désemparé car sa mère ne l'a pas reconnu hier.

À cela, se rajoutent les perfusions qui se terminent, et que je dois relayer, les pompes à morphine qui sonnent et doivent être remplacées. Pour ces dernières, je dois descendre dans un autre service pour prendre au compte-goutte ce dont j'ai besoin, car ce sont des toxiques. Une fois la paperasse remplie, je remonte à mon service. Les médecins me demandent, changent des traitements, prescrivent des examens que je dois organiser moi-même avec tout ce que ça implique : redescendre à la pharmacie pour changer les semainiers en fonction des nouveaux traitements mis en route, appeler les centres d'examens et les ambulances, et j'en passe. Il est 11h45, et je dois déjà débuter mes deux tours de médicaments de midi. Lorsque je finis il est 12h45. Je peux alors m'assoir pour tout retranscrire dans le logiciel, afin que mes transmissions soient les plus claires possibles pour que ma collègue puisse prendre la relève. Dans moins d'une heure, l'équipe d'après-midi arrive, et dans tout ça, je n'ai pas mangé, je ne me suis pas arrêtée une seule fois, et je suis loin d'avoir fini...

Je vérifie ces satanés médicaments tout en entrant dans le logiciel ceux que je vais donner, mais je ne parviens plus à me concentrer. Mme X. ne fait que crier et réclame une présence. Sans compter Mr G. qui me passe devant pour la énième fois en me demandant pour la millième fois où est sa chambre. Je n'en peux plus.

Je ne leur réponds plus, me ferme comme une huître, incapable de gérer les états d'âmes de « mes » patients, mon âme à moi est en perdition.

En regardant l'heure encore une fois, je me demande si ces foutues aiguilles n'en profitent pas pour avancer un peu plus à chaque fois que j'ai le dos tourné.

J'ai fini ma journée...de travail. Il est 14h30, et je retire ma carapace.

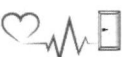
En passant aux toilettes, je croise mon reflet dans le miroir, mais je ne me regarde pas. Dans ma voiture, sur le chemin du retour, je revois ma journée en boucle et me mets à douter : qui ai-je vu ce matin ? J'ai fait des prises de sang, mais à qui ? Les bras, les jambes, les plaies se succèdent dans ma tête mais je ne sais même plus à qui ils appartiennent. Ce ne sont plus des patients que je traite, mais des maladies, des symptômes, des parties d'un corps. Vais-je pouvoir continuer ainsi encore longtemps ? Je ne connais plus rien des patients, plus rien de leurs habitudes, de leur quotidien, de leurs problèmes autres que physiques. Répondre à la souffrance de chacun me fait perdre un temps précieux sur ma journée mais si j'avais le temps d'y répondre, cela éviterait la plupart du temps une visite médicale avec somnifère ou décontractant à la clé.

Bien sûr, mon établissement nous répond qu'il comprend notre mal-être, et qu'il suffit de bien s'organiser. Nous avons même eu droit à une formation « humanitude » qui nous a fait pousser des ailes lorsque nous avons pu prendre le temps avec chacun de nos patients pendant notre stage. Mme refuse sa toilette ? Nous reviendrons plus tard ... Mr ne veut pas de son traitement ? Nous en discuterons avec lui et les médecins. Mais le retour à la réalité fut un tel choc lorsque, armée de ma boîte à outils pour chaque problème, je me suis rendue compte que sans assez de mécaniciens, cette boîte était bien inutile et trop lourde à porter. Pire, elle a engendré chez moi une frustration telle que je ne parviens pas à m'en débarrasser.

Le plus fou dans cette histoire c'est qu'au début j'étais fière...fière d'avoir fait mon travail en temps et en heure en ne laissant rien à l'équipe de l'après-midi que je n'aurais pas eu le temps de faire. Contrairement à d'autres sur qui je râle intérieurement. Elles ne tiennent pas la cadence, et nos cadres s'indignent en réunion, car puisque certaines comme moi parviennent à terminer à temps, pourquoi pas les autres ?

Mais finalement, je n'ai pas à être fière, j'ai fait ce qu'il y avait noté sur mon plan de soins, certes, mais je n'ai pas pris le temps pour les pleurs de Mme X, ni pour la désorientation de Mr G. Je suis devenue un robot, une machine imperméable aux émotions, imperméable à l'humanité. Je suis devenue insensible, inhumaine...

Ma boîte à outils est pleine, mais j'ai perdu ma sensibilité en cours de route. Trop dangereux de la garder avec moi, difficile de l'écouter. Je suis remplie de frustration. Je ne parviens plus à gérer toutes mes émotions, celles de mes patients ainsi que mes perceptions. Alors peu à peu, je fais barrage à mon antenne : « se blinder » m'avait-on dit...Serait-ce la solution finalement ? En plus, mes visions m'épuisent : elles ne servent à rien et me font perdre du temps me dis-je : il faut que cela cesse.

Je suis un jardinier qui doit intervenir quotidiennement sur le même terrain. Et chaque jour, des feuilles mortes s'entassent, et lorsque j'ai fini de les ramasser, je dois partir chez moi...

Mais le lendemain matin il y en a autant...Et chaque jour je refais la même chose, mais je ne sais pas ce qui se passe en dessous, et lorsque je me rends compte qu'il y a des ronces, des racines, des mauvaises herbes à retirer, il est trop tard, les feuilles mortes recommencent leur ballet infernal. Il faudrait plus de jardiniers. J'ai fait ce rêve plusieurs fois, et je n'ai pas mis longtemps à comprendre son sens.

Je suis perdue, frustrée et en colère aussi. En colère contre la terre entière, contre le système qui fait de la santé un business où les premières victimes sont les soignants...et je suis une de ses victimes.

Je n'ai plus envie de me battre face à ces Grands qui croient tout savoir et connaître de notre métier alors qu'ils ne font même pas la différence entre une infirmière, une aide-soignante, et une ASH. En colère contre ces Grands qui cherchent à nous mettre en concurrence et à nous diviser pour mieux régner. J'ai un profond respect pour chaque corps de métier.

L'un ne peut pas fonctionner sans l'autre. Les aides-soignants sont mes yeux et parfois mes bras, ils sont les premiers sur le front, les premiers à essuyer les larmes, les cris. Je faisais cela avec eux, avant. Maintenant, c'est devenu impossible. Les patients peuvent bénéficier d'une salle Snoezelen[5], mais je n'ai même pas le temps de m'y intéresser. Pourtant, j'aimerais, je sais que cela me plairait. Mais, je n'ai pas le temps.

Et puis, je suis fatiguée, et je hais ce que je deviens. La perte de motivation est une chose, mais le dégoût de soi-même, c'est pire. Je ne cesse de me mentir : « C'est rien, ça va s'arranger, on va nous écouter, nous entendre... ». Au fond, je me sens blessée, et je crois bien que mon Infirmière intérieure commence à dépérir.

Il y a trois types de réactions face à la violence : soit on se bat, soit on fuit, soit on reste figé. Après avoir tenté la première option et y avoir laissé des plumes, j'envisage de partir...Je veux fuir ce qui, pour moi, est mon lieu de prédilection. Car infirmière est plus qu'un métier, c'est une vocation. C'est en moi, et m'empêcher de l'être c'est comme me demander de changer mon physique, c'est comme retirer mon identité. Je suis infirmière avant d'être Émilie. Je dois être programmée génétiquement pour ça, je ne sais rien faire d'autre et ne me sens pas à l'aise dans autre chose. Mais là, je souffre et c'est Émilie tout entière que je vais perdre si je continue ainsi...Cependant, sortir de ma zone de confort reste encore trop difficile, je choisis l'option 3 : rester figée, je ne dis rien alors que je sens...

JUILLET 2009 : MÉMOIRES, DÉBOIRES...

Nous avons tous nos faiblesses...la mienne est mon odorat. Il y a ainsi des odeurs que jamais je n'oublierai.

---

[5] **Snoezelen** est une pratique de stimulation multisensorielle accompagnée et contrôlée, visant à éveiller, canaliser ou entretenir la sensorialité de la personne stimulée, dans une ambiance sécurisante (source : Wikipédia).

Celle de la décomposition d'un de mes semblables me donne la nausée et, lorsqu'elle s'ajoute à ses gémissements, mon cœur se brise. Mme B. est à jamais gravée dans ma mémoire olfactive et auditive.

Aujourd'hui, elle hurle à m'en percer les tympans tandis que nous essayons de lui faire son pansement.

Alors que je défais le bandage, c'est un de ses orteils qui me reste dans la main, et son pied noirci n'est pas loin d'en faire autant. Je ressens sa douleur comme une déflagration dans tout mon corps, j'ai envie de crier avec elle, c'est insoutenable.

Elle est tout en haut de l'échelle de douleur, explose les records de nos belles graduations informatiques, mais rien n'est fait en conséquence.

Je ne suis qu'infirmière : j'ai le devoir, la responsabilité de détecter un problème de santé sans jamais en poser le diagnostic médical, et encore moins en déduire et prescrire le traitement. Mme B. souffre ?? Je l'ai dit, transmis...maintenant j'attends. Le médecin est occupé, débordé...alors j'attends...Mme B. doit être patiente, d'ailleurs c'est bien le nom que l'on donne aux personnes qui viennent consulter non ? Des patients...ils ne peuvent pas nous dire qu'ils ne sont pas prévenus d'avance. Quant à moi, je me sens bel et bien infirme et me dis que le nom de ma profession en était aussi un présage. Si seulement la douleur de Mme B. pouvait être un doux leurre...il n'en est rien. J'aime passionnément mon métier, mais mon impuissance à gérer toutes ces situations me pèse. Je me sens prise en étau par toutes ces réformes, ces lois, ces circulaires qui au lieu de faire circuler de bonnes idées, brassent plus d'air qu'un ventilateur que nous n'avons d'ailleurs pas dans ce bel établissement, faute de moyen malgré les fortes chaleurs.

Parfois, souvent même, je me demande quand l'être humain cessera de tout coder et légiférer, et comprendra enfin que l'humanité n'a pas de prix. À payer toutes ces personnes à faire des statistiques, des prévisions, des hypothèses, y gagnons-nous vraiment ?

Si nous étions assez pour répondre au plus vite à tous ces problèmes de santé, n'y gagnerions-nous pas plus ? Je parle du temps, de l'argent mais, que dire de ce que nous gagnerions en motivation ?

Mais je ne suis qu'infirmière. Je n'ai déjà pas assez de temps pour panser alors, pour penser...On verra plus tard.

13 JUILLET 2009 : PLEIN LE DOS

Aujourd'hui, je dois faire le pansement de pied de Mme X. Nous l'appelons Madeleine, c'est son prénom. Comme beaucoup de personnes atteintes de démence, elle ne se souvient pas de son nom d'épouse. Elle perd peu à peu le fil de ce qui la reliait aux autres, perdant l'instant présent, oubliant l'avenir, et se réfugiant dans le passé de ses émotions. Et c'est ce que nous devrions nous rappeler : la démence nous prouve à quel point nous sommes humains et semblables en tout point : nos émotions nous guident, nous acheminent les uns vers les autres. La peur de l'inconnu nous renferme sur nous-mêmes, nous nous protégeons à l'aide de notre soi-disant intelligence pour délimiter nos espaces...oubliant que l'autre est un reflet de nous...que la peur engendre l'incompréhension, et que les deux nous font basculer du côté obscur.

Maître Yoda aurait pu recevoir un prix pour cette découverte. Chaque jour, je l'expérimente. Devant Camille qui hurle parce qu'elle ne reconnait pas la personne dans ce cadre qui la regarde et la nargue en imitant inlassablement ses gestes, devant Lucien qui se met dans une rage folle parce qu'il ne retrouve pas ses champs qu'il doit moissonner aujourd'hui, devant Georgette qui, à 17h30 tapantes, chaque soir, fugue de l'établissement pour aller chercher ses enfants à la sortie de l'école...

La peur a eu raison de Madeleine aujourd'hui, et même si elle ne s'est pas excusée de m'avoir blessée, je ne lui en ai jamais tenu rigueur. Mais, moi aussi, j'ai eu peur.

Je suis accroupie devant elle. Je lui ai expliqué ce que j'allais lui faire, et j'ai insisté, car une petite voix intérieure me disait de prendre des précautions. Si je l'écoutais d'ailleurs, je ne ferais pas le soin, mais je ne peux pas : c'est mon travail, je dois le faire, il est inconcevable pour moi de laisser cela « non fait ».

Il est difficile d'approcher Madeleine. C'est elle qui vient à nous...Souvent, elle nous agrippe, nous serre soudainement dans ses bras. Il est alors laborieux de s'en détacher, elle est tellement attachante. « Poupoule », c'est comme cela qu'elle nous hèle du seuil de sa porte où je ne peux pas dire qu'elle nous y attend, puisque ce mot laisse penser qu'il faudrait savoir quoi attendre, et à quel moment...ce qu'elle semble ignorer totalement. On dirait qu'elle sent que c'est l'instant de notre arrivée dans ce couloir interminable. Elle nous embrasse, nous serre, nous frotte le dos, nous susurre : « Je t'aime ma poulette ». Elle entonne une chanson dont les paroles lui sont autant inconnues qu'à moi-même...elle rit en m'entendant en faire autant.

Elle me touche la main, mais aussi mon être tout entier.

Je lui avais dit que je reviendrais pour lui faire son pansement à la fin de ma tournée de médicaments. Alors, me voilà...mais, j'ai un très mauvais pressentiment, et une impression de déjà-vu très désagréable. Madeleine n'est pas là, du moins pas dans son corps dont les yeux semblent ne plus me voir. Je me suis assise près d'elle, j'ai posé ma main sur la sienne. Un léger sursaut a été sa seule réponse visible à mes yeux. Je vérifie que sa canne est assez loin, pour éviter qu'elle l'attrape en cas d'accès de violence de sa part, le « mauvais pressentiment » ne me quittant pas. Je m'accroupis et défais son bandage.

Je nettoie sa plaie en chantonnant, la recouvre d'un pansement et lui dessine une fleur sur mon œuvre...Parce que comme tant d'autres, elle aime lorsque je dessine dessus.

Cela leur met du baume au cœur lorsque je panse ainsi leurs blessures. Je redresse la tête pour chercher son regard et réalise alors qu'elle a tendu son bras pour attraper sa canne.

Je sursaute en voyant ses yeux qui semblent me qualifier d'étrangère...pire, d'ennemie à attaquer. Elle a peur, ne sait plus qui je suis et pourquoi je suis là...

D'un geste vif, elle me met un coup de canne et, comme dans un film au ralenti, je vois le bout de celle-ci s'approcher bien trop près de mes yeux. J'ai peur à mon tour, alors, je cherche à reculer pour éviter ce qui pourrait me crever un œil. Je trébuche, et mon corps est projeté en arrière, je reçois le coup de canne, je ne sais même plus où...pas dans mes yeux en tout cas. Sauf que, dans ma chute, je me suis tant contorsionnée que je comprends que le bruit de froissement que j'ai entendu n'est autre que celui de mon pauvre corps. Mon dos a gémi, craqué même...je suis bloquée, j'en ai le souffle coupé, et je suis incapable de me relever.

Je n'avais jamais eu le temps d'admirer le plafond de ce foutu interminable couloir dans lequel je viens de me faire mettre KO par Madeleine, 94 ans, et encore toute sa force...alors qu'elle semblait avoir tout oublié.

J'appelle à l'aide, mais je sais d'avance que mes collègues sont occupées dans les chambres, et qu'elles ne pourront m'entendre. Lucien me passe devant, imperturbable, et me regarde comme si j'avais toujours fait partie de ce sol sur lequel je suis étendue de tout mon long. Il me demande si je n'ai pas vu, par hasard, ses lapins. Et moi, je suis là, à pleurer comme une madeleine suite aux coups de Madeleine...

J'en ai plein le dos. Finalement, je prends la décision de me faire mal une bonne fois pour toutes pour me retrouver sur le ventre et ramper comme je peux jusqu'au poste de soin...

Silencieusement, je me fustige, pauvre idiote que je suis.

« Je le savais ». Alors pourquoi avoir insisté et continué à faire ce fichu pansement ? Je me suis bornée à exécuter cet acte parce qu'il était inscrit sur mon planning de soins, jusqu'à ignorer mes ressentis, jusqu'à banaliser ceux de Madeleine. N'est-ce pas à cause de cette sournoise peur que j'ai réagi de cette façon ? Car qu'aurait-on dit de moi si je n'avais pas fait ce « qui était écrit » ? À force de rester figée et silencieuse, j'en viens à ne plus penser intelligemment, ni panser, et cela me tue à petit-feu.

Ce soir, Cri-Cri me le fera bien comprendre lorsqu'il viendra me voir et pratiquera son magnétisme sur mon dos. Alors que je m'émerveillais une fois de plus de « cette magie » il me répondit : « Et toi, Émilie, qu'as-tu fait de la tienne ? ». Je n'ai rien eu à répondre, préférant le silence, encore une fois.

JANVIER 2010 : FANTÔMES DU PASSÉ

On pourrait penser que je n'ai pas dormi depuis des mois. Je suis épuisée. Notre service a subi une épidémie de gastro-entérite impressionnante. Tous nos patients y sont passés et ont généreusement partagé cela avec nous. Nous sommes tombés comme des mouches, inquiétant la hiérarchie qui décida de mettre notre service en isolement le temps de faire des analyses. J'ai un mal fou à remonter la pente, et les vomissements ont laissé place à un état nauséeux très désagréable.

Alors que je bugge littéralement devant l'ordinateur pour y faire mes transmissions dans le poste de soins, une patiente vient frapper à la porte. Je sursaute et me lève pour aller jusqu'à elle. C'est Mme L. Elle est entrée dans l'établissement il y a quelques heures seulement.

Elle est atteinte de démence. J'ai à peine le temps d'ouvrir la bouche pour lui demander les raisons de sa présence, qu'elle déblatère : « Dis donc, vous, vous pourriez venir vous occuper de la dame dans ma chambre : elle n'arrête pas de crier qu'elle a mal aux pieds ! ».

Je l'accompagne donc en me demandant de quoi il retourne puisqu'elle est en chambre seule. C'est en arrivant dans celle-ci que je reste scotchée à l'entrée, incapable de faire d'autres pas. Mme me regarde et me dit : « Vous la voyez, cette pauvre dame dans son fauteuil ? Elle crie qu'elle a mal aux pieds, qu'elle est perdue, et personne ne l'écoute ». Je me sens mal, et la gastro-entérite n'y est pour rien.

Mme L. ne veut pas rester ici, elle dit que c'est la chambre d'une autre, et pour cause. Il y a bien une femme ici, en effet, sauf qu'elle est décédée la veille...Elle a emporté avec elle le secret de ses maux de pieds, laissant la pièce dans un silence inhabituel, elle qui hurlait à longueur de temps sa douleur incomprise par tous. Je ne sais pas combien d'examens nous avons fait, combien de temps nous avons passé à essayer de résoudre ce mystère.

Je suis là, ahurie devant le fauteuil, à ressentir sa présence, son énergie qui me percute. Mme L. me fustige de ne rien faire.

Puis c'en est trop, je me sens submergée et sors précipitamment de la chambre pour m'adosser au mur du couloir, croisant au passage Mme F. qui me questionne sur l'endroit où se trouverait son fils, décédé depuis plusieurs années. Je ferme les yeux et soupire. Et si la folie était contagieuse ? Et si je délirais ? Et peut-on dire qu'il y a délire s'il est partagé ? Mme L. voit cette femme et moi, je la sens. Pire, celle qu'elle me décrit est exactement celle qui était encore là hier matin.

Et Mme L. n'était pas encore dans l'établissement...alors, comment cela est-il possible ? J'entends mes collègues arriver au bout du couloir. Je me ressaisis, et en passant devant moi, elles me disent en regardant la fameuse pièce dans laquelle j'étais : « À toi aussi elle te l'a dit ?? C'est un truc de fou ! Le fantôme de Mme C. hante la chambre, comme si on ne l'avait pas assez entendue de son vivant ! ».

Elles m'apprennent que l'une d'elles a tiré le pendule, et que celui-ci a répondu « oui » à la question : « Est-ce que l'esprit de Mme C. est toujours là ? ».

En me couchant le soir, volontairement, je vais à elle, dans l'entre-deux. L'image qui me vient en premier est celle-ci : je la retrouve assise, avec sa canne dans une main, la faisant frapper contre le sol au rythme de ses inlassables « j'ai mal aux pieds ». On dirait qu'une partie d'elle est passée de l'autre côté, mais qu'une autre est encore attachée par ces fameux pieds. Comme si des liens ne lui permettaient pas de partir complètement. Je mets donc tout en lumière et lui montre d'un geste ce qu'elle est censée trouver : la paix, la lumière.

Le lendemain, à mon arrivée aux transmissions, on relate le fantôme de Mme C., et l'équipe de nuit nous apprend que Mme L. a bien voulu, étrangement, regagner la pièce vers 1 heure du matin, racontant que Mme C. était finalement partie en voyage.

Ce que le pendule de ma collègue confirma tout comme le mien (je l'ai sorti ce soir en rentrant à la maison pour le questionner) : ce qui acheva de me convaincre de ma « non-folie » sur l'existence des fantômes, ceux du présent mais aussi ceux de mon passé.

FÉVRIER 2010 : SERIAL KILLEUSE

L'hôpital et ses longs couloirs sont imprégnés d'énergie. Les murs ont des oreilles, et c'est tellement vrai. Ils ont aussi une mémoire, semblerait-il. J'y ressens tellement d'émotions dignes d'une palette de couleurs interminable. Il y a la tristesse, bien-sûr, mais aussi la joie, la colère, le pardon. Tout cela mêlé aux vibrations de maladie, de naissance et de mort. C'est un cocktail incroyable pour une « Jean qui rit, Jean qui pleure » comme moi ! Et puis, il y a les énergies de ceux que l'on nomme « patients en fin de vie ».

Ils sont nombreux, ceux qui s'apprêtent à passer de l'autre côté. Tellement nombreux, à attendre dans l'entre-deux, à hésiter, comme suspendus à un fil qui ne demande qu'à céder.

L'attente d'un fils, d'une mère, d'un ami, d'un animal de compagnie, l'attente d'un moment de réconciliation, de pardon, d'Amour, avant de partir pour un aller sans retour.

Accompagner ces êtres hésitants faisait partie de mes nuits dans l'entre-deux. Maintenant, cela rythme, en plus, mes journées. Je ne compte pas le nombre de mains que je tiens, le nombre de regards que je soutiens en sentant les Âmes se désincarner.

À chaque fois, comme le disent mes collègues : « les décès sont pour moi ». Si certains patients luttent pour passer de l'autre côté, elles me laissent volontairement aller à leur chevet en disant que cela les aidera à partir. À l'époque, elles en rient, m'appellent même « la serial killeuse », la « porte la poisse ». Je me suis parfois sentie si seule devant de tels sobriquets.

Mais en même temps, elles étaient justes sans le savoir : oui, ma venue au chevet de ces patients leur permettait de « lâcher » comme on dit dans notre jargon. Et je ne pouvais m'empêcher de repenser sans cesse aux mots de cette voyante : « Vous êtes une porte, Émilie, une porte vers l'au-delà ».

Je suis une sorte de porte, oui, de pont ou de canal, qu'en sais-je... Et j'aime cela, sans être morbide. La mort est un grand moment de la Vie qui me fascine, et je ne me sens jamais aussi vivante qu'en accompagnant mes semblables de l'autre côté. C'est étrange, comme si j'étais née pour cela. Mes expériences nocturnes me donnent un avantage, même s'il est toujours lourd pour moi de taire cette partie de mon être auprès de ceux qui m'entourent. Mais je sais, ressens au plus profond de moi qu'il n'est toujours pas encore temps de partager cela.

Je me contente de m'émerveiller des retours d'expérience des patients que je croise sur mon chemin, je me contente d'admirer la venue de défunts au bout du lit de patients mourants, je me contente de laisser s'exprimer cette Vie, cette Lumière, cet Amour qui me poussent sans cesse à tenir les mains de toutes ces Âmes incarnées en souffrance.

Cette souffrance qui les rend si humains, si vrais, si authentiques. Lors de mon oral de concours d'IDE j'avais exprimé vouloir devenir infirmière pour être témoin de la Vie dans toutes ses palettes et facettes, je suis servie...

Je suis captivée, troublée, subjuguée par l'exactitude de mes ressentis lorsque le patient les confirme. Jamais pour autant je ne leur relate ce que je vois.

Je me cantonne toujours à les écouter d'une oreille attentive, mes yeux dans les leurs, mes mains dans leurs mains. J'y laisse passer cette lumière, toujours. Les mains, les yeux, me fascinent.

Ils sont d'extraordinaires outils que la Vie nous a mis à disposition pour nous mettre en lien, ils sont fabuleux lorsque les mots ne sont pas suffisants et ne peuvent décrire l'insondable. À travers eux, je souhaite faire passer le message : « Je suis là, je te sens, je te vois ».

J'aimerais tant passer mon DU en soins palliatifs, mais il n'a pas été accepté cette année encore. Intérieurement, je rêve de pouvoir allier ma clairvoyance à mon métier d'infirmière. Je le fais, du mieux que je peux. J'écoute donc les patients me décrire ce qu'ils ressentent et voient au moment de leur départ, tout en gardant secrètement mes visions.

Mme B. est l'une de ses nombreuses âmes à m'avoir partagé son expérience.

Elle est en fin de vie depuis peu. Sa maladie, je ne m'en souviens plus. En tout cas, elle sait qu'elle n'en a plus pour très longtemps. « Pas besoin de médecin pour me le dire, dit-elle, je le sais ».

Comme beaucoup, elle me parle de sa vie bien remplie, de ses souvenirs joyeux, et de ses moments difficiles, de ses exploits et de ses regrets. L'un de ces derniers est la dispute avec son fils.

Elle ne l'a pas vu depuis des années. Je comprends qu'il serait essentiel pour elle de le voir avant de partir.

Les jours passent, et elle lutte contre la mort avec ténacité, me parlant toujours de ce fils regretté. Lors des transmissions en équipe, nous sommes conscients qu'elle tiendra le plus longtemps possible tant qu'elle n'aura pas vu son fils. Une discussion avec sa fille nous fait comprendre que cela sera compliqué étant donné leur conflit.

Elle nous transmet tout de même son numéro de téléphone. J'essaierai de le contacter. Malheureusement, il acceptera de me répondre, mais ne souhaitera pas venir à son chevet.

Madame a besoin de savoir. Je m'assois sur son lit à ses côtés, ma main dans la sienne. Elle ouvre ses yeux et m'observe : « Il ne viendra pas... ». Cela ressemble plus à une affirmation qu'à une question. Je hoche silencieusement la tête. Elle me serre la main et, émue, je constate qu'une larme coule de ses yeux clos. Elle soupire profondément. Je reste ainsi, j'ai l'impression de l'accompagner au bout de son chemin, encore un peu plus. Je ferme les yeux moi aussi, sens une larme couler, et laisse venir mes visions : il y a un homme au bout de son lit, son père me semble-t-il...C'est alors qu'elle me regarde fixement et murmure : « Pleure pas bichette, je suis en paix, mon fils n'est pas là mais papa est au bout de mon lit, il vient me chercher ». Au bout de ce lit, je ne vois maintenant rien d'autre que le voile de mes nombreuses larmes...Parce que cette phrase vient de me bouleverser au plus profond de mon être...faisant encore une fois écho à une vérité que je sentais depuis des années : celle que nous sommes bien plus qu'un corps, et que notre Âme agit au-delà de l'Univers et des étoiles.

Un léger sourire illumine son visage, ses yeux sont comme deux billes lumineuses. Je reconnais bien là cet état. Ses paupières se ferment, sa main se détache de la mienne, et dans son dernier souffle, je ressens l'énergie quitter son corps.

Elle part vers d'autres sphères, me laissant une fois de plus faire face aux sobriquets de mes collègues : « porte-poisse », « serial killeuse ».

MARS 2010 : FOLIE PARTAGÉE ?

J'ai eu bien des difficultés à sortir du lit ce matin. Je n'avais pas vécu un moment pareil depuis petite, il me semble. Peut-être est-ce le fait que je sois enceinte ? Cela peut-il jouer sur ma clairvoyance ?

En fait, je me suis retrouvée coincée dans mon corps. J'ai cherché sur internet, et cela s'appelle : la paralysie du sommeil. C'est donc de cela qu'il s'agit : cette sensation étrange qui m'arrive parfois depuis petite. Lorsque je suis épuisée, je me sens « partir » et, soudain, je laisse mon esprit sortir de mon corps. Ce faisant, je me rends compte qu'il m'est impossible de bouger, d'ouvrir les yeux ou encore même de crier, je suis bloquée. Je sais que si je ne cède pas à la peur, j'aurai accès à une autre dimension, mais parfois, c'est plus fort que moi, et ce matin, c'est arrivé. J'ai pensé à mon bébé : je ne peux pas vivre de telles choses, car peut-être le mettrai-je en danger ? À cette pensée, à cette prise de conscience, je me suis sentie revenir pour réintégrer mon corps, en sueur, essoufflée, le cœur battant la chamade, une main sur mon ventre...Je prie pour que cela ne se reproduise pas. J'en suis là de mes réflexions lorsque je vérifie mon plan de soins sur l'ordinateur, au milieu du couloir de l'hôpital.

Ce sont les rires de mes collègues qui me tirent de mes rêveries. Elles préparent le petit-déjeuner des patients. Soudain, elles m'interpellent :

« Eh, Émilie, ça te dit qu'on fasse le pendule pour savoir si tu as un garçon ou une fille ? ».

Je dois avoir l'air d'une folle à en juger leurs remarques : « Bah quoi, tu n'as jamais fait cela ? ».

Je ne sais pas quoi répondre…Je pense avec ironie que, même en ayant choisi une voie médicale, cela me rattrape de toutes les façons possibles…

L'une d'elles s'avance vers moi et me prend la main. Elle laisse son pendule au-dessus de celle-ci, me rappelant une scène vécue il y a quelques années avec la meilleure amie de ma mère, Moumousse.

Elle avait fait la même chose, et le pendule avait eu le même mouvement : il fait des lignes. « Ton premier enfant sera un garçon », avait-elle dit. Ce que ma collègue me répète aujourd'hui. Je suis choquée. Pas par l'éventualité d'avoir un garçon car, sincèrement, je m'en moque.

C'est un enfant dont j'ai envie, son sexe m'importe peu et je ne veux d'ailleurs pas le connaître avant l'accouchement.

Non, ce qui me choque, c'est ce pendule, cette attirance vers cette « science » mystérieuse, le fait que mes collègues en parlent. En y repensant, je me demande pourquoi je n'en ai pas profité pour parler de tout cela avec elles, mais à force de me taire sur ce sujet, je ne parviens plus à trouver les mots. Elles sont parties au bout du couloir, lorsque je recouvre enfin mes esprits.

Je me dis intérieurement que j'essayerai d'en reparler avec elles, mais cela n'arrivera pas. En effet, je manquerai quelques jours plus tard de faire une fausse couche sur mon lieu de travail, ce qui me mettra à l'arrêt durant plusieurs mois…

MARS 2010 : SERVICE FERMÉ, CŒUR OUVERT

Service fermé…c'est ainsi qu'on nomme les endroits comme celui où je me trouve aujourd'hui. Ici, j'exerce ma fonction dans un lieu clos où aucun patient ne peut sortir en raison de ses troubles. La plupart sont très agressifs, et les insultes et les coups font partie de notre quotidien.

Il y a quelques jours, devant la fièvre inexpliquée de Mr M., le médecin nous a demandé d'effectuer un bilan sanguin...ce qui promet d'être sportif, puisqu'il est connu pour son extrême violence. Mes collègues ont essayé, en vain.

En entrant dans sa chambre, je le retrouve assis les yeux dans le vide. Je me mets à parler doucement et calmement de choses et d'autres. Il m'entend enfin et lève la tête pour me regarder. Je pousse l'adaptable afin de mieux me positionner face à lui. Je m'assois sur le bord du lit et attends. Il sourit et parle, mais je ne comprends absolument rien de son langage décousu. J'ai caché mon plateau à prise de sang. Soudain, il l'aperçoit et me tend le bras de lui-même.

Surprise, je m'exécute en fredonnant autant pour le rassurer que pour moi. Puis, c'est le drame...Alors que je remplis le dernier tube de sang et m'apprête à le retirer, je sens qu'il sursaute et, en levant les yeux, je vois l'effroi dans les siens.

Le même que je vois chez beaucoup de mes patients, le même que dans le regard de Madeleine il y a quelques mois. J'ai peut-être dû m'arrêter de chanter en voyant les tubes de sang presque tous remplis, et cela a dû le réveiller, mauvais timing, pensé-je...J'ai à peine le temps de me redresser, de lui poser un pansement, qu'il se lève et hurle en envoyant valdinguer une partie de mon matériel. Je me précipite vers la sortie, mais trop tard, il se jette sur moi et me frappe en plein dans le ventre. J'en ai le souffle coupé. Une collègue, avertie par le bruit, vient me rejoindre et m'aide à sortir de la pièce, je suis pliée en deux par la douleur et pense à mon bébé. J'espère qu'il ne souffrira pas de ma négligence.

Car intérieurement, je me fustige encore, on dirait que rien ne me sert de leçon. Je baisse la garde alors que je SAIS et SENS qu'il ne faut pas, mais je recommence inlassablement. Il faut être fou en même temps pour prendre de tels risques, non ? Pas besoin de visions ou autres, tous les éléments étaient là pour me pousser à prendre position et refuser de faire ce soin. Personne n'y arrivait, pourquoi avoir insisté ?

Je ne pouvais pas faire autrement, n'avais pas le choix, me dis-je, Mr M. va mal, il faut savoir de quel mal il s'agit...au risque de perdre ton bébé ? fulmine-je seule avec moi-même. Le jeu en vaut-il la chandelle ? Ce service fermé déteint sur mon ouverture de cœur...

Le lendemain, je serai prise de contractions au milieu du couloir de l'hôpital, abrégeant une fois pour toutes mes inconsciences...

AOÛT 2011 : IL N'Y A PAS PLUS AVEUGLE QUE CELUI QUI NE VEUT PAS VOIR

Il fait affreusement chaud aujourd'hui. Nous avons eu plusieurs décès. Cela implique des appels au médecin pour constater la mort du patient, puis il faut effectuer la toilette mortuaire, et emmener le corps à la morgue au bout d'un certain temps.

La morgue est au sous-sol, et dès que l'entourage du défunt souhaite le voir, c'est à nous, personnel du service, de les emmener dans la chambre funéraire après avoir préparé le corps...ce, autant de fois que des personnes se présentent.

Autant dire que c'est une galère infernale à gérer lorsque nous ne sommes qu'une infirmière pour deux, voire trois services, et seulement quatre aides-soignants par service. Tout est chronométré, et chaque urgence ou action non programmée nous fait prendre un retard phénoménal...

Et pourtant, bizarrement selon certains, c'est une des facettes de mon métier que je préfère. Les soins palliatifs m'ont toujours attirée, et les soins post-mortem de même. Être présente pour les proches du défunt est pour moi essentiel, mais j'ai toujours l'impression de le faire à moitié. D'une part à cause du peu de temps dont je dispose, mais aussi parce que je ne m'autorise pas à partager avec ces personnes les messages de leur défunt, tout proche, derrière le voile.

La petite fille de Mme L. est venue dire une dernière fois au revoir à sa grand-mère. C'est une aide-soignante et moi, qui descendons au sous-sol.

C'est la énième fois aujourd'hui que nous nous y rendons...je ne compte même plus mon retard. Dans l'ascenseur, la jeune femme pleure et se repose sur son compagnon. Avant de les laisser dans la petite salle d'attente, je leur explique que je vais préparer le corps de sa grand-mère afin de le lui présenter dans la chambre funéraire. Pendant que je lui parle, Mme L. m'apparait et regarde sa petite fille avec Amour. Elle sourit en voyant son ventre arrondi, et je comprends qu'elle aurait aimé le toucher. Je suis comme paralysée. Un nœud dans la gorge apparait, un énième nœud, encore et toujours. J'ai déjà fait la sourde oreille, et là je choisis clairement de faire l'aveugle.

Je déglutis et m'interdis une nouvelle fois de parler. Cela devient un automatisme. Je me ressaisis et explique à la jeune femme que j'ouvrirai la porte à sa droite afin qu'elle voie « le cadavre de Mme L ». Que m'a-t-il pris de dire cela ainsi ??? Elle est choquée, je le vois bien, mais c'est sorti tout seul, on dirait que tous les mots se succèdent et s'emmêlent dans mon cerveau, sans que je puisse les analyser. Elle est enceinte, elle touche son ventre et pleure...encore plus à cause de moi.

Je suis choquée, profondément bouleversée d'avoir dit cette phrase avec ce détachement que l'on pourrait qualifier de professionnel, mais que je juge, moi, terriblement insensible...

Si beaucoup de personnes me disaient que ma sensibilité m'empêcherait d'exercer ce métier, beaucoup d'autres m'ont aussi dit de me « blinder » pour me protéger.

C'est une erreur. Je me suis vite rendue compte que c'était grâce à elle que je comprenais bien des choses. J'avais raison : elle est mon moteur.

Mais, avec nos conditions de travail, je n'ai plus le temps d'analyser ce que je ressens, et d'agir en conséquence.

Je vois bien que cette jeune femme va mal, mais je n'ai pas de moment à lui consacrer. Car qui rattrapera celui que je vais perdre à ses côtés pendant que, là-haut, 60 patients attendent mes soins ? Je fais taire ma tristesse, taire mon empathie, taire ma si belle vision de sa mamie, et je ne la regarde même plus dans les yeux...

C'est moi, ce soir, que je ne regarde pas dans les yeux encore une fois, face à mon miroir.

J'ai trop honte, trop honte de moi, d'être devenue celle que je ne DEVAIS pas devenir...d'être devenue si froide que j'en frissonne d'effroi.

Est-ce vraiment moi ? Jusqu'où va aller mon armure blindée ?? Elle me pousse à être maladroite et inhumaine, c'est tout ce que je déteste. Mais que faire d'autre... « Tais-toi Émilie, tu es fatiguée, c'est tout...Laisse couler, tu as juste besoin de vacances »...

OCTOBRE 2011 : TROP DE CHAINES, TOUS DES GLANDS

Je reviens de vacances aujourd'hui, et me voilà dans un « service fermé ». Nous sommes passés en 12h pour mon plus grand regret. Regret et colère. Je ne comprends pas et ne cautionne absolument pas ce mode de fonctionnement qui vise seulement à pallier le manque de personnel.

C'est une bonne méthode : ce que nous faisions en 15h avant (7h30 l'infirmière du matin + 7h30 celle d'après-midi), une seule le fait désormais en 12h.

Nous manquions déjà de temps avant, alors maintenant...c'est Fort Boyard : lorsque je rentre dans une chambre, je me dépêche d'en ressortir afin d'être sûre de ne pas y rester pour de bon.

Et puis 12h de travail, ça inclut que nous n'avons plus de transmissions...il n'y a pas de temps de relève.

Et lorsqu'un infirmier sera en arrêt, bien-sûr, ce sera à nous de le remplacer 12h, au pied levé. C'était déjà épuisant en 7h30 mais là...je ne donne pas cher de notre peau. J'ai dit tout cela aux réunions, on m'a qualifiée de « pessimiste ».

Certaines ont vu cela à la télévision, et apparemment, les équipes adorent cette nouvelle organisation du travail. Tout est donc une question d'organisation, finalement. Je suis ravie de voir que mes supérieurs hiérarchiques ont tout appréhendé, mais je n'en crois pas un mot. Je suis de la chair à canon, ni plus, ni moins...On nous a présenté les 12 heures comme étant LA solution. Pour moi, c'est un pansement, une rustine, sur le manque cruel de personnel auquel nous devons faire face chaque jour. Les fermetures de lits augmentent, la patientèle augmente, les embauches diminuent...En attendant, nous faisons, soignons, épongeons les fuites de tous les côtés, qu'elles soient d'origine organique, financière, économique. Nous faisons face à des situations qui nous dépassent.

Pour pallier le manque de transmissions, nos cadres ont pensé à tout : notre merveilleux système informatique nous permettra de sortir les transmissions de notre service afin que notre collègue prenant la relève puisse les lire. Mais, nous sommes 5 à laisser la relève à 1 infirmier de nuit. Et, le système des 12h nous faisant travailler moins de jour dans la semaine, et changer de service régulièrement pour prouver notre polyvalence, nous sommes parfois une semaine sans avoir été dans un service. Difficile de lire les transmissions sur une semaine, concernant 60 résidents ! Ou alors, il nous faut une heure minimum pour lire ce roman. Nous faisons donc fi de cela et venons et partons chaque jour, une demi-heure en avance et en retard. Bien-sûr, les autorités compétentes refusent de nous les compter puisque cela a été pour nous un choix personnel, et non imposé. Nous travaillerons donc 13h...Parfois 3 jours de suite...manque de personnel oblige. Les semaines de 5 jours en 12 heures (ou plutôt 13) pourront se succéder, qu'importe, tout cela est bien légal, la nécessité de service est devenue la devise de ce système.

Tandis que nous mourons à petit feu, nos établissements se parent de nouveaux équipements, de nouvelles télévisions (bien utiles pour les personnes atteintes de démence, et en fin de vie que nous accueillons), de nouveaux téléphones, de nouvelles peintures, un grand écran télévision à l'accueil, de belles chartes de la personne dépendante affichées un peu partout. Il est fort agréable, c'est vrai, de travailler dans un tel lieu, esthétiquement parlant.

Mais qu'il nous faille chercher un malheureux lève-malade dans tout l'hôpital ne semble inquiéter personne, que nous nous fassions taper sur les doigts lorsque nous utilisons plus de gants que de coutume lors des épidémies de gastro-entérite ne semble déranger personne.

Tout va bien. L'organisation nous sauvera, qu'ils disent.

Et puis ce sera super, ils l'ont dit à la télé ! Je pensais déjà que nos conditions étaient perdues, mais si en plus, les chaines de télévision se mettent à diffuser de si belles imbécilités, que faire face à tous ces glands ?

Le moteur de ma sensibilité ronfle à n'en plus finir et risque la rupture.

En plus, je suis en manque de carburant, et rien ne me donne envie d'avancer...encore moins lorsque je sais que la direction me mène dans un mur. Pourvue que ma décision devienne mûre, elle, rapidement. Que je parte, change de direction, ou que je freine d'un coup sec. J'y pense chaque fois que je suis à mon poste...me faisant remettre en question l'option 3, celle de rester figée.

JANVIER 2012 : « LA COLÈRE NOUS REND AVEUGLE ET FOU, CAR AVEC ELLE, LA RAISON S'ENVOLE .»

Une jeune femme vient vers moi et me demande des nouvelles de son papa qui se serait fait récemment opérer du col du fémur.

Je ne vois pas du tout de quoi elle me parle, je connais ce patient, certes, mais je n'ai aucune notion de cette opération. Je regarde sur le logiciel les transmissions des jours d'avant, et me rends compte qu'en effet, il est revenu d'opération il y a trois jours.

Ayant 60 patients, on m'a donné les transmissions papiers d'hier et de cette nuit, mais pas sur plusieurs jours, sinon j'aurais un roman à lire avant de pouvoir entamer mon travail !

Alors, cette information capitale à mon sens, je ne l'ai pas. Logique, Mr est revenu, le pansement est apparu sur le plan de soins hier, car c'est hier qu'il devait être refait.

Ma collègue n'ayant rien constaté d'anormal, rien n'a été noté dans les transmissions : logique. Je ne risquais pas d'avoir cette information, donc...

Je n'en peux définitivement plus de cette organisation.

Je repense à tout, et tout me revient en pleine face : j'ai attendu deux ans et demi pour être embauchée, j'ai accumulé les CDD, j'ai accepté de devenir coordinatrice sans compensation financière, en plus d'être infirmière soins, tout cela pour me permettre d'être soi-disant plus rapidement titularisée. J'ai accepté tout cela sans me plaindre, ainsi que le changement de nos horaires, que cela me plaise ou non, j'ai voulu ce métier malgré un salaire dérisoire, une reconnaissance zéro, des réunions sur nos temps de repos...

Mais le pire : j'ai accepté de changer celle que j'étais pour rentrer définitivement dans ce moule, pour être un robot multitâches. Aujourd'hui, c'en est trop, j'y ai laissé mon sommeil, mon optimisme, je me suis définitivement perdue et ne me reconnais plus...

Comment réagir, que faire quand le seul métier qui nous convient, en est venu à nous faire souffrir autant ? Je sombre, me perds dans la colère contre le monde entier. Personne ne semble voir l'ampleur de la catastrophe qui se profile à l'horizon.

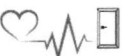
D'ailleurs, moi, je ne vois même pas l'horizon. Nous allons droit dans le mur, c'est un fait. Et aucune organisation quelconque ne changera cela. Je ne peux plus être bienveillante lorsqu'à longueur de journée, j'entends les familles se plaindre de notre manque d'humanité. J'entends bien leur souffrance, mais ne peux plus y répondre. Savent-elles que je n'ai rien mangé depuis ce matin ?

Savent-elles que je n'ai même pas eu le temps de vidanger ma vessie ?? Et plus crûment parlant : savent-elles que je n'ai tellement pas le temps que ma protection a traversé sur ma belle blouse blanche ??? Savent-elles que je viens en avance gratuitement tous les jours ? Savent-elles le salaire de misère que je touche ?

Les week-ends travaillés qui me rapportent la maudite somme de 42 euros supplémentaires pour plus de 24 heures de galère ?? Savent-elles que je suis devenue un robot pour protéger le cœur que j'ai et que je perds chaque jour un peu plus ?? Savent-elles qu'au retour de mon congé maternité on me change de service chaque jour comme pour me punir d'être devenue mère ?

Il y a tellement de choses négatives ici, que je pleure chaque matin avant d'aller travailler...Car, je vais devoir être une autre personne...Je ne vais être personne d'ailleurs, une inconnue aux yeux des patients qui ne me reconnaissent plus, un mythe pour les familles, puisque je ne suis jamais disponible pour discuter, un courant d'air pour les médecins qui me courent après afin de s'occuper de tel ou tel cas, un pion pour mes cadres qu'elles déplacent à leur gré sur l'échiquier de nos plannings, un fantôme pour les nombreux défunts qui m'assaillent. Je n'existe tout simplement plus, alors je pleurerai aussi ce soir en rentrant chez moi...

Mes larmes apaisent le feu de la colère qui a pris place sur mes joues depuis quelque temps. Je manque d'exploser un peu plus chaque jour. Je souffre tellement que je pense à me reconvertir.

Je serais prête à aller travailler dans une usine...au moins, j'y ferais la même chose qu'à l'hôpital, mais ce serait juste et normal.

Ici, plus rien ne me retient. Ils ont écrasé mes rêves, ont volé mon temps, ont sali la personne que j'étais.

À chaque fois que j'ai confié ma détresse, on m'a fait comprendre qu'il fallait que je me remette en question, qu'en acceptant d'être infirmière, j'avais accepté de ce fait les conditions merdiques qui allaient avec...

J'ai signé pour être infirmière, mais je suis tout sauf cela maintenant. Est-ce normal ? Dois-je arrêter de m'inquiéter ? Les formations et les remaniements d'organisation vont-ils vraiment nous sauver ?

Je ne fais plus rien de ce que je suis censée faire...pas de soins de nursing, pas d'aide à la personne, pas d'écoute, pas de surveillance de pathologie, pas de surveillance de traitement. Et je tais depuis trop longtemps ce que je suis. La nuit, tous les défunts pour lesquels je ne prends pas le temps la journée, viennent à moi. Je suis épuisée.

« Sois forte », c'est ce que mon entourage et mes collègues me répètent, mais ça ne fait qu'attiser le feu qui me dévore de l'intérieur. C'est ça être forte ? Continuer sans broncher ?? Serrer les dents sans sourciller ?

Je sens une telle rage en moi, je veux me battre, partir mais en aucun cas rester pour continuer cette soumission qui me détruit. Elle est là, la force, celle de changer, de prendre une décision quand rien ne va plus. Je ferai peut-être de la peine à certains, mais c'est avec moi que je vivrai toute ma vie, alors autant bien m'entendre avec moi-même, et vivre comme je le souhaite. Je refuse la soumission, la frustration. Ce n'est pas une force, mais de la lâcheté pour la femme libre que je suis, et que je veux rester. Ce n'est pas parce que je suis infirmière que je dois accepter la souffrance.

Ce soir dans mon bain, je réfléchis. L'eau m'aide à me canaliser, et je m'y sens tellement plus légère. Machinalement, je joue avec la bouteille vide de bain moussant. Je la remplis à ras bord et la ferme : elle se noie, plonge en profondeur. J'ai l'impression d'être cette bouteille.

Une goutte d'eau l'a fait couler. Mais si je la vide, je ne parviens pas à l'enfoncer dans l'eau : plus je vais loin plus elle menace de sortir avec de l'élan...et maintenant, rien ne peut la couler...qu'on essaye de m'enfoncer, je ressortirai comme une fusée...

Je pars. Telle est ma décision. Rien à faire des remontrances. Je SUIS qui je SUIS, et je ne peux pas accepter toutes ces rustines censées nous aider.

Elles sont de la poudre aux yeux, je le savais mais j'ai voulu y croire. Qui ne dit rien consent ? Non, pas vraiment...je suis contre tous ces Cons-Sans humanité...alors qu'on-sent, tous, que la dérive approche. Alors, cher silence, permets-moi de te demander de te taire. Laisse faire le moteur de mes sens. Laisse-moi bifurquer, prendre un virage à 200 à l'heure. Il est hors de question que j'écrase la personne que je suis sur cette route de la folie...

Je ne veux plus con-sentir et rester dans le silence...cela me lance trop tous ces « si », je dois agir avant que ma conscience se retrouve piégée dans cette con de science qui veut tout quantifier...avant que ma mémoire ne soit que déboire...

La colère m'a rendue aveugle puis elle a bien failli avoir raison de moi.

FÉVRIER 2012 : BRADER MES SENTIMENTS POUR ARRONDIR MES FAIMS DE MOI...

Poussée par un instinct et une vision, je me suis connectée à internet il y a quelques semaines, et j'ai cherché un poste d'infirmière coordinatrice. Le hasard m'a menée sur une annonce que j'avais étudiée en juillet 2011. Je me décide à y répondre, et quelle bonne idée !

Le poste semble être fait pour moi, et coche toutes les cases de ce que j'attends d'un endroit où pouvoir exercer humainement mon métier.

Il ne me reste donc plus que quelques jours, et je quitterai cette maison de fous.

Samedi, 13h45. Alors que nous sommes en transmissions, une aide-soignante vient nous prévenir qu'elle a retrouvé Mme D. décédée dans son fauteuil. Cela fait partie de ces décès qui surprennent car ils ne sont « pas prévus ». C'est ce qu'on dit dans notre jargon...pourtant nul ne peut prédire la mort. Cependant, il est de notoriété acquise (officieusement) que nous sentons, nous soignants, lorsque la mort rôde dans les parages...Certains de nos patients sont en fin de vie, mais ce n'était pas le cas de Mme D. Elle devait d'ailleurs retourner à son domicile dans quelques jours.

Nous sommes samedi. Sa famille viendra comme prévu cet après-midi, nous le savons. La législation interdit aux infirmiers d'annoncer le décès d'une personne, puisque nous ne sommes pas formés pour poser des diagnostics, donc nous ne pouvons établir s'il y a décès ou non. Cela fait partie des innombrables paradoxes de notre métier. Cette même législation dit que nous devons laisser le corps deux heures minimum avant de l'emmener à la morgue.

Me voilà donc face à cet énième dilemme de ma profession. Prendre le risque de prévenir la famille, ou ne rien faire, et attendre la venue d'un médecin pour qu'il constate ou non le décès au risque que la famille arrive avant. De plus, plus nous attendons, plus nous laissons sa voisine de chambre face à ce corps sans vie étendu à ses côtés. Ce qui me perturbe, je l'avoue.

C'est mon cœur qui parle dans cette situation car comment pourrais-je ne rien faire quand je sais que le médecin ne viendra peut-être pas tout de suite, et que la famille risque d'arriver à tout moment dans la chambre et retrouver Madame ainsi ?

J'ai un mauvais pressentiment, en plus, qui ne me quitte pas : je suis intimement persuadée que la famille viendra à son chevet avant d'avoir appris son décès.

Afin d'éviter ce cataclysme, je préviens le médecin par téléphone qui me dit qu'il passera d'ici peu.

Malheureusement, je ne parviens pas à joindre la famille. Je me rappelle qu'ils avaient prévu d'aller au cinéma avant de venir voir Mme.

Je me résigne donc à aller faire la toilette mortuaire avec ma collègue aide-soignante.

Alors que nous sommes en pleine action, j'entends des pas venir jusqu'à la porte de la chambre où nous nous trouvons : c'est le médecin. Je lui demande de bien fermer ensuite la porte une fois parti, car je n'ai pas réussi à joindre la famille et que je redoute qu'ils arrivent pendant que nous exécutons la toilette mortuaire. Je n'ose imaginer le choc que cela pourrait leur provoquer. Le médecin s'en va, et je l'entends parler ensuite dans le couloir. Je suis loin de me douter de la suite.

La porte s'ouvre sur le mari et le fils de Mme, souriants : « Le médecin a dit que nous pouvions entrer malgré que vous vous occupiez de ma femme ». Ma collègue et moi devons avoir l'air de deux ahuries : « Il vous a prévenu de ce qui était arrivé ? ».

La famille semble ne pas comprendre et, en s'approchant de Mme, c'est trop tard...Voilà qu'ils assimilent que celle-ci a rejoint les étoiles. Moi, je viens de descendre à peu près 15 étages en une fois, et je ne suis pas la seule à en juger par la tête de ma collègue. Comment peut-on être aussi con, me dis-je en pensant à cet imbécile de médecin ??

Alors que j'étais en train de remplir de ouate les orifices de Mme, la famille a fait son entrée. Je suis sans voix, scotchée devant tant de bêtises. Je finis ce que je fais, ramasse les pots cassés d'une famille brisée et rejoins le poste de soins. Mon cher confrère est là, assis devant la paperasse et l'ordinateur, il se tourne en m'entendant arriver et m'interroge : « Qu'est-ce que je mets comme motif de décès ? Y'a la grippe en ce moment ? ».

Je suis énervée, fâchée, exténuée devant tant d'inhumanité. «Vous pouvez mettre que son cœur s'est arrêté, et au passage, faites aussi cela pour le certificat de ses proches qui ne vont pas tarder à la rejoindre, étant donné la façon dont vous les avez choqués». Il sourit : «Oh, Émilie, je n'ai pas fait exprès, l'erreur est humaine». Je lui réponds qu'il peut dans ce cas aller s'excuser mais c'est trop lui demander bien entendu. Un de ses collègues médecins disait de lui qu'il avait le QI d'un bulot cuit, «ce qui est bien pire que celui d'un bulot cru» s'empressait-il d'ajouter.

Cela a au moins le mérite de me faire sourire, même si je sais que la critique est facile, il n'empêche que cela me fait du bien de me moquer intérieurement, et je décide même de rajouter à ces joyeuses railleries qu'il n'est décidément pas le bistouri le mieux aiguisé de mon chariot à pansement...

Heureusement que l'humour existe, car en moi, la colère, la rage, la haine se disputent la première place du podium. Une fois n'est pas coutume, j'en suis encore remplie, à bloc même. Si je laisse ce trio de choc sortir de mon corps, il fera à coup sûr de réels ravages. Toute cette incompétence, ce manque de conscience professionnelle, cette inhumanité, tout cela me bouleverse. Et puis ce qui me rend le plus folle, c'est cette sensation de ne pas pouvoir faire ce que je ressens comme juste, car assommée de tous les côtés par des protocoles toujours plus fabuleux les uns que les autres. Protocole de toilette au lit, protocole de toilette au lavabo, protocole de toilette mortuaire, protocole de prise de sang, protocole de prise en charge de la douleur.

Tout s'empile, et je signe inlassablement ces foutus protocoles, ces foutues feuilles, certifiant que je les ai lus et compris, certifiant qu'en cas de problème, je suis responsable...Je suis incapable mais responsable de tout. C'est ainsi qu'on nous soumet, qu'on nous rend esclave de ces papiers, de cette administration. Que je sois diplômée n'importe pas, que je sache faire tout cela sans protocole n'importe pas...Je dois prouver sans cesse que j'ai lu et compris ce qu'on me demande. Et ce qu'on me demande, je dois le faire.

Oui, je suis responsable de tout et capable de rien selon mes autorités compétentes qui se sentent utiles et se sentent exister lorsqu'elles me dictent ma conduite.

Nous avons dans ces hôpitaux plus de personnes qui s'occupent de papiers que de personnes qui s'occupent des humains, et cela semble ne déranger personne. En cas de guerre, savent-ils à quoi ils me serviront leurs protocoles ?

À rien...je n'ai besoin de personne pour me dire quoi faire, je suis infirmière, diplômée, je sais ce que j'ai à faire. En revanche, j'ai besoin de collègues pour exercer, car je m'essouffle et me meurs chaque jour un peu plus devant l'immensité de la tâche, de mes tâches, qui s'agrandissent et s'étendent comme une tâche sur un vêtement, tandis que mes collègues fondent comme neige au soleil...

Je ne suis capable de rien, responsable de tout. J'ai si faim de moi, si faim de mes envies, si faim de mon cœur qui meurt, noyé dans la masse, noyé dans la paperasse. J'ai si faim de ce que je suis au plus profond de moi, si faim de mon Humanité, si faim de l'infirmière que je suis. J'ai si faim de Moi...mais je suis obligée de brader mes émotions et mes sentiments pour arrondir mes faims de moi...et mes fins de mois ne se portent guère mieux...même si, à la fin de celui-ci, je serai partie d'ici.

FIN FÉVRIER 2012 : GUERRIÈRE/GUERRE HIER

Bientôt, j'arriverai dans un nouvel établissement pour être infirmière coordinatrice en libéral, et j'en suis très heureuse. Je compte les jours, les heures avant ma délivrance, mais je me sens toujours en colère.

Il parait que pour cinq minutes de colère ressentie, il faut cinq heures pour que le corps se débarrasse du cortisol. Je fais un rapide calcul dans ma tête et en déduis que je continuerai certainement à en sécréter après ma mort...

Pourtant, au fond de moi, je suis heureuse de ma décision. Cependant, mon corps continue de souffrir : son lieu préféré pour se déchainer : mon ventre.

Cela me rappelle mes douleurs d'enfant, et l'appel que j'adressais à la magie-sienne. Je pourrais le refaire, mais une part de moi s'y refuse.

Boule dans la gorge. Plein la tête. Plein le dos. Et pire que tout : boule au ventre qui me déforme et me coupe le souffle.

J'ouvre les yeux et fixe le plafond. J'aimerais penser et réfléchir, mais je n'y parviens pas car je sens dans mon ventre la naissance de quelque chose de monstrueux qui se cristallise. Cette chose s'endurcit, grandit, se répand comme des lances dans mon corps. **Qui es-tu ?** Née de mes peurs et de ma rage, la chose paraît s'alimenter en permanence de mes plus mauvaises pensées et me donne en échange des sombres idées. La souffrance physique semble présente uniquement pour me rappeler ma minable existence dans ce monde où je perds pieds, n'ayant plus assez de deux mains pour faire mon métier. Julien dit que je fais un burn out. Je l'écoute mais sa voix résonne et ne trouve pas le chemin de mon cerveau pour être analysée. Je n'entends ni ne comprends ce qu'on me dit. Mes pensées m'obsèdent et monopolisent mon énergie.

Elles alimentent la boule, le monstre dans mon ventre. **Qui es-tu ?** Ça me transperce, je suis en nage et me noie encore plus dans mes propres réactions, dans mon propre corps.

Je suis dans mon lit, sur le dos, et pense encore à cet affreux cauchemar de ce pauvre jardinier qui n'a jamais le temps de finir d'enlever les feuilles de son jardin avant que la nuit n'arrive, et que d'autres feuilles ne tombent. Ce cauchemar hante mes nuits. C'est toujours la même chose : le jardinier travaille tête baissée dans un jardin clôturé par un grillage et, de l'autre côté de celui-ci, ils sont là, les innombrables défunts. Ils m'apparaissent sous forme de silhouettes vaporeuses. Ils attendent, ils m'attendent.

Mais je n'ai plus le temps, plus la force, plus l'énergie, parce qu'il y a tant à faire, tant à s'occuper avant de pouvoir sortir de ce pétrin. Je sens des racines noires et puantes sortir de la terre à travers les feuilles mortes.

Le jardinier est parti se coucher et ne peut pas avoir idée de la monstruosité qui grandit sous les feuilles. S'il était aidé par d'autres jardiniers, il saurait ce qu'il y a dessous et peut-être pourrait-il s'en occuper...

Mais non, il est seul, désespérément seul, solitaire, isolé, esseulé, abandonné...et tout le monde s'en moque bien, car la Terre ne s'arrête pas de tourner. Le jour arrive et cède la place à la nuit...tout continue inlassablement pendant que le jardinier s'épuise, seul, solitaire, isolé, esseulé, abandonné. Quelle injustice, me dis-je en me réveillant. Quel triste sort que celui des petites mains qui n'en ont pas assez...

Je souffre d' « injusticite » aiguë qui me donne des symptômes nombreux et variés, le pire étant cette douleur au ventre à me le déformer. À quoi je pense ? À rien si ce n'est que j'aimerais hurler, hurler, hurler, jusqu'à transpercer les tympans de ceux que je considère comme mes bourreaux. Ils sont nombreux, mes bourreaux : les cadres, les médecins, la direction, l'ARS, le gouvernement, le monde, les gens, les défunts, les ignorants qui ne peuvent pas imaginer notre surcharge de travail, et qui ont toujours réponse à tout, il y a aussi ceux qui courent derrière un foutu ballon et gagnent ce que jamais je ne gagnerai en reconnaissance et en argent, ceux qui les applaudissent alors qu'ils subissent le même sort que moi, ceux qui défilent avec des tenues de plus en plus ahurissantes au nom d'un dieu appelé Mode. Ceux qui parlent pour ne rien dire, ceux qui ne font rien pour dire. Je développe une haine sans nom envers l'être humain que je suis censée soigner et Aimer. Et puis il y a moi, moi que je déteste tant de ne pas pouvoir parler, moi qui me tais inlassablement, moi qui cache au monde ce que je suis, moi qui cache à moi-même celle que je suis...moi qui m'épuise et meurs à petit feu sans que je réagisse.

Je m'autodétruis, préférant rentrer dans les cases qu'on me propose, rongeant les angles de ma personnalité pour correspondre à la forme qu'on attend de moi, moi qui éteins ma lumière, moi qui tais mon antenne pour ne ressembler finalement qu'à un robot insensible. Je bride mon Intelligence du Cœur pour devenir une Imbécile Artificielle, de celles auxquelles je refusais de ressembler…Je pense à ce qu'on m'avait annoncé lors de ma formation : la durée de vie d'une infirmière était de 7 ans…Je m'étais juré, que pour moi, il en serait autrement mais, je crois bien que je suis finalement « périmée » avant la fameuse date limite…

Et puis je réfléchis sans cesse à comment sortir de ce bourbier. Comment une crème peut-elle sortir d'un mille-feuille sans qu'on l'en empêche ? Même le nom du mille-feuille est évocateur : il n'y en a que pour les feuilles, la crème n'a même pas sa place dans ce nom. Pourtant, ce serait bien sec, bien triste, bien écœurant sans la crème. La tâche est colossale, il faudrait tout refaire, tout revoir. Et cela, c'est ce qui me rend encore plus folle de rage. Je me sens comme une pauvre crème coincée dans ce mille-feuille. Toujours plus, toujours plus, toujours plus, mes tâches s'accumulent, les papiers, les feuilles aussi. Je suis une pauvre crème oui, perdue dans un mille-feuille de conneries. J'en suis là de mes réflexions, lasse aussi. Je la sens monter en moi comme des vagues qui me submergent. **Qui es-tu ?** Je ne peux pas lutter contre elle alors je décide de m'abandonner à elle. Je la suis, dans tout ce qu'elle a de destructeur, dans tout ce qu'elle a de brutalité et de violence. Je crie, hurle dans mon oreiller. Elle a pris le contrôle de mon corps et aimerait tout détruire. Elle est un monstre, et en la laissant me guider, le deviendrai-je aussi ? Je hurle, me mords sans faire exprès la langue.

Le goût du sang dans ma bouche vient alimenter la rage de la boule qui ne fait que grandir encore plus. La douleur me tire les larmes. J'ai si chaud, si chaud. La boule monte en moi et me brûle, me consume, telle la lave d'un volcan. Je ne peux pas me plaindre, je l'ai laissée faire, je l'ai ignorée, recouverte d'un voile pour ne pas la voir et l'entendre. **Qui es-tu ?** Elle continue sans lassitude aucune et me submerge encore un peu plus.

Je brûle d'un feu destructeur, je veux tout casser, tout envoyer valser, je veux tout changer, je veux partir...Il faut que je parte : j'ai raison de le faire. **Qui a parlé ?**

Là, au creux de mes intestins, la boule s'est retranchée. As-tu compris ? semble-t-elle vouloir me dire. Change, change-toi toi-même, car tu ne peux pas changer les autres. C'est toi qui dois changer, alors Agis. **Qui es-tu ?** Cette voix n'est pas celle de mon Ingénieur trop occupé à se lamenter sur les dégâts que j'ai causés. Ce n'est pas non plus celle de mon Infirmière, trop occupée à pleurer.

Non, cette voix vient du creux de mes entrailles : elle me pousse avec un instinct sauvage, une volonté de vivre inouïe.

Elle ne peut appartenir qu'à une Guerrière pour être aussi déterminée. Elle est mon instinct de survie, celle qui hait l'injustice, celle qui hurle au scandale, celle qui dénonce la cruauté. Elle ne me veut pas de mal, non. Elle refuse qu'on me fasse souffrir et qu'on piétine ce que j'ai de plus cher : mes valeurs. Elles sont gravées au fer rouge au fond de mes entrailles. Il y a écrit : Équité, Vérité, Liberté, Respect et Amour. Ce sont mes piliers.

Mais, chère Guerrière, c'est bien cela qui m'exaspère dans mon métier : où est ma liberté, l'équité, le respect, la vérité et l'Amour autour de moi ? C'est ce qui fait grandir la Boule, non ? Je fais erreur, la guerrière est sortie, car je dois respecter mes valeurs pour moi-même, et non pas seulement pour les autres. Alors, si on ne me respecte plus, si je ne suis plus libre, si rien n'est équitable pour moi alors pourquoi continuer ? La colère est destructrice, oui, mais elle est nécessaire. Rien de tel qu'un bon feu pour éliminer la vermine du champ de mon jardinier. Cela le forcera en plus à aller voir ailleurs, vers d'autres horizons...

J'étais infirme hier, puis en guerre hier, aujourd'hui je suis une Guerrière.

PREMIER MARS 2012 : DES-ESPOIRS, DÉ-CONNEXION

Elle est en haut de l'escalier. Son sac à main comme une valise, glissant de son bras droit. De sa main gauche, elle semble chercher quelque chose en appuyant un carton contre son corps et la porte qu'elle souhaite apparemment ouvrir. Ce sont certainement ses clés qu'elle cherche. Elles sont certainement aussi à l'origine de la flopée de jurons qu'elle souffle tout haut sans me voir. Elle m'amuse, me fait sourire, elle me rappelle moi, à une époque. J'ai perdu mon insouciance, ma joie de vivre. Elle, elle en est baignée...elle me plaît déjà. « Ah tiens, tu tombes à pic, tu vas pouvoir me tenir ce carton pendant que je cherche mes clés. C'est une cafetière : j'ai cassé celle du SSIAD[6] hier du coup j'en ai racheté une » ...Ça y est, elle m'a vue et me parle comme si on se connaissait depuis toujours, et je suis sûre que c'est le cas, car je frissonne en l'approchant. Elle est trop...trop craquante, adorable, drôle...trop quoi. Cela lui vaudra dès le lendemain son surnom : « so-so »...

Ici, elle est secrétaire, mais elle aura un autre rôle pour moi, elle sera mon amie. Elle va me rendre mon sourire, ma joie, mon humour, elle va cicatriser mes blessures. Le plus drôle c'est qu'elle ne le fera même pas exprès...parce qu'elle est « so », elle fait, sans savoir la portée de ses actes, sans rien me demander en retour puisqu'elle ne sait même pas, non, à quel point j'ai mal...

Ce service est une aubaine, un paradis...où je mets des jours à me remettre du fait que la directrice aille faire des tournées pour pallier le manque d'aide-soignant lorsqu'il y a des arrêts avant que les intérimaires prennent le relais. Des intérims...En six années passées à l'hôpital, j'en ai vu si peu que j'en étais à me demander si c'était une légende. Ici, ils interviennent dès qu'il le faut. Nous avons du matériel...des crayons, des cahiers, des gants, des tensiomètres, une voiture confortable, des tickets restaurant, une mutuelle.

---

[6] Service de Soins Infirmiers à Domicile

Je suis abasourdie devant tant de « so » ! C'en est trop ? Y aurait-il baleine sous gravillon là ? On va me demander de donner mes organes en retour, ce n'est pas possible ?

Ou alors je suis dans une secte ?

Je vais travailler dans la joie et la bonne humeur. À moi d'organiser mon temps en fonction des besoins du service, mais aussi des miens. Je décide de privilégier le matin pour les visites à domicile et de garder l'après-midi pour les tâches administratives. Je gère l'équipe, ou plutôt, j'en fais partie rapidement. Je n'ai pas l'impression de gérer et d'être supérieure en quoi que ce soit.

Je veux faire en sorte d'être une infirmière coordinatrice juste. Les membres de mon équipe ne seront pas des pions sur un échiquier. Je m'y refuse et si un jour il devait en être ainsi, alors je serai moi aussi avec eux sur l'échiquier...

Quand je pense à l'enfer dans lequel je vivais...Comment ai-je pu y rester si longtemps ? On dit que l'herbe est toujours plus verte à côté...j'avais cela en tête, peut-être.

Mais, il n'aurait pas fallu, si j'avais su que j'étais en enfer, j'aurais su qu'il n'y avait pas d'herbe sous mes pieds, et que, logiquement, celle d'à côté ne pouvait être que plus verte, en plus d'avoir le mérite d'exister.

J'ai du mal à cicatriser ma blessure, celle de l'option 2 : la fuite. Je sais que j'ai pris la bonne décision, mais je me sens frustrée, résignée, bâillonnée même. Ici, je ne vois plus rien. Je veux parler de mes visions. Tout s'est bloqué en moi.

Un beau plafond a élu domicile au-dessus de ma tête, je ne veux plus avoir accès à tout cela, je coupe ma connexion avec l'au-delà, au revoir monde magique, bonjour et bienvenue dans le monde de la matière.

À partir de maintenant, je décide d'être une humaine « normale », banale...même si une petite voix au fond de moi me souffle que personne ne l'est. C'est une illusion dans laquelle je décide désormais de vivre, quitte à briser ma promesse, celle qui disait : « Il me reste à vivre pleinement en accord avec mon esprit intuitif (mon Infirmière intérieure), tout en gardant mon esprit rationnel (mon Ingénieur), au service de celle-ci». Terminées les nuits agitées, les visites impromptues de défunts, adieu les visions.

Mais, mon corps me nargue et me taquine : il y a un nœud dans ma gorge, une boule qui bloque les mots en permanence...parce que ma tête et mon cœur ne sont pas d'accord.

Une corde les relie, et il semblerait qu'à force de tirer chacun de leur côté, des nœuds se soient formés dans ma gorge. Mon cœur voulait espérer...espérer que tout changerait, qu'on serait assez de soignants dans les services pour faire notre si beau métier...

Espérer que je pourrais parler de ce que je vivais. Ma tête savait que j'étais en danger et voulait me sortir de ce bourbier avant d'y laisser mon cœur entier...

Ainsi, la boule a pris forme dans ma gorge, créant un amas de mots/maux dans mon gosier. Parfois, il y en a trop, alors je racle ma gorge : cela deviendra un tic. Je suis partie de l'hôpital sans un mot, j'en ai couché quelques-uns sur ma lettre de démission, oubliant ma mission, mes missions... « C'était un acte de survie » me crie mon Ingénieur, « on aurait pu encore essayer » me souffle mon cœur (que je me représente en infirmière)...créant encore une fois ce tumulte dans ma gorge. J'aimerais pouvoir dire, crier, hurler ce qui me fait souffrir, mais c'est l'embouteillage permanent entre mon cœur et ma tête, aucun d'eux ne semble vouloir faire un pas vers l'autre, chacun à sa façon préserve une partie de moi...à défaut de me préserver entièrement. Comme diraient mes anciennes autorités compétentes : « On ne fait pas d'omelettes sans casser des œufs ! »...

Il vaut mieux que je me déconnecte de mon essence, que j'ignore ce que je suis, je ne trouve pas ma place à être « connectée », je ne trouve pas ma place en voyant au-delà de l'Univers et des étoiles. Il vaut mieux pour moi que je me déconnecte, oui. C'est cette décision que je prendrai inconsciemment, quitte à en souffrir intérieurement, pour me protéger, peut-être, pour mieux renaître, certainement.

On dit que la douleur est une alarme, on dit qu'elle a un sens...

Pourtant, dans mon métier, on semble l'avoir oublié. Nous préférons faire taire les alarmes que de comprendre leur raison. Nous n'arrêtons pas les cambrioleurs ni n'arrêtons les feux...Non, nous éteignons les alarmes à coup d'antalgique, d'antipyrétique, de barbiturique, de somnifères aux noms plus scientifiques les uns que les autres...Des petites pilules censées arrêter les alarmes, mais qui en créent parfois d'autres...

La douleur n'est plus prise au sérieux pourtant elle n'est pas un doux leurre...Quant à moi je suis devenue petit-à-petit une infirmière infirme.

NOTES À MOI-MÊME :

1. Il semblerait que je sois hypersensible en plus d'être une passeuse d'âmes. Je suis donc une éponge en plus d'être une porte.
2. La peur a un allié : la colère.
3. La colère a participé à ma déconnexion au-delà de l'univers et des étoiles. J'ai ainsi bridé mon Intelligence du cœur pour devenir une Imbécile Artificielle.
4. La douleur n'est pas un doux leurre. En revanche, être infirmière m'a bien rendue infirme.
5. Il semblerait que les émotions provoquent des maux.
6. Il n'est toujours pas conseillé pour moi de parler, au risque de me retrouver enfermée. « Le silence est d'or », mais je crois qu'il finit lui aussi par me rendre infirme.

QUATRIEME SIGNE

RE-CONNEXION D'UNE PATIENTE EN QUÊTE DE SENS

La douleur n'est pas un doux leurre

« *Il y a deux types de douleur : celle qui nous fait mal, celle qui nous change* ».

« *La douleur de l'âme pèse plus que la souffrance du corps* ». *Publius Syrus.*

Il y a des choses que l'on n'oublie jamais. La douleur pourtant déroge à cette règle. Étrange, quand je me rappelle, malgré tout, avoir tant souffert. Mais, en y repensant, je ne parviens pas à réimaginer et/ou ressentir cette douleur. Je ne sais plus vraiment comment elle a débuté, ni comment elle s'est installée. Ce que je sais, en revanche, c'est qu'elle a été une locataire bruyante et finalement dissuasive. Elle m'a obligée à chercher au plus profond de moi ce que j'avais enfoui, mon secret, certes, mais aussi et surtout mes émotions : la culpabilité, de ne pas avoir pu « sauver » mon parrain, la colère de ne pas parvenir à exercer mon métier d'infirmière dans ce monde qui parfois me dépasse, ma peur aussi, celle d'être jugée.

MARS 2014 : « LE MAL A DIT : JE NE SERAI PAS UN DOUX LEURRE »

Comment cette douleur a-t-elle élu domicile en moi ? Qui lui a permis d'installer sa couche en mon sein, en mon être tout entier ? Et quand cela s'est-il produit ? Peut-être que cela a commencé un jour de mars 2014 où, suite à une visite chez un patient, je revenais au bureau avec un mal de crâne et un écoulement de sang par mon oreille gauche. Un scanner mettra en évidence une tumeur...quel mot puissant quand on nous l'annonce : TU-MEURS !

À l'école d'infirmiers, on apprend à suivre les médecins à l'annonce d'un diagnostic (car eux ne le font pas durant leur cursus, donc les infirmiers apprennent à aider le médecin à annoncer un diagnostic, que nous-mêmes, infirmiers, n'avons pas le droit de poser, ça, c'est bien pensé...). On fait des jeux de rôle, et on joue le médecin qui révèle une maladie incurable à son patient. Sauf que là, c'est moi le patient, et cela n'a rien d'un jeu. Le choc, vous connaissez ? Eh bien c'est à peu près ce qui se passe à ce moment dans ma tête à l'annonce du mot TUMEUR. Je suis comme dans un film où on aurait coupé le son et flouté l'image : je le vois ce cher radiologue, debout, devant moi, dans le couloir, mais je ne comprends rien de rien...je crois qu'il parle une autre langue, d'ailleurs ce n'est peut-être plus la même personne que tout à l'heure, car je ne la vois plus.

Un voile s'est installé devant mes yeux et mes oreilles et il fait très bien son travail. Le radiologue doit penser que lui aussi fait bien son travail, car il s'éloigne : « Au revoir Madame...»

J'ai envie de le rappeler, de le suivre même, mais le voile est aussi sur mes cordes vocales, et autour de mes jambes, apparemment. Je suis devenue muette, aveugle, sourde, paralysée en quelques secondes seulement. Cher médecin, vous êtes magicien !

En fait, je sais bien ce qui s'est passé, et ce corps, ce mental n'en finissent pas de me surprendre. L'information était trop difficile à digérer, du coup : « fermeture générale ».

Et en parlant de digérer, je crois que s'il y a bien un endroit de mon corps qui n'est pas paralysé, c'est bien là où résident mes intestins. Je peux même dire qu'ils président ! Car si certains sont aux abonnés absents, eux, en revanche, me font bien comprendre que je ne suis pas seule au monde, abandonnée par mon cerveau. Mon deuxième cerveau, ma Guerrière, se tord, j'en ai le souffle coupé. Je rentre dans ma voiture, pose ma main sur mon ventre : du calme, je sais...C'est la merde...Mais que veux-tu, il me semble que tu es bien le mieux placé pour gérer ça, non ? Monsieur le grand Ingénieur le savait, il nous a laissés, plus personne aux commandes, mais toi, tu es là, ensemble on di-gerera...

Je pars du principe que l'humour est mon plus grand allié, alors à ceux à qui je parlerai de cela, ce sera avec humour. Il ne faut pas croire que je ne prends rien au sérieux, mais de toute façon, me rappelant du minimum de l'épisode « annonce de TU-MEURS », je ne vois pas ce que je pourrais en dire. Mon médecin traitant me dit qu'on ne peut faire qu'une chose : surveiller. Surveiller...ça va être difficile quand on sait que, techniquement, je suis en mode VEILLE...quant à être SUR...

Au moins, je suis sûre d'une chose, j'ai un pouvoir, nous l'avons tous d'ailleurs. Je l'ai abordé en école d'infirmier, l'autohypnose. Et pas besoin d'un thérapeute, tout mon être a trouvé le chemin pour me préserver dans une bulle.

Alors, je me pose cette question : si nous avons le pouvoir de nous mettre seuls dans cet état, n'avons-nous pas, quelque part, celui de nous guérir ? Si j'ai réussi à me rendre malade, ne puis-je pas parvenir à me guérir ?

C'est ainsi que je me rends chez une guérisseuse conseillée par mon amie Nathalie. Je souris, car en voilà une qui exerce le métier que je souhaitais faire. Il semblerait donc que cela existe, n'en déplaise à tous ceux qui disent le contraire ! Je me fiche des « on dit » et décide de m'y rendre . Je suis une sceptique, certes, mais pas fermée, et je prône cette devise : « Il faut de tout pour faire un monde » ...même si, c'est vrai, il y a toujours des choses qu'on n'aimerait pas voir faire partie du nôtre.

Je l'aime bien, elle ne me promet rien. Tant mieux : je déteste les personnes qui savent mieux que nous-mêmes. Ceux qui me promettront la guérison, je ne veux pas les écouter.

Je suis soignante, et je suis persuadée qu'on peut être le meilleur thérapeute qui soit, personne ne peut guérir quelqu'un. C'est un travail à deux. J'ai déjà vu de très compétents médecins faire des prescriptions appropriées à leur patient qui ne guérissait pas pour autant : entre ceux qui ne suivent pas les conseils (« oui, je bois un litre de vin par jour avec mon traitement et alors ? »), la prescription (« ah bon, celui-ci c'est le médicament de ma femme et pas le mien ? »), la posologie (« oups, fallait pas prendre les 3 gélules en une prise ? »), le suivi (« euh...attendez, où est-ce que j'ai noté les résultats de ma glycémie déjà ? J'ai dû laisser ça dans le carnet de contrôle technique de ma voiture ») et ceux qui ne veulent pas guérir et sont persuadés que seul un coup de baguette magique les sauvera...la guérison est loin d'être gagnée. Je me vois comme une ouvreuse de porte : avec les patients, je leur répète toujours que ce sont eux les propres acteurs de leur santé. Mes collègues et moi leur montrons le chemin, ce sont eux seuls qui décideront de le suivre. Il y a plusieurs portes pour y parvenir, à eux de choisir, il n'y a pas de bonnes ou de mauvaises routes. Disons que celle que nous prenons sur le moment est adaptée et choisie...et il faut qu'elle le soit.

Il n'y a rien de pire que lorsqu'on attend que quelqu'un fasse le choix à notre place : c'est comme si on se mettait en veille et devenait un robot pour les autres. Chacun y va de son avis : « Moi, je serais toi, je ferais ça ». Alors, on prend les décisions pour les autres...dommage...notre cœur sait, lui, ce qui est bon pour nous. En l'ignorant, nous vivons pour les autres, et non pour nous. Et s'il y a bien une chose de vraie, c'est celle-là : mieux vaut vivre en accord avec soi-même, puisque c'est avec nous-mêmes que nous aurons à vivre le plus longtemps...

Cette femme me plait, mais elle me perturbe. Elle dit que j'ai de la lumière dans mes mains, et elle me parle de ma clairvoyance. Elle me rappelle étrangement la voyante que j'avais vue en 2005. J'ai une fâcheuse impression de déjà-vu. Et comme à l'époque, je préfère me taire. Elle dit qu'un jour, quelqu'un me proposera un travail en lien avec ma lumière intérieure, et qu'il ne vaut mieux pas que je sache ce que c'est, car je pourrais bloquer ce qui vient à moi, puisqu'elle remarque que je manque de confiance. Pour le moment, je ne comprends rien à ce qu'elle raconte. En plus, elle me dit ressentir chez moi une culpabilité et une colère qui me rongent. Je déglutis et préfère ignorer ce qu'elle énonce. Pour changer de sujet, je lui pose des questions sur la vie, sur son métier, et sur la façon dont elle perçoit les choses. Elle a l'air ravie et me relate certaines de ses expériences, et ce qu'elle a compris de la Vie. Puis, elle me parle de vies antérieures. Là, je flippe, totalement même. Car s'il y a des vies antérieures c'est qu'il y en aura d'autres après ? Mon Dieu, faites que non...Puis-je postuler pour un poste d'ange ou un truc de ce style ? Ou puis-je aller sur une autre planète du genre qui abrite bisounours, fées et licornes ? Car vraiment, je ne suis pas enchantée de revenir ici. Si certains craignent la mort et parlent de l'enfer et du paradis, moi ma compréhension est autre. Je pense que nos âmes viennent s'exercer sur un terrain de jeu : la planète Terre en l'occurrence. S'il y a bien un enfer, c'est donc ici-bas, et y revenir ne me dit rien qui vaille ...

Heureusement, la guérisseuse revient à ce qui m'a menée à elle et me dit que rien n'est joué, c'est à moi de choisir ce que je fais de cette annonce de la tumeur...Le temps va passer...

SEPTEMBRE 2014 : TRAVAUX D'INTÉRIEUR

J'ai besoin d'un réveil, voire plus, pour me réveiller en temps normal. Ce matin, ce n'est pas nécessaire : quelqu'un dans ma tête a décidé de jouer avec un marteau piqueur. La décoration ne leur plaît plus là-haut, il faut croire, un réaménagement semble être en cours. Je me bouche les oreilles...Comme si ça pouvait éteindre ce bruit à l'intérieur de moi, quelle misère, rien n'y fait. Ils ont dû changer les fenêtres aussi, car mes yeux sont troubles. Quant à l'isolation, c'est insupportable, un écho résonne en permanence sur les cloisons de mon pauvre crâne...

Je me lève...pas longtemps , juste celui de tomber...pratique la gravité, ça vous remet vite à votre place. Ma parole, ils ont monté ma tête sur un terrain vague ou quoi ? Ça tangue comme sur un bateau, à m'en provoquer des nausées. Et cette lumière...waou...c'est transcendant cette luminosité...digne des plus beaux appartements recherchés par Stéphane Plazza !

Je ne sais pas ce qui se passe, et d'ailleurs, Monsieur l'Ingénieur semble s'être volatilisé, car il n'y a plus personne pour réfléchir dans ce crâne. La preuve, voilà que je me relève pour retomber de plus belle...Aïe...mon coccyx. Attendre un résultat différent alors que j'agis de la même façon est bien naïf...Bilan : la gravité et l'ignorance ne font pas bon ménage et rendent les choses encore plus graves...

J'ai peur, mon cœur se serre, mon être tremble. Est-ce que je suis en train de faire un AVC ? Ou est-ce ma tumeur qui aurait gagné du terrain, obligeant mon Ingénieur à refaire des travaux ?

Avant de passer les examens en question, mon médecin se demande si mon cou n'est pas à l'origine de mes migraines et de mes pertes de conscience subites. Je le savais déjà, mais il me confirme que je souffre certainement de migraine d'Arnold. Il dit que ma nuque est hypertendue. Je confirme. J'ai très souvent mal au cou et au bras d'ailleurs.

Il m'examine : « Tu ne sens rien là au bout des doigts ? »... « Bah non, c'est étrange, je ne m'en étais même pas aperçue... »

À la radio, il est clair que mon cou est trop droit...c'est sûrement pour ça que ça ne tourne pas rond chez moi. Conclusion : voir un rhumato et passer un scanner, IRM cérébrale et cervicale.

Je me rends à mon examen pour l'IRM cérébrale. Je n'ai pas peur. Je n'ai plus rien là-haut, je le sens. La tache est partie, c'est peut-être pour cela qu'ils effectuaient des travaux. Le verdict est sans appel : la tumeur a disparu. Les médecins ne comprennent rien, les voilà à me poser mille et une questions, à me passer leur produit dans mes pauvres veines, et re-verdict : rien...envolée la jolie tumeur : partie...

Quant aux cervicales...c'est une autre histoire.

Alors que je me rhabille tranquillement dans la cabine, j'entends la porte du box s'ouvrir et se refermer aussi vite. Une phrase me parvient : « Ce n'est pas le box de ma patiente ça ? Elle est beaucoup trop jeune pour avoir de tels résultats ??!!! » .

Certains pensent qu'une simple porte est aussi efficace que le mur du son. En entendant ça alors que je remettais une de mes boucles d'oreille, je la laisse tomber, sous le choc...choc ?

Qui a parlé d'un choc ? Misère, ça y est, je sens que l'Ingénieur m'emmène dans la bulle « je n'entends rien, tout va bien ». Le médecin arrive, et des mots me parviennent : « protrusions discales...toutes les vertèbres...hernies...dégénérescence vertébrale...arthrose comme si vous aviez 80 ans...bloc cervical...catastrophique...à votre âge...d'ici 5 ans...paralysée...vertiges, Arnold » puis d'autres aussi réjouissants suivent : « troubles cardiaques...douleur...paralysie...ne surtout pas tomber enceinte...changer de métier». Je rêve ou elle parle vraiment en télégramme ? Je souris en pensant : « Mon Ingénieur est trop fort ». Je la choque : « C'est grave Madame, il faut aller voir un spécialiste pour la suite » .

Tiens, encore une qui a le pouvoir de me lire mon avenir, et je suis remboursée par la sécurité sociale en plus. En tout cas, je vais super bien finalement pour une annonce pareille. Mais, au fait, qu'est-ce qu'elle m'a dit là, comme charabia ?

Je me vois rentrer dans ma voiture, car c'est vraiment cela. Je me vois le faire, ...c'est comme si quelqu'un agissait pour moi. Je lis les résultats. Mes intestins crient. Je sais, c'est la catastrophe...totale même. Je ferme les yeux et me cale dans mon siège : c'est quoi la suite ? Tu es infirmière, non, alors ?? Fais appel à ton Infirmière intérieure ! Ah oui tiens, je l'ai trouvée : elle essaye de réanimer l'Ingénieur qui, dans sa crise de choc, s'est écroulé sur les boutons de commande et a mis tout mon système en alerte. C'est le bug...ça tire dans le ventre, c'est la merde...

D'après ce que je vois et du peu de ce que je me rappelle du monologue du médecin, c'est vraiment la catastrophe. C'est bouché là-dedans, et je comprends pourquoi j'ai si mal ainsi que l'origine des paresthésies de mon bras. D'ailleurs, quelle connerie cette paresthésie, ça m'anesthésie le bras, mais pas la douleur. Il faut être Ingénieur pour penser de cette façon ? Bon, laissons l'Ingénieur de côté, il est paralysé lui-même...

À mon sens, il n'y a pas beaucoup de solutions...les traitements ? Ils m'endormiront bien plus que ma douleur...La kinésithérapie ?? À part changer le cou, ce n'est pas en faisant des exercices que je vais aller mieux, si ?? Je ne sais pas...Changer les cervicales ? Opérer ? Oui, mais non, je ne suis pas vaillante au point de me faire charcuter un endroit qui pourrait me rendre définitivement paralysée...

Changer de métier, qu'elle a dit...Quel métier me permettra de me servir de mes bras paralysés quand ils auront décidé de l'être ? Mon cœur tremble, se sert et se crispe. Je ressens comme un coup de poignard...Oui, il a raison, ça coule dans mes veines, ce métier. C'est mon cœur qui m'a menée sur cette voie, pas ma raison. Alors, ils ont raison aussi mes intestins, crions haut et fort : MERDE !

DÉCEMBRE 2014 : NAISSANCE À VENIR

Je n'avais jamais remarqué autant de détails dans la pénombre, sur le plafond et les murs de ma chambre, me dis-je alors que je sors du sommeil.

Et en parlant de plafond, celui que j'ai mis en place il y a deux ans, au-dessus de ma tête, n'a pas eu l'air de faire son travail cette nuit. J'avais pourtant bien dit « stop » à tout cela. Cependant, cette nuit, c'est arrivé, de nouveau. J'ai vu. Cela faisait longtemps que je n'avais pas eu de visions. Je pensais en avoir fini avec cela, mais c'était sans compter sur la force de L'Univers, de la Vie, de ce petit être venu à moi cette nuit...qu'en sais-je de l'origine de ce revirement de situation ?

J'avais dit que je n'aurais plus d'enfants. « Un, c'est déjà bien » était devenu ma phrase préférée. Je la brandissais comme un slogan de publicité à qui m'ennuyait avec l'éternelle question : « À quand le deuxième ? ». Cette phrase, en revanche, était devenue ma hantise. Je m'indignais intérieurement de sa bêtise.

Comme s'il était normal de faire d'autres enfants une fois qu'on en avait un. Comme si, d'ailleurs, il était attendu d'en avoir, et de ne pas décider du contraire...

Et puis, j'ai mes fameux problèmes de santé, dont personne n'est au courant d'ailleurs. Mais, la phrase des médecins : « tomber enceinte serait une bien mauvaise idée » tourne en boucle dans ma tête, et j'ai certainement fini par y croire. On dit qu'à force de répéter une phrase, on finit par y croire, même si c'est en fait un mensonge...

Bref, j'ai vendu toutes mes affaires et celles de Nohan. Il est hors de question de revenir sur cette décision. Julien aurait aimé, pourtant, mais pour ma part, je ne ressens aucun désir pour un deuxième enfant, ce qui est pour moi, l'ingrédient essentiel pour une telle décision.

Mais, cette nuit, il s'est passé quelque chose que je ne peux pas ignorer. J'étais sur un fauteuil avec un bébé dans les bras.

Ce n'était pas Nohan. Cet enfant était différent physiquement et vibratoirement. Je ressentais sa douceur, son côté fragile. Ce qui m'intrigue, c'est qu'avant d'être dans mes bras, je l'ai vu descendre d'un nuage pour venir à moi. Et j'ai senti le mot qu'il m'envoyait : « Maman ». Je me suis réveillée avec la sensation de son petit corps contre le mien. Il m'était arrivé la même chose pour notre premier enfant. Je le ressens au plus profond de moi, je sais qu'un petit être viendra bientôt dans ma vie et bizarrement, ce matin j'en ai très envie. Je me mets à pleurer, car il me manque. C'est étrange, c'est comme si je me rappelais de lui maintenant. Le problème, c'est qu'il va falloir que je l'annonce à Julien.

En me levant, je m'apprête à préparer le petit-déjeuner tandis que Julien investit la salle de bains. Nohan vient alors à moi pendant que je profite du temps de chauffe de nos bols de lait pour ouvrir le volet du bureau.

Il me touche le ventre et me dit : « Maman, tu vois, quand j'étais dans ton ventre, ça disait qu'il y aurait un autre bébé après. Il vient d'un château sur un nuage, je m'en rappelle, tu sais ». Je manque de tomber de toute ma hauteur. Allons-donc, voilà que lui aussi a des visions ?? Cela me confirme encore plus ce que je ressens.

Je décide donc de rejoindre Julien et, ne sachant trop comment l'exprimer, je lui dis : «Julien, on va avoir un deuxième enfant ! ». Je me rappelle de ses deux billes marron en train de me scruter, comme si j'étais une folle sortie de l'asile : « Quoi ? Tu es enceinte ??? ».

-Non, bien-sûr que non, enfin pas encore. Mais, j'ai rêvé qu'un petit être allait venir à nous, et je ne sais pas te l'expliquer, mais je te jure, je sais que c'est lui : c'est notre futur bébé. Du coup je vais prendre rendez-vous avec la gynéco, hein, et comme cela, je me ferai enlever le stérilet et...

-Enfin, mais qu'est-ce qu'il te prend ? Tu m'as toujours dit que non : « Un c'est déjà bien ! »

Piquée au vif, je lui réponds en sortant de la salle de bains :

-Eh bien, il n'y a que les imbéciles qui ne changent pas d'avis !

-Alors là, c'est que tu dois être sacrément intelligente dans ce cas ! entendis-je de loin, en m'éloignant dans le couloir.

Je tomberai enceinte un mois et demi après. Et personne ne sait...Pour mes problèmes de santé...pour bébé, on l'annoncera d'ici deux mois.

Quand j'écris : «personne ne sait», c'est fou, car je me rappelle nettement que moi non plus je ne savais pas...ou plus. Le voile, la Bulle, me protégeaient en permanence, me faisant oublier la réalité qui fait mal...bien plus que mon cou, ma tête et mon bras réunis. J'ai menti à la radiologue. Je lui ai dit de me donner le courrier adressé à mon médecin traitant, prétextant que j'allais le voir quelques jours après. Mensonge. Je me suis empressée de le ranger dans mon dossier, en l'enfermant dans mon porte-document, dans mon placard, dans mon bureau...caché...Mais caché ne veut pas dire inexistant.

En attendant, je me réjouis de cette naissance à venir.

DÉBUT 2016 : ALARMES ET SIRÈNES

Je souffre...et je confirme que la douleur n'a rien de doux. Je suis épuisée, à bout. Ma tête va exploser j'en suis sûre, peut-être même que ça s'est déjà produit. Mon Ingénieur joue encore avec un marteau-piqueur.

Mon petit ange hurle dans son lit, il a faim. Ses pleurs me transpercent la tête. Coluche et son cancer du bras droit me reviennent en mémoire quand je veux tendre mon bras pour attraper mon enfant, et que je ne peux pas. Je crois qu'il était visionnaire, ça existe le cancer du bras droit, j'en suis la preuve...et c'est incurable, insoignable, inguérissable : ce bras est décidément intraitable. Mon bras ou ma tête ? Ou mon cou ?? Je ne sais plus en fait. Mes synapses clignotent autant que les guirlandes de mon sapin de Noël, ça m'explose de tous les côtés, c'est un feu d'artifice en permanence dans mon corps, mais ça n'a rien de beau...de mon point de vue en tout cas. Sur une imagerie médicale, ça doit avoir l'air d'un véritable big bang...Rien ne va, et Arnold semble de retour.

Les médecins m'avaient prévenue...eux aussi sont visionnaires, médiums même.

Et aujourd'hui, j'ai mal. Mes anges ont 6 ans et 4 mois. La fin de ma dernière grossesse fut un calvaire. Le poids de mon ventre rappelant à mon corps que mes vertèbres sont trop fragiles pour le supporter. Les trois étages de ma colonne sont atteints : le rhumatologue a trouvé des hernies spongieuses, et deux maladies dégénératives sur mes vertèbres dorsales, expliquant mes douleurs en coup de poignard. En fait, elles étaient visibles sur la radio de 2009, mais je ne m'en rappelais plus. Un coup de mon Ingénieur, très certainement. J'ai de l'arthrose partout, mon tassement vertébral aux lombaires me rappelle à l'ordre...quant à mon cou, c'est un véritable calvaire. Je le savais, j'avais bien retenu l'information « que tomber enceinte serait une mauvaise idée pour mon corps » ...mais elle était bonne pour mon cœur, et c'est lui qui est aux commandes depuis que l'Ingénieur m'a laissée seule.

J'ai gardé tout ça pour moi, à ne plus m'en souvenir moi-même. Ils ont voulu me mettre sous morphine alors que j'étais enceinte de mon ange. Ils ne comprenaient pas pourquoi je souffrais tant : la douleur dans mes omoplates m'obligeait à garder mes bras en l'air, au-dessus de ma tête...très glamour. Les voyant approcher un peu trop près de mes problèmes, le Voile est revenu, et j'ai signé une sortie contre avis médical. Les médecins ont tenté de me faire comprendre qu'il ne fallait pas que je reste comme cela, qu'il fallait faire des examens et endormir cette douleur à coup de Nubain. « NON », je me suis surprise à hurler. J'ai eu peur de ce qu'ils auraient pu découvrir ou plutôt re-découvrir.

Il fallait que je parte, que je sorte d'ici. La peur me fait si mal, tellement plus que ma douleur, finalement....

Aujourd'hui, je n'en peux plus, je me sens impuissante, pire...bonne à rien...même pas capable de m'occuper de mes enfants, de les serrer dans mes bras, de les entendre, de les regarder. Tout explose dans ma tête, aucun de mes sens n'a de sens, tout part de travers.

Mes symptômes sont tellement nombreux que je ne sais même plus ce qui me fait le plus souffrir, c'est un tout, une généralité, mon corps entier sonne l'alarme. Les sirènes hurlent et m'entrainent dans les profondeurs.

OCTOBRE 2016 : SOS EN DÉTRESSE

J'irai donc chez mon médecin, avec les fameux examens cachés. J'ai attendu encore 6 mois pour le faire. Pourtant, je le vois tous les mois pour les visites post natales de mon fils. Il m'a même demandé si j'avais pris rendez-vous pour mes examens. Je joue la comédie à la perfection, j'excelle même. Je finis parfois par me croire moi-même. Il y a un nom pour ça, ça fait partie des étapes du deuil d'ailleurs : le déni. Je nie tout, je fais semblant, et ce n'est pas volontaire, vraiment. Je sens que mon Ingénieur ne veut pas, ne peut pas voir la vérité, elle lui fait trop mal et trop peur. Car que deviendrais-je ? Combien de temps me reste-t-il ?

Pourquoi ai-je fait ce choix de mettre au monde une nouvelle fois, si c'est pour offrir à mes enfants une vie avec une mère handicapée et triste ? Car c'est ce que je suis, au fond de moi, je me sens si amputée, coupée de ce que je veux être. Je souffre en donnant le sein à mon bébé, car ça me tire dans mon dos, mon bras, mon cou. Mes doigts voudraient caresser sa peau et ressentir sa douceur, mais rien ne passe, je ne ressens que du vide, et ces foutus fourmillements continus. La douceur a laissé place à la douleur. Je m'en veux...terriblement. Je me sens en colère contre tout. Il ne faut pas que j'y pense, sinon je sombrerai dans la folie.

Le docteur est fâché. Il dit que c'est inconscient de ne pas lui avoir transmis mes résultats. Mon cœur tremble et s'accélère, et je lui réponds : « Mais, quoi faire de toute façon ? À part me shooter aux antidouleurs ? On ne peut pas m'opérer, si ?? » . Il m'envoie vers un spécialiste passer des examens pour savoir si mes douleurs de poignet ne seraient pas dues à autre chose : le canal carpien, par exemple, au moins ça c'est opérable.

Je découvre les joies de l'EMG, consistant à tester mes réponses musculaires à des stimuli électriques envoyés par des aiguilles qui me transpercent à divers endroits...un moment merveilleux lorsque, l'aiguille plantée dans mon pouce, ce cher médecin me demande d'éloigner celui-ci de ma main...sauf que c'est impossible, puisque mon tendon a lâché il y a peu...mais, bien-sûr, je ne l'ai pas dit non plus. Le silence me tuera...

Verdict : tout vient de ce foutu cou. Rien à faire. Mes migraines d'Arnold ne sont que les prémices d'un avenir radieux. De plus, à forcer comme je l'ai fait, j'ai abîmé mon tendon, j'ai une tendinite de De Quervain, voilà pourquoi je ne peux plus bouger mon pouce. Il me faudra donc voir un spécialiste pour une infiltration. Je suis épuisée, frustrée, et je ne parviens pas à l'exprimer. Car m'exprimer, pour moi, c'était dessiner, écrire, et là, je ne peux plus. Je ne peux même plus jouer de saxophone, je ne ressens rien sous mes doigts, les boutons d'ivoire n'ont plus de sens sous mes pulpes, je ne ressens rien, rien que la douleur en permanence. Je suis devenue une amputée du saxo, une amputée du crayon, une amputée de mon expression, de mon art, de ma façon d'être...je ne SUIS plus si je ne peux plus m'exprimer. J'aurais tant à écrire et dessiner pourtant. Ma douleur me prive de cette thérapie en grillant mes circuits.

Il me reste la parole, mais l'oral, ce n'est pas mon truc. Je me sens muette de toute façon...

Un jour, ma mère m'avait dit de sa grand-mère, qu'elle disait toujours : « le jour où je ne pourrai plus me servir de mes mains, c'est que ce sera la fin pour moi ». Cette phrase me revient, je ne l'avais pas comprise à l'époque. Aujourd'hui, elle expose parfaitement ce que je ressens au plus profond de moi.

La route est glissante en allant chercher mes courses. Je vais au drive.

Ce n'est pas ma façon de faire habituellement, mais au moins je ne peine pas et ne vois personne. J'en ai marre de souffrir en permanence, et de galérer juste en soulevant mes produits. J'ai honte de ce que je suis.

Hier, mon mari a dû m'aider à préparer le repas, car mon bras était bloqué, paralysé. Aujourd'hui, rien que de tenir le volant me fait pleurer. Mes cervicales grincent à chaque vibration de la voiture et semblent jouer des castagnettes pour accompagner le chant strident de mes sirènes qui semblent vouloir me plonger de plus en plus dans les profondeurs. Je hurle dans ma voiture, ma colère explose comme jamais : j'ai chaud, ça bat dans mes tempes, mon cœur est sur le point de sortir de ma poitrine, je tape sur mon volant, accroissant ainsi ma douleur : je m'en fous, bien fait pour moi, je suis bonne à rien, inutile. Je me suis fait mal à l'autre main en tapant comme une déchainée sur mon volant : ça n'a même pas le mérite de ne plus me faire sentir la douleur ailleurs, ça rajoute encore une foutue alarme à mon pauvre Ingénieur.

Je m'étais arrêtée sur le bas-côté afin de décharger ma colère. Je reprends la route en continuant de m'insulter...et je dis la phrase...celle que je n'aurais pas dû dire, celle que je pense en silence depuis si longtemps : « Je ne mérite pas d'exister, je ne devrais pas exister ». L'Ingénieur s'est redressé, il est censé me maintenir en vie, mais même lui est conquis par cette idée. Il n'en peut plus de tous ces boutons qui clignotent en permanence sans qu'il ne puisse y répondre en conséquence.

Normalement, une alarme entraîne une action pour qu'on l'éteigne, non ? Le feu doit être éteint, les cambrioleurs emmenés en prison, et ainsi l'alarme s'arrête, tout redevient « normal ».

Mais, mince alors, mon alarme à moi, elle ne sert à rien, puisqu'elle ne me permet pas de mettre en place quoi que ce soit pour la soulager, alors à quoi bon laisser mon pauvre Ingénieur démuni devant tant de signaux inutiles ? Oui, je souffre, et je souffrirai toujours parce que c'est ainsi, à moins que je ne quitte cette dimension...elle est là la solution, ma solution.

Cela aurait le mérite de l'éteindre cette foutue alarme de m**** et moi avec. Je regarde la route. Je peux faire passer ça pour un accident.

Je ne veux pas que mes proches croient que je les abandonne : ça passera mieux si c'est un accident. Ils s'en remettront, mieux que s'ils doivent m'affronter dans un fauteuil roulant, mieux que si je devais affronter leur regard de pitié, mieux que si je devais faire semblant d'aller pour le mieux...c'est beaucoup mieux que le pire qui semble m'être destiné...

J'ai mal, si mal. « Par pitié, je vous en supplie, aidez-moi », je prie en criant dans ma voiture. C'est un SOS en détresse, comme dirait mon chanteur préféré. « Mais quel espoir, pourrais-je avoir quand tout est noir ? ».

Cette phrase, d'une chanson de Mylène Farmer, vient d'être choisie par mon Ingénieur...c'était sans compter sur ma radio qui lui répond par Daniel Balavoine : « Mais pourtant il faut vivre ou survivre, sans poème, sans blesser tous ceux que j'aime ». Et puis, devant moi, sur la route, je suis certaine de l'avoir vue : Lathara, mon ange. Cela fait si longtemps qu'elle ne m'était pas apparue que je reste immobile à demander à mon Ingénieur de rembobiner l'enregistrement de ce qui vient de se passer. Elle était là, et maintenant je la sens, dans tout mon être, j'en frissonne jusqu'à mes orteils, de ces frissons qui me traversent lorsque j'écoute certaines musiques qui me transcendent.

Je ne peux qu'être sidérée par cet étrange hasard. Je ne partirai donc pas, pas aujourd'hui.

Ce soir, je cède au traitement prescrit par mon médecin traitant. Un cocktail sympathique censé couper le trajet de la douleur. Il me coupera surtout de la réalité, et je risquerais de m'y habituer, même si cela me transforme en zombie, et que la douleur reste en sourdine, je me sens planer...et c'est tellement bon quand on se sent enterré.

NOVEMBRE 2016 : SOIGNER LE MAL PAR LE MAL

Les médicaments ne plaisent pas à mon deuxième cerveau. Il crie au scandale devant tant de molécules étrangères.

Qu'importe, je continue. Je dois voir mon amie aujourd'hui, et il est hors de question que mes douleurs me pourrissent la journée, alors je prends une dose de tout.

Moi, Émilie la raisonnable, la réfléchie...l'infirmière, en plus. Je cède à ces pilules du bonheur. Je plane, mais j'ai mal en sourdine, et mes intestins crient, crient, crient. Je m'en évanouis en plein milieu d'un magasin, incapable d'en supporter d'avantage...c'est trop, beaucoup trop pour un seul Ingénieur : il a coupé toutes les lignes. Je me réveille sur un banc, dehors. Elle est là, mon amie, à me sonder du regard. Je sais la question qu'elle se pose. Elle sait sûrement que je n'y répondrai pas, alors elle se tait et me serre dans ses bras. Je ne peux pas lui confier ma détresse, c'est impossible, car je ne sais pas ce qu'il se passe, je suis dans le brouillard, je ne veux et ne peux pas voir la réalité, la vérité. Si je lui dis que j'ai peur, j'ouvrirai la vanne et ne pourrai plus la refermer, alors je me mure dans le silence. Et la souffrance sait, elle, que qui ne dit rien consent, alors elle continuera de sonner l'alarme, sans cesse, sans répit aucun...

DÉCEMBRE 2016 : IDÉE DE GÉNIE, IDÉE D'ÂME

Et puis un jour, je me dis que la nature est trop bien faite pour que cette douleur ne serve à rien d'autre qu'à me faire du mal inutilement. Je me dis aussi que les médecins ne détiennent pas toute la vérité, au même titre que les voyants. C'est à moi de décider à qui et à quoi je donne du pouvoir. Vais-je me lamenter et rester recroquevillée sur moi-même ainsi longtemps ? Cela a-t-il une utilité ? En donnant du pouvoir aux paroles des médecins me qualifiant de « foutue », ne me suis-je pas condamnée ?

Moi qui me targue d'être autonome et indépendante, préférant la sensation de liberté à celle du bonheur : ne me suis-je pas rendue prisonnière et victime par de simples mots ? Aurais-je continué d'avoir si mal, si on m'avait dit (et si je m'étais persuadée de cette phrase) : « Tu vas t'en sortir Émilie : tu peux y arriver et aller mieux ! ». Je repense à l'effet placebo et à une expérience que j'avais pratiquée : lorsque je donnais les traitements avec le sourire, les patients ne me réclamaient jamais par la suite. Si toutefois je le faisais sans rien laisser paraître sur mon visage et sans parler, la sonnette ne mettait pas longtemps à se faire entendre. Faut-il que je sois si aveugle pour ne pas voir et comprendre ma douleur ? J'ai laissé du pouvoir à des mots, je les ai laissés me définir. J'ai rangé celle que je suis au fond d'une pièce obscure et sombre, je me suis laissée mourir à petit feu. La peur, la culpabilité et l'ignorance ont bien fait leur travail. Ainsi que la colère, bien entendu. Il est tellement plus simple de chercher un coupable à tous mes malheurs et de lui donner de l'importance. « Émilie, tu t'es perdue toi-même, pire, tu as perdu l'espoir. Tu as oublié à quel point tout est possible ».

Qui a soufflé cela dans ma tête ? Cette voix, cette certitude dans mon être. Je la connais...c'est celle que j'entendais et sentais lorsque j'étais enfant. Je SAIS. Alors mon Infirmière, de son côté, se dit que cette voix n'a pas tort, elle sait qu'il n'y a pas que la médecine moderne. Il y a d'autres choses, d'autres vérités, non ? Mon Ingénieur, se redresse, intrigué, et se demande quel organe a bien pu m'insuffler une telle idée.

Mes intestins apprécient en tout cas, j'ai des papillons dans le ventre, et mon cœur chante d'espoir...

Je frissonne. C'est ainsi que je fais la connaissance de cette autre « personne en moi », mon guide intérieur, mon mage intérieur...celui qui me fait trembler de vérité, frissonner au son d'une musique qui m'émeut, vibrer lorsque je suis en accord avec elle...C'est Toi, mon Âme. C'est ainsi que j'ai fait ta connaissance, que j'ai mis un nom, un mot, une vibration sur les ondes que tu me transmettais. Tu SAIS et, parce que tu SAIS, je te suivrai...

Je passe des heures sur l'ordinateur à lire des centaines d'articles sur l'aromathérapie, la médecine chinoise, les soins énergétiques, la phytothérapie, l'hypnose, l'homéopathie, le magnétisme...

Continue, me dit mon Âme, rien n'est perdu, je le sais...

Je prends rendez-vous chez une magnétiseuse qui me donne une séance de Reiki. Il est clair qu'il se passe quelque chose : ce n'est pas psychologique c'est certain, je sens l'énergie qui circule en moi, me traverse comme un courant. J'ai moins mal alors qu'elle ne m'a pas touchée une seule fois. Je suis impressionnée...

Continue, me répète mon Âme, rien n'est perdu, je le sais...

J'essaye l'aromathérapie et la phytothérapie. Je suis émerveillée par le pouvoir des plantes et comprends que j'avais raison en étant enfant : la nature est la plus belle des artistes, et elle est d'une générosité sans limite...

Continue, me répète encore mon Âme, rien n'est perdu, je le sais...

Je me rends chez l'acupuncteur. Idem. Je sens l'énergie en moi, ces vagues, ce courant...et ça me donne envie de pleurer. L'acupuncteur me dit qu'il y a de la colère dans mon foie, dans mon être, et qu'il faut que je lâche prise...mais non, il ne faut pas, pas maintenant, sinon, ça m'inondera.

Continue, me répète une nouvelle fois mon Âme, tu y es presque, je le sais...

J'appelle mon ami, Cri-Cri. Il me donne rendez-vous et me dit que ça tombe bien car il s'est formé à une nouvelle technique énergétique. Il appelle ça Kolaimni... Je lui dis : « Quoi donc ? Colibri ? Qu'est-ce que c'est encore ce truc-là ? », me dis-je.

« Je ne sais pas ce que fume mon ami, mais ça doit être de la bonne !», pensé-je quelques temps plus tard lorsque je l'entends bailler alors qu'il fait des passes au-dessus de mon corps. Il me dit de fermer les yeux. J'ai du mal, car franchement, j'aimerais comprendre ce qu'il fait, et cela échappe tellement à l'Ingénieur que même l'Infirmière ne parvient pas à le calmer... « Lâche », me dit mon âme. Je sens...la chaleur, le courant dans mon corps, mais bien plus loin encore : elle va dans ma tête, dans mon cœur...c'est si doux, si bon de me sentir si légère et prise en charge. Je me sens aimée, revivre, reconnectée, les mots me manquent, j'ai chaud de bonheur...ça bouillonne d'espoir en moi.

Mon cœur gonfle et me souffle : « Lâche » me dit Cri-Cri comme en écho à mon âme ...et enfin, enfin, miracle : le barrage cède, la vanne s'ouvre : mes larmes viennent apaiser la chaleur de mes joues. L'eau est mon salut : elle vient laver mes émotions, ma colère, ma haine, ma rage de moi-même. Comment ai-je pu me détester autant ? Comment ai-je pu vivre ainsi presque 3 ans ? J'ai l'impression que des parpaings s'envolent de mon cœur, je me sens plus légère à mesure que je pleure, je sens les vagues chaudes dans mon cœur qui le caressent, et je pleure encore : ce sont des larmes de joie.

La joie d'être tant aimée, la joie de la gratitude que je ressens de pouvoir ressentir un tel bonheur. Encore aujourd'hui, il m'est impossible de trouver les mots, mais c'était si beau.

C'est comme ça que tout a re-commencé...mon histoire avec la Vie, l'Amour et la Lumière réunis : mon corps, mon cœur et mon âme...enfin sur le même chemin.

Mon ami me conseille de me faire former afin de canaliser mes douleurs, je n'ai pas besoin de dépendre de lui. Je n'y crois pas, c'est trop beau pour être vrai. Selon moi, seules certaines personnes ont le pouvoir de transmettre un tel...Comment appeler cela ? Fluide ? Énergie ?

Mais pas moi. Je le saurais si tel était le cas, non ? Je le faisais, avant, mais c'était mon imagination, non ?

Et puis je ne peux pas faire ça. Pourquoi ? Parce que je suis infirmière, j'ai une formation scientifique, non ? Comment expliquer ces choses-là ? Les prouver ? Et si je ne peux pas l'expliquer, alors comment l'utiliser ?

Pourtant, je sais. Je sais que j'ai eu mal...et que cela disparait après chaque Kolaimni.

Ma douleur n'est pas un leurre...

JUILLET 2017 : TOUCHER LE FOND POUR MIEUX REMONTER

Papy est parti de l'autre côté du voile. Il y a quelques jours, poussée par ma petite voix intérieure, je suis allée le voir. Je me suis retrouvée à l'aider dans la salle de bains, et il m'a dit : « Je ne suis plus bon à rien, vivement que je parte, de toute façon j'en n'ai plus pour très longtemps! ». Je n'ai pas pu répondre. J'ai seulement pris sa main dans la mienne. C'est ce que je sais faire de mieux quand les mots se bloquent.

Son départ est douloureux. Papy incarne la joie, l'humour, la fidélité, l'authenticité, la pudeur : toutes ces petites choses qui font de lui une personne grandiose.

Il me manque déjà dans la matière, et sentir la souffrance de maman me pèse. J'aimerais lui permettre de voir papy de l'autre côté du voile, mais je suis incapable de lui en parler. Je repense à mon idée étant petite : celle d'emmener mes parents devant Dieu, à l'église, pour qu'ils rencontrent mon parrain, et je souris intérieurement. Il n'y a pas besoin d'église pour cela, il suffirait que je dise tout simplement, mais je ne peux pas, m'y refuse et renforce le plafond au-dessus de ma tête, je me barricade à l'intérieur de moi, comme je sais si bien le faire depuis si longtemps maintenant.

Et puis j'ai mal. Décidément, ça continue, inlassablement, cette alarme, ces alarmes...La peur et les traitements ont eu raison de mon système digestif.

J'ai perdu 5 kilos en 2 semaines. Je n'ai plus d'appétit, car tout ce que je mange est une bombe pour mes intestins qui semblent avoir oublié leur rôle. À croire que les antidouleurs ont grillé leurs circuits à eux-aussi. Ils ne savent plus ce qu'ils ont à faire. Ils tournent en rond et me tordent encore de douleur. J'ai toujours eu ce problème, mais là, c'est « puissance 10 000 » comme on dit. On a mis pour mots à ces maux : colopathie fonctionnelle...et je confirme que la seule chose qui fonctionne c'est cette colopathie ! Certains pensaient que j'avais la maladie de Crohn, peut-être même la fibromyalgie, l'intolérance au gluten...mais non , on a étiqueté mes intestins « d'irritables ». Alors, on me prescrit des laxatifs, des anti-diarrhéiques, des décontractants, et on me conseille : « Arrêtez de stresser ! ». Comme si le stress était le seul responsable. Bien-sûr, cela n'arrange rien, mais il est clair que mes intestins refusent de digérer aussi bien certaines émotions que certains aliments, et puis il y a une part de mystère aussi. Parfois, vraiment, je ne comprends pas ce qu'il se passe dans ces mètres de tunnel qui se mettent soudainement à se tordre et à déformer mon ventre comme si une horrible chose cherchait à en sortir.

J'ai mal. Cela me tord et m'oppresse à m'en couper le souffle. Cela monte en puissance, mon abdomen se contracte, je suis au plus haut de la vague et, soudain, tout se calme. Pas longtemps, je le sais, juste le temps de chercher une position plus confortable même si je n'en trouve jamais.

La vague reprend, cela monte, monte et tout s'arrête, comme les montagnes russes. J'ai la nausée, mes tempes cognent, mon cœur se serre. Lui aussi est en souffrance, il saccade, a des extrasystoles. Le cardiologue dit que c'est parce que je suis en manque de magnésium : le stress, la grossesse, l'allaitement, ont dû jouer avec mes stocks. Je n'ai plus rien en réserve et mon cœur se soulève.

J'ai envie d'appeler mon ami, je sais que Kolaimni me soulagera, mais je ne sais pas expliquer tout cela, et l'Ingénieur a besoin de réponses. Et puis, je ne peux pas dépendre de Cri-Cri, ce n'est pas une solution...

Le gastro-entérologue m'envoie chez un chirurgien. Mes intestins sont en souffrance et pleurent des larmes de sang, mon intérieur est lacéré et à vif. Je sais ce que j'ai. Je me suis opérée toute seule...ça aussi, c'est une de mes spécialités : il faut toujours que je me charcute, que j'ouvre, que je dissèque ma peau. J'ai besoin de voir, de savoir, j'ai soif de connaissance du corps humain et ne résiste jamais à l'appel des bistouris que je garde précieusement à la maison.

Le médecin est sidéré. Mon mari a eu la délicate attention de lui expliquer ce que j'avais fait de ma fistule et du reste. N'empêche, j'ai fait du beau travail, qu'il dit, le Docteur. Mais, il va falloir opérer pour de vrai, et faire des travaux d'aménagement à cet endroit si intime...j'ai peur.

J'ai toujours trouvé que notre corps avait de fâcheuses façons de nous faire comprendre que rien n'allait. Les fissures anales et les fistules ont été gravées elles aussi dans ma mémoire...visuelle celle-ci.

La vie ne manque pas d'idées et d'audace pour nous remettre dans le bon chemin.

À défaut de trouver le mien, il semblerait que ma fissure et le reste ont décidé de me faire réagir coûte que coûte, quitte à déplacer les murs de ma peau, les cloisons de mon intérieur. Il faut bien l'admettre, je me sens comme le « cul entre deux chaises ».

Intéressant ces expressions banales qui prennent tous leurs sens quand moi, je ne trouve pas les miens. Je me sens sens-dessus dessous, perdue et apeurée face à cet avenir qui s'offre à moi...ou plutôt, l'avenir que je me suis offert à force de faire la sourde oreille. Certainement pour cela qu'elle saignait elle aussi il y a quelque temps...

Bref, face à cette nouvelle réjouissance, il semblerait que j'ai touché le fond. L'Ingénieur exerce encore son art lorsque le chirurgien m'explique les suites : « douloureux...très...suites opératoires difficiles...plusieurs mois...risque d'incontinence » .

Quel sadique cet Ingénieur, je le soupçonne d'avoir retenu les plus jolis mots/maux pour me faire comprendre que là, ça craint !

Très bien, me revoilà installée pour recevoir une nouvelle fois la magie de Kolaimni. La chaleur revient, j'ai l'impression que des mains caressent mon cœur. J'ouvre les yeux, stupéfaite. Celles de Cri-Cri sont à 5 centimètres environ de mon corps. Deviendrais-je folle ? Je la sens nettement, cette caresse, cet Amour. Doucement, me dis-je, c'est trop pour moi, mon cœur va exploser et j'en suffoque. « Respire », me dit mon ami. « Lâche », me dit mon Âme...

Le barrage cède alors. Je pleure une quantité de larmes digne de celles d'Alice aux Pays des Merveilles. Je m'inonde littéralement, et m'interroge sur le volume de mes pleurs. Est-ce qu'à force de me retenir, mes larmes sont restées en moi, comme dans une réserve ? Est-ce qu'à force de me contenir, je les ai laissées me submerger jusqu'à atteindre mon fondement sous forme de sang ? De m'être noyée dans mon chagrin a eu raison de moi. « Il était temps » me souffle mon Âme. Je lui accorde le droit de me passer une soufflante, je préfère de loin cela à la souffrance.

Cri-Cri ne cesse de me dire de parler : « Desserre les mâchoires, Émilie, cesse de déglutir pour ravaler ce que tu as à dire : parle Émilie, parle », mais je n'y parviens pas. C'est un embouteillage permanent dans ma gorge, j'ai tant à dire que je ne sais pas par où commencer.

Et puis, il sait déjà de toute façon sans que j'aie besoin de l'exprimer : « Tu es une passeuse d'âmes Émilie, une clairvoyante qui s'ignore volontairement, une médium refoulée » m'avait-il dit plusieurs fois. Non, je ne m'ignore pas, je me musèle plutôt, le terme est plus exact. Mais, dans le fond, le résultat est le même...

Mon ami va travailler sur moi à distance, c'est ce qu'il me dit, pour l'endroit à refaire, le bout de mon tunnel lacéré et noyé de sang.

Je n'en vois pas le bout de ce tunnel...je suis épuisée...

Je me rends de nouveau chez le chirurgien aujourd'hui. Je suis avec ma mère. C'est pour être sûre que mon Ingénieur ne me la fasse pas à l'envers : s'il se met en action, hop, l'Ingénieur de maman prendra le relais. Le médecin me dit qu'il ne sait pas ce que je fais, mais qu'il faut que je continue, car presque tout a cicatrisé, et que l'opération n'a pas lieu d'avoir lieu justement...

Je suis sidérée. Que je continue ce que j'ai fait ?? Je n'y comprends rien : je n'ai rien fait ! C'est mon ami qui a travaillé, à distance, en plus...

MAI 2017 : ÊTRE-ANGE, « BIZARRES HASARDS SE MARRENT »

Ce soir, je vais voir Cri Cri. Il donne une séance de naturoquantique à quelqu'un lorsque j'arrive chez lui. Je m'installe donc dans la pièce à vivre en l'attendant et laisse errer mes mains sur les étagères à la recherche du jeu de cartes favori de mon ami. Je vais profiter de son absence pour prouver à l'Univers, et à moi-même surtout, que Cri-Cri a des pouvoirs qui me poussent à tirer toujours la même carte.

Cela fait des semaines que la seule et unique carte qui sort de mon jeu s'intitule : appel à la lumière. Cri-Cri trouve cela drôle et dit que c'est l'appel de mon destin vers Kolaimni. Il me fait rire, mais je n'y crois pas, à tout cela : pour moi, ce sont des hasards. Il rit encore plus, lorsque je lui réponds cela. Un jour, devant mon air ébahi, ma carte « appel à la lumière » dans la main, il riait tant de ce nouveau hasard que j'ai retourné toutes les cartes de son jeu.

Il m'a regardée stupéfait en me demandant ce que je faisais : je lui ai répondu que je vérifiais qu'il n'avait pas mis 52 fois la même carte dans le même jeu. Nous avons ri pendant plusieurs minutes, à nous en décrocher les mâchoires.

Aujourd'hui donc, me voilà seule, et je profite de ce moment pour m'emparer de ce jeu.

Je tire une carte au hasard, et je m'apostrophe avec un air satisfait, j'ai tiré la carte : «Entre et élève toi ».

À cet instant de ma grande satisfaction, Cri-Cri arrive vers moi et, comme une enfant, je cache la boite de jeu vide dans mon dos, et je brandis devant moi, fière comme un paon, la carte que j'ai choisie par hasard. Il rit, et c'est à ce moment que je sens dans mon dos que quelque chose glisse de la boîte toujours présente dans ma main. Une carte : une seule carte restait dans la boîte, et je ne l'avais pas vue. Je la sens glisser, tomber sur le sol, passer entre mes jambes pour terminer sa course entre Cri-Cri et moi. Nos regards se croisent, je ferme les yeux et soupire, car oui, je le sens, cette carte va me rendre chèvre. Je fixe la carte au sol, et il a dû faire de même à en juger par son éclat de rire... « Ça te fait rire, hein ?? Moi, je te dis que c'est impossible ce truc, impossible. D'où elle sort cette carte ??? Je ne suis pas folle quand même ? ». Il hausse les épaules en regardant le ciel : « Bah, l'Univers : quand il sait que quelque chose est fait pour toi, il t'envoie des messages jusqu'à ce que tu comprennes ! »

Ok, ok, je vais le faire, ce stage, mais je n'y crois pas...« Arrête de lutter » semble me dire mon Âme. « Fais ce stage, après tout, il y a peut-être la lumière au bout du chemin ? » me disent en chœur mon Ingénieur et mon Infirmière, poussés par le courage de ma Guerrière.

NOVEMBRE 2017 : ET TOUT, S'ÉCLAIRE/C'EST CLAIR...

« Kolaimni est une technique de soins énergétiques qui nous vient d'une Amérindienne nommée Mechi Garza. Kolaimni changera certainement votre vie, il y aura un avant et un après » ...

Je souris : bah voyons...Vends-nous du rêve...

Je suis venue, au stage : c'est à deux pas de chez moi. Drôle de coïncidence quand on sait que la formatrice est Américaine depuis 35 ans. Elle fait ses formations ici, chez sa sœur.

Et comme par hasard, j'ai connu cette personne lorsque j'avais 18 ans. Je faisais un job d'été au sein de ma commune. Elle y gérait un musée et m'avait incitée à y exposer quelques-uns de mes tableaux. Cela m'avait beaucoup touchée et aidée à prendre confiance en moi...

Et voilà que sa sœur, aujourd'hui, me parle de Kolaimni : « se connecter à la lumière » elle dit...cela va être facile, il n'y a qu'à appuyer sur l'interrupteur, me dis-je. Je suis perdue. Mais rassurée, car il y a une aide-soignante dans le groupe, et les autres personnes semblent tout à fait « saines d'esprit ». Je pense à mes formatrices de l'IFSI[7]. Si elles me voyaient là, elles feraient une syncope, non ?

Quant à mes collègues, elles riraient de moi et croiraient certainement que je raconte cela pour rire. Je dois avoir l'air ridicule, et si le ridicule ne tue pas, dans ce cas rien qu'en l'espace de cette journée je vais gagner la vie éternelle ! Mince, qu'est-ce qu'elle a dit Marie-Hélène, là ? Je crois que j'ai loupé un wagon. Elle me plait. Elle est drôle, humble, modeste, simple. La seule promesse qu'elle ait faite c'est qu'il y aura un avant et un après Kolaimni. Je veux bien le lui accorder...après tout l'avant et l'après définissent chaque instant que je vis : alors soit.

Elle nous montre comment faire. J'ai chaud. Hasard, coïncidence ? Mes mains sont gelées, mais elles me chauffent tellement que je suis persuadée qu'un feu va s'y allumer ! Je n'ai jamais ressenti une telle chaleur de ma vie, cela me brûle au-dessus de la tête, et dans mes paumes. Nous sommes en plein mois de novembre, et me voilà en débardeur tant la chaleur me gagne. Que m'arrive-t-il ? Certains ressentent des choses pendant qu'ils donnent un Kolaimni aux autres. Moi, je ne ressens rien, si ce n'est cette chaleur brulante. Je ne suis pas frustrée car je ne suis pas dans l'attente de quoi que ce soit.

Ma seule volonté est de réussir à canaliser mes douleurs.

---

[7] Institut de Formation en Soins Infirmiers

Ici, j'ai l'impression de retrouver ce que Lathara m'a transmis : chacun a la capacité de transmettre la lumière, c'est comme l'amour. Kolaimni est une façon de faire, et il y en a plein d'autres.

Marie-Hélène a dit aussi quelque chose qui m'a plu : nul ne peut obliger quelqu'un à aller mieux, c'est le choix de chacun, et Kolaimni respecte ce libre arbitre...

Elle me rassure en disant que nous n'avons pas à croire en quoi que ce soit, en un Dieu ou je ne sais quoi d'autre...la religion appartient à chacun et ne change pas le fait que nous ayons tous la capacité de nous aider et d'aider l'autre.

Tant mieux, j'ai déjà bien des difficultés à croire en moi, alors pour croire en un Être Suprême, merci, mais non merci. Je me suis fait la promesse de fermer cette porte, et de ne plus croire en toutes ces choses invisibles qui m'ont valu de me sentir abandonnée, rejetée, et surtout handicapée dans mon métier. Je ne suis pas partisane de la phrase « je ne crois qu'en ce que je vois », mais je préfère éviter en général le mot « croire » qui me met face à trop de « si », de peur, d'hypothèses qui me donnent mal au crâne rien que d'y penser. L'Ingénieur n'a pas besoin de cela, du moment que ses alarmes se taisent, tout va bien.

Quant à l'Infirmière, tant qu'elle peut donner, alors elle est heureuse. Et mon âme ? Mon âme frissonne, elle rit de bonheur de me savoir ici. Je la sens, elle vibre comme jamais.

Elle me reconnecte à l'enfant que j'ai été et qui a cessé de croire, parce que croire c'était « imaginer » et « qu'imaginer » ça dérangeait...ça prenait du temps aussi, de se poser autant de questions, et d'y trouver des réponses...

Mon âme soupire : « Les réponses sont là, bougre d'andouille d'Émilie. Tu les avais toutes en toi, et tu les as enfermées, mais c'est comme les résultats de tes examens médicaux que tu as cachés : les cacher ne les a pas rendues inexistantes...

Elles étaient là, sous ton nez, et en toi, dans ta mémoire, en plus. Les réponses à tes croyances sont en toi aussi, avec celles de la Vie. »

Je frissonne doublement. J'ai si chaud, et si froid. Un courant d'air me traverse, la dualité me gagne. Je suis Gémeaux, certainement pour cela que je suis toujours entre deux. Voilà que je parle de signe astrologique maintenant, mais c'est n'importe quoi ma parole je deviens folle ! J'ai la sensation d'étouffer subitement. Je sais pourquoi. J'ai peur. Peur de sortir de ma zone de confort, peur de déterrer la petite fille que j'ai été.

Elle est si bien ma zone de confort : j'y suis installée sur un canapé avec un tableau sur le mur sur lequel est écrit en gros : 2+2=4, 3+3=6, avec des belles équations, des fonctions exponentielles expliquant que parce que a=2 eh bien, b=3...il y a des beaux théorèmes aussi, et puis des livres de biologie avec des schémas de l'anatomie, quelques livres sur l'astrologie et l'Univers, mais ceux-là, je les garde sous clé...car trop dangereux. Je repense au fameux magazine que j'aimais lire, et celui qui m'avait troublée. Bien qu'une partie de moi fût d'accord avec ces questionnements et hypothèses, j'ai préféré, depuis, ranger cela sous clé et me résoudre à marcher dans les couloirs de la science, bien décidée à expliquer le pourquoi de ce qui nous entoure...

Sauf que...maintenant, je dois bien avouer que ma zone de confort est illusoire. Elle s'appuie sur de belles choses bien droites qui ne tiennent plus debout, car les fondations n'ont aucune explication : la science m'a permis de répondre au COMMENT, mais jamais au POURQUOI ?

Comment les fleurs se reproduisent, comment fonctionne le temps, comment respirons-nous ? Ok, cela je gère...mais pourquoi ? Quelle est la raison, le sens de tout cela ? Je n'ai eu aucune réponse, car lorsque j'en ai trouvé une, à chaque fois elle remontait une autre question à laquelle je ne pouvais répondre...

Pourquoi les fleurs se reproduisent-elles, pourquoi le temps fonctionne ainsi et pas autrement, pourquoi respirons-nous ?

Finalement, le pourquoi revient à se poser la question « Quel est le sens de tout cela ?». Et si je me remémore tout mon passé, je tremble de frayeur.

Car je n'ai toujours pas expliqué mes visions, mes pressentiments et mes conversations avec l'au-delà. J'ai tu tout cela.

Et alors que j'y pense, étrangement, une stagiaire pose une question ou plutôt, LA question : « Si Kolaimni nous permet de devenir canal , se peut-il qu'une médiumnité refoulée se révèle par ce biais ? ». Mon Dieu, lit-on dans mes pensées ? La réponse de Marie-Hélène me sidère : « Oui, c'est fort probable». Je n'écoute pas la suite, trop déconcertée par mon corps qui me trahit : mes intestins se nouent et se dénouent, mon souffle se coupe. Et pourtant, mon cœur bat comme jamais, comme s'il reprenait vie. Mais je bloque, je bloque encore ces impressions qui sont les miennes, je fais taire cette partie de moi, revisualise ce plafond que j'avais si bien construit au-dessus de ma tête ainsi que toutes les portes que j'avais fermées. Jusqu'ici, je restais dans ma zone de confort, bien installée sur les « comment » auxquels j'ai pu répondre. Mais je commence à étouffer, cela m'oppresse même. Et aujourd'hui, cette place ne me convient plus. Ce tableau noir m'exaspère. Après tout, si 2 valait 3, alors 2+2 feraient 6. Rien ne tient...Einstein avait raison, le temps, l'espace...toutes ces notions sont des modes de pensées créées par l'être humain pour l'aider à se repérer. Je perds pied, j'ai peur...mon canapé s'écroule, mes livres, mes schémas, mon tableau noir se fissurent. Il faut que j'ouvre une fenêtre. L'angoisse me reprend. Depuis quelque temps, ça me dévore comme cela tous les jours, et à cet instant, l'angoisse se fait imminente et violente.

C'est là que je comprends, ce n'est pas la fenêtre de la pièce dans laquelle je me trouve qu'il faut que j'aille ouvrir, c'est celle de ma zone de confort. Je ferme les yeux et écoute Marie-Hélène : j'ouvre la trappe au-dessus de ma tête. Il fait beau, le ciel est bleu, la nature chante, elle me rappelle à la Vie, elle me ramène à la Vie.

J'ai envie de sortir d'ici, de la rejoindre. Et puis je réalise que nous faisons partie d'elle, de la Vie, la Terre, de la Lumière...de l'amour. Nous sommes Amour. Je le sais.

Mon Infirmière l'a toujours su, puisque c'est avec Lui qu'elle répondait à la tristesse et à la colère.

J'ai bien envie de quitter ma zone de confort, mais j'ai peur. L'herbe a l'air vraiment plus verte à côté mais le restera-t-elle ?

Je sais ce que je perds, mais pas ce que je gagne. J'ai peur de devoir tout reconstruire, tout recommencer, tout remettre en question...

Vous connaissez certainement assez la peur pour savoir qu'elle fait de vous l'équivalent d'un tableau abstrait. J'ai l'impression d'être une toile de Picasso, lorsque la peur me tenaille : tout est sens dessus dessous, et rien n'a de sens quand j'y repense. Pourtant, sur l'instant, je suis persuadée que d'écouter le chant des sirènes va me sauver d'une situation mortelle. Alors que nul n'est sans savoir et connaître la dangerosité des sirènes. Les miennes sont épuisantes, elles m'ont à l'usure, elles deviennent des alarmes incessantes et hurlent à mon Ingénieur : « Laisse la lumière de côté, tu ne peux pas croire à cela. Reste avec nous, reste avec ta souffrance, tu la connais au moins celle-là. Nous seules savons ce qui arrivera si tu continues ton chemin, et crois-nous, tu risques beaucoup. Que vont penser les gens de toi ? On va se moquer de toi, t'humilier même. Tout cela n'existe pas Émilie, tout cela est trop beau pour être vrai, reviens-nous, reviens à ta souffrance...elle seule permet de te prouver que tu es bien vivante ». Le chant des sirènes fait alors son petit effet : mon Ingénieur, si réjoui et ravi d'avoir découvert Kolaimni, se questionne.

Il ne lui en faut pas beaucoup pour entrer dans l'analyse et l'interrogation, c'est son travail après tout. Et le chant des sirènes fait écho à ses questions sans réponses. Il hésite. Les sirènes le sentent et continuent leur incessante mélodie de malheur.

La brume et le brouillard envahissent mon Ingénieur, il se persuade alors que je suis en danger, regarde le tableau de bord et, sûr de lui, appuie sur mon Hypothalamus : « Réveille-toi ».

L'ordre est donné, et ce dernier, dans un grand sursaut se met à tousser et expulse son messager apeuré qui se hâtera de pénétrer le Royaume de mes glandes surrénales. Celles-ci se sentiront alors effrayées et enverront leurs défenseurs préférés nommés Adré Naline et Corti Sol entre autres... Adré Naline est vif et révolté, son rôle est de me maintenir en Vie quoi qu'il en coûte.

Il met en place toute son Armée, et ses troupes envahissent maintenant mon sang. Mon cœur bat à plein régime, mon Infirmière se perd dans le rythme effréné de mon muscle cardiaque survolté entraînant dans sa folie mes poumons jusqu'ici relaxés, ma respiration s'accélère. Mon Infirmière crie pour me calmer, mais je ne peux pas...Je suis spectatrice des propres réactions chimiques de mon corps. L'entendre me crier de me calmer ne fait qu'accroître mon désarroi, Adré Naline et ses troupes prennent cela comme un nouveau danger et accentuent leur défense. Cela me coupe le souffle, j'ai chaud, mes mains deviennent moites, ma vue se brouille.

J'ai peur. Je vais mourir, au secours...Adré Naline m'entend : « Mourir ??!!! Ah ça non !!! » Il reprend de plus belle son travail et m'inonde littéralement. Dans mon sang, il est comme un poisson dans l'eau...un poison devrais-je dire. J'ai peur. « Respire », me dit mon Infirmière. Je cours vers la fenêtre et l'ouvre en grand : j'inspire, j'expire, j'inspire, j'expire. Qui a dit que respirer était un jeu d'enfant ? Ou alors c'est que je suis devenue trop adulte pour me rappeler comment respirer. J'ai perdu l'automatisme et la spontanéité de ma respiration, trop concentrée à me contrôler, j'ai oublié comment respirer. C'est bon, la tempête est passée. Je pleure maintenant, mes larmes m'inondent et distillent le poison.

C'est lui qui se noie désormais, et c'est tant mieux. Mon âme frissonne : « Tu as peur de la peur, Émilie, c'est très sage, tu sais. »

Je ne sais pas si c'est sage, mais à chaque fois je crois y passer.

Savez-vous qu'en moyenne, plus de 90% de nos peurs ne se réalisent jamais ? Cela veut dire que nous passons notre temps à distiller un poison pour rien. La peur est saine lorsqu'elle est nécessaire. Elle nous permet de ne pas recommencer à nous brûler lorsqu'on a déjà goûté à l'appel du feu. Alors là, je dis : « merci la peur », mais franchement, pour tout le reste, ça devient épuisant. « Il faut arrêter de stresser, voilà tout ! » Les y'a qu'à faut qu'on se donnent le mot pour me conseiller, et vous remarquez encore que con est partout...bref...ne pas stresser, ce serait bien, mais comment fait-on ?

Me voilà donc à inventer, ce soir, ma méthode basée sur la communication avec soi-même...ou plutôt avec toutes les moi-mêmes, car nous sommes nombreuses apparemment. Dans communication il y a con aussi, mais c'est un « m » qui prend la place de « n », et je préfère de loin l'aime à la haine.

Je ferme les yeux, et j'entre dans ma tête : un petit bonjour à l'Ingénieur, et je m'installe sur une chaise, là, entre le lobe temporo-frontal et le cervelet, quelque part au milieu de mon cerveau, et devant mon Ingénieur désappointé, je lui intime de me laisser parler. C'est moi qui commande donc qu'il se taise. J'envoie un petit texto à mon Infirmière et mon Âme : « Tout va bien, laissez-moi faire ». Et j'attends, pas longtemps, car cette situation est inhabituelle donc forcément, vous pensez bien que l'Ingénieur, à force de tressaillir et de reculer devant l'inhabituel, viens de se heurter sans faire exprès à l'Hypothalamus...et vous connaissez la suite. La voilà donc : Madame la Brume, Madame la Peur qui prend forme autour de moi. Je lui montre la chaise face à moi, et je la regarde s'assoir avec un air soupçonneux. Cela ne doit pas être facile d'être la Peur, imaginez un peu, d'avoir peur c'est contraignant, mais d'être la peur c'est tout un drame, incarner cet état tout le temps ce doit être épuisant. Je le vois bien à son visage blême, et à ses yeux globuleux qui tournent sans cesse dans toutes les directions, certainement à l'affut d'un éventuel danger. « Bonjour ! ». Elle sursaute. Je souris, elle semble s'inquiéter.

Je soupire...Quel langage parler à la Peur, lorsque tout ce qu'on fait est analysé comme étant étrange, et potentiellement dangereux ?

Mon cœur se serre devant son air affolé, mon Infirmière a de la peine pour cette Peur Incontrôlée. Ce qui me donne une idée : la plaindre, oui, l'écouter me parler, et c'est ce qu'elle va faire. C'est ainsi qu'elle m'explique qu'elle ne me veut pas de mal, mais qu'elle se souvient que, lorsque j'étais petite, on s'était moqué de moi lorsque j'avais dit que je voulais être guérisseuse. Elle me rappelle la peine que j'avais ressentie. Elle ne veut plus cela pour moi.

J'entends, oui, j'entends, mais je ne collabore pas avec la Peur, elle a le droit de penser cela, oui, mais j'ai une autre pensée que je lui soumets alors. A-t-elle remarqué combien je suis heureuse depuis que j'ai découvert Kolaimni ? Même mon Ingénieur peut en témoigner, les alarmes de la Douleur ont laissé place à la Douceur. Mon Ingénieur s'avance timidement et l'admet. Je devance Madame la Peur qui, je sais, va me sortir le coup du : « Oui, mais pour combien de temps ? », et lui explique que même si cela ne dure qu'un temps, c'est toujours du temps en moins de souffrance pour Moi, et c'est ce qu'elle veut, non ? Elle réfléchit, et je profite de ce temps de réflexion pour lui proposer un deal : « On se connait depuis toujours, je te dois la vie pour certains moments du passé, comme, par exemple, cette fois où j'ai manqué de me faire rentrer dedans par une voiture. Mais plus souvent ça n'a pas l'effet escompté (je lui sors l'éternel et très juste : « La peur n'évite pas le danger »). Bien des fois j'ai eu si peur que j'en ai été paralysée et j'en ai raté des évaluations. Cela ne m'a pas aidée du tout, bien au contraire. Alors, je te propose de te manifester quand j'en aurai besoin, ok ? Toi, cela te permet de te reposer, et je te conseille fortement de le faire car tu as grise mine ». Voilà, maintenant elle s'inquiète pour elle et c'est très bien ainsi...mission accomplie...

Tout cela brise les protections ajoutées à mon être depuis quelques années. Le plus fastidieux étant de casser le plafond pour y faire entrer la lumière, mais franchement, cela en valait la peine.

Même si cette dernière a été un peu trop présente, je ne peux pas lui reprocher sa persévérance !

Alors voilà, tout est clair, c'est clair, et tout s'éclaire : j'ouvre une trappe au niveau de mon plafond, me laisse bercer par l'Amour, la Vie et la Lumière. Mon Ingénieur accepte qu'il ne puisse pas répondre à toutes ces questions, il me veut en vie, il souhaite la vie. Et parce que mon Infirmière n'est qu'Amour, je ne peux que comprendre ce que veut dire Marie-Hélène. Quant à ma Guerrière, elle n'est plus en colère, elle a la rage...la rage de vivre !

Je suis capable d'aimer, de m'aimer aussi, et c'est déjà tant. L'Amour est un puissant remède...

Je ne vois pas la Lumière dont parle Marie-Hélène, mais je la sens nettement lorsque je reçois l'Amour, car cela éclaire mon chemin, et enfin, j'en vois le bout, de ce foutu tunnel...

DÉCEMBRE 2017 : AMOUR ET LUMIÈRE

Naël a souvent mal au ventre. Quand cela arrive, il s'assoit sur mes genoux, prend ma main et la pose sur son abdomen, pour me signifier qu'il attend de moi que je le masse.

Si je sais me faire comprendre d'un seul regard, Naël sait se faire comprendre d'un seul geste, il ne parle jamais ou presque. Aujourd'hui, c'est moi qui ai été sans voix. Il s'est placé sur mes genoux, dos contre mon torse. J'ai commencé à masser son abdomen mais, il a vivement pris ma main et l'a laissée à quelques centimètres au-dessus de sa peau tout en lui faisant faire des cercles dans le vide. J'ai remis ma main sur son ventre, et il a recommencé. Je suis donc restée ainsi et lui ai fait un kolaimni. Il a regardé ma main, comme obnubilé par ce qu'il y voyait, et m'a pris le poignet pour tourner ma paume vers le ciel.

Il a caressé le bout de mes doigts puis le talon de ma paume, et a murmuré : « Lumièèèèè, beau !!! ». Je ne parviens toujours pas à retrouver ma voix : il vient de parler, et en plus, ce qu'il me dit me scotche littéralement. Il a remis ensuite ma main au-dessus de son ventre, j'ai continué le soin énergétique. Soudain, il s'est positionné face à moi, et m'a serrée dans ses bras. Je crois qu'il ressent autant mon Amour que la Lumière. On dit que les enfants atteignent l'âge de raison à sept ans, pourvu que, lui, garde son âme d'enfant...

2018 : PRISE DE CONSCIENCE, RETOUR DES SENS DE MON ESSENCE

Je ne peux plus refermer la porte qui s'est ouverte devant moi, je ne peux plus faire semblant qu'elle n'existe pas, je ne peux plus l'ignorer, je ne peux plus me dire que c'était mon Imagination...et quand bien même d'ailleurs, au diable ceux qui m'empêcheront d'y accéder et d'entrer par cette porte, d'où provient cette Lumière si intense...

Certains la voient, moi je la ressens. Dans tout mon être, dans tout mon cœur et mon corps, je me sens transcendée et aveuglée, et à chaque Kolaimni que je donne, mes larmes coulent pour soulager mes yeux de cette Lumière, peut-être, mais aussi pour apaiser mon cœur de cet Amour si grand. Marie-Hélène a raison, notre corps n'est pas conçu pour comprendre et concevoir de telles sensations...pas encore, car peut-être que ces temps viendront...

Cette porte sur mon chemin ne veut plus être refermée et condamnée. J'ai trouvé les clés au fond de mon cœur, mon Âme les avait transmises à mon Infirmière...celle qui me poussait sans cesse à agir avec Bienveillance et Amour devant cet Ingénieur stupéfait de me voir toujours plaindre ceux qui me font du mal plutôt que de les détester, parce que leur méchanceté est source d'insatisfaction. Comme un enfant qui a peur de se sentir abandonné et qui crie sa souffrance à en perdre haleine, devenant un véritable « démon » aux yeux de ses parents...

Je les plains d'être si malheureux au point de faire souffrir les autres comme pour alléger leurs propres souffrances.

Alors que faire maintenant que cette porte est ouverte ? Comment retourner à mon travail « d'usine », et de non prise de conscience, maintenant que mon équipe de choc est réunie, maintenant que j'ai retrouvé celle que j'étais, maintenant que je sais, maintenant que je Suis ...Mon cœur se crispe, mon bras se bloque, mon cou grince, mon deuxième cerveau se tord : « Tu ne peux pas, tu vas te perdre et ne plus trouver le chemin de cette porte ».

Parce que, pour me protéger, mon Ingénieur sera forcé de perdre les clés.

Alors que je redécouvre la porte, mon passé me rattrape, me rappelant l'avenir qui est censé m'attendre : la reprise de mon travail d'infirmière. Alors que je suis sur le point de prendre la plus grande décision de ma Vie, voilà que ce corps me pousse dans une souffrance sans limite. Je serai de toute façon licenciée, car déclarée inapte. C'est dur, affreux même. Je sais que la Lumière m'aidera, mais je n'ai pas encore conscience de l'ampleur de cela lorsque je lis sur le papier : « inapte au poste d'infirmière » ...

Je suis sous le choc et, en même temps je me devais de dire la vérité au médecin du travail, et à moi-même. Car oui, mes cervicales, mon dos sont foutus et mon métier ne me permettra pas de les préserver, de protéger le peu qu'il m'a détruit...et je pourrais y retourner, et me mettre en arrêt régulièrement afin de me préserver, mais je refuse d'être un poids pour les autres. C'est à moi, et à moi seule de trouver la solution, et de changer de chemin. Alors que je me trouvais perdue et confrontée à ce papier qui me définissait comme foutue à l'image des denrées périssables, mon mari me dit alors : « Cesse d'avoir peur, il y a bien quelque chose que tu souhaites faire au plus profond de ton cœur, quelque chose qui te fait vibrer ». Oui, il y a mon Infirmière qui pleure d'avoir été rejetée car elle se croyait faite pour cela depuis toujours. « Et guérisseuse alors ? » Mon Âme me parle. Guérisseuse ??

Le souvenir de la conseillère en orientation me fait sourire. Celui de celle que j'ai consultée me revient en mémoire aussi. Et si je n'y parvenais pas ?

C'est là que Julien me répond : « Émilie, quand tu veux atteindre le haut de la montagne, et que tu trébuches, que se passe-t-il ? ». « Eh bien, je retombe tout en bas ? »... « Tu es sûre de ça ? N'y a-t-il pas des obstacles sur cette montagne que tu auras dû franchir plus tôt et qui pourront te servir plus tard dans ta chute ?? Il y a toujours un arbre, un caillou, quelque chose pour retenir celui qui trébuche en grimpant la montagne » ...Julien est philosophe. L'image de la montagne s'est ancrée dans ma tête, et comme d'habitude lorsque les choses deviennent trop sérieuses, je réponds avec humour et en levant les bras au ciel : « Mais alors, cher Univers que faire ? Que vais-je faire de mon avenir ? ». C'est mon ami Cri-Cri qui fait cela habituellement, il dit qu'il suffit de demander et d'être disponible pour recevoir les réponses. Il me fait rire...

C'est alors que Marie-Hélène me contacte le lendemain par Skype. Suite à la formation, j'avais des questions à lui poser et elle m'envoie un message afin de me dire qu'elle est disponible. Je suis pressée, cela fait deux semaines que j'ai plein de questions à lui poser sur les protocoles qu'elle m'a enseignés.

La voilà face à moi, sur l'écran. « Comment vas-tu, mon Émilie ? ». Je lui fais part de mes questions, elle me répond, puis je l'informe sur mon état. Mon inaptitude physique, et spirituelle à pouvoir continuer ce que je pensais être le plus beau métier du monde. Alors que je la regarde, le temps semble s'arrêter, je frissonne, et elle me répond d'une voix posée : « Et pourquoi ne deviendrais-tu pas instructrice ? ». Quoi ?? Je rigole puis je m'arrête devant son air étrange, elle regarde à sa gauche, puis à sa droite et me dit : « On dirait bien que cette question ne vient pas de moi, mais je suis d'accord avec ce qu'on m'a poussée à dire ! ».

Si je ne l'aimais pas autant, je crois que j'aurais fui ! Car, elle me fait peur, de quoi parle-t-elle ? Y a-t-il quelqu'un avec nous que je ne pourrais voir ?

Je frissonne...Cela devient de plus en plus fréquent en ce moment lorsqu'une vérité s'impose à moi.

Je n'ai pas confiance en moi, et puis, je veux en parler avec mon ami Cri-Cri, avant, alors je réponds non. Elle me dit de réfléchir, et que la nuit porte conseil. Si elle savait...et peut-être qu'elle savait d'ailleurs.

Tandis que je relate cet étrange moment à Julien, qui me dit être folle d'avoir refusé, je vais me coucher.

Un bâtiment avec des menuiseries blanches. Je me trouve dans la cour, à l'arrière. Il y a, à mes pieds, un rosier si petit, que je le vois à peine. Il semble « mort ». « Tu peux le faire, Émilie ». Je cherche autour de moi qui s'est imposé ainsi dans mon esprit.

C'est alors que je la vois, sur ma gauche : grande, lumineuse, souriante, sa tresse sur le côté, en habit amérindien...

Elle hoche la tête pour affirmer ce qu'elle a dit. « Non », retorqué-je. Je suis têtue, même dans mes songes ! Marie-Hélène et sa sœur sont à ma droite : « Eh bien si, et tu vas le faire !». Mechi pose ses deux mains sur mes poignets et me guide au-dessus du rosier. Soudain, il pousse, grandit, s'étend dans une lumière éblouissante, je suis aveuglée et enivrée par son odeur si intense et apaisante. « Tu vois ? ».

Elle me sourit. Je la regarde, stupéfaite, non pas par ce qu'il vient de se passer, mais par sa beauté, et cet Amour qu'elle semble me vouer. Je perçois alors derrière elle, ma mère et mon papy. Émue, je remarque à leurs côtés ma petite sorcière, Lathara, mon parrain. « Je les ai retrouvés », pensé-je. Je suis si heureuse. Ils semblent si confiants envers moi. Papy me fait un clin d'œil : « Fais-le ».

Une fois éveillée, je reste longtemps allongée à revoir ce rêve. Et je sais que ce n'en est pas un...

On dirait bien que je ne peux plus faire barrage. La petite magie-sienne est de retour. Et s'il faut être sincère, j'en suis perturbée mais, finalement très heureuse. C'est si bon de me retrouver. On dirait que je retrouve une amie, une sœur, une confidente ressuscitée : tout cela à la fois. Je suis chez moi, enfin de retour. J'accueillerai donc pleinement le rôle qu'on me propose. Rien n'a jamais été aussi fluide dans ma vie que de devenir formatrice Kolaimni, tout s'enchaîne avec grâce et simplicité. Je n'avais pas de salle de formation, mon mari m'en improvise une dans notre garage. Je dois être formée pour être instructrice alors que Marie-Hélène est aux États-Unis, et finalement, un évènement précipite son retour en France. Tout va si vite que je n'ai pas le temps de comprendre ce qu'il m'arrive. C'est lorsque je réalise qu'il me faut en parler autour de moi, que cela semble se compliquer. Comment vais-je annoncer à mes proches mon changement de métier ?

Il ne s'agit pas là d'annoncer de passer d'infirmière à fleuriste, mais d'infirmière à formatrice en soins énergétiques : passer d'un métier dans le monde du visible à celui de l'invisible...

AOUT 2018 : TRUC DE FOU

Au lieu de passer mon temps à tergiverser sur la façon de parler de mon « changement de métier », j'ai décidé de faire du tri dans ma bibliothèque et, ce faisant, un livre est tombé. Je le regarde, il git à mes pieds, ouvert, les pages contre le sol. Je lis sur la couverture : « Diagnostics Infirmiers ». Tiens donc ! Voilà un livre que j'ai ouvert quantité de fois durant ma formation, et même après...Je me baisse, le ramasse à la page où il est tombé et perçois deux mots qui m'interpellent : « champ énergétique ». Bien sûr, cela me rappelle ma formation en soins énergétiques, et je me dis que c'est encore un curieux hasard, mais ce que je lis ensuite me stupéfait littéralement :

« *Champ énergétique perturbé* : modification du flux énergétique entourant la personne, se traduisant par une disharmonie du corps, de la pensée ou de l'esprit (...) le diagnostic relève d'une théorie particulière (...) et les interventions proposées nécessitent une formation théorique et pratique spécialisée (...) certains peuvent considérer ce diagnostic discutable. Il est peut-être nécessaire pour chaque infirmière de se rappeler qu'il y a beaucoup de théories de philosophie et de systèmes qui servent de fondement à la pratique infirmière, tout comme il y a beaucoup de définitions du client et des contextes dans lesquels évolue la pratique (...) Les diagnostics infirmiers ne doivent pas être représentatifs uniquement de ce qui se fait dans les milieux traditionnels (...) Au lieu de s'inscrire en faux contre un diagnostic qui ne s'applique pas à sa propre situation, il serait peut-être préférable de célébrer la diversité qui existe au sein de la profession.

Au fond, toutes les infirmières sont unies par le désir commun d'améliorer la situation des clients, des familles, des groupes et des collectivités.

CARACTÉRISTIQUES : perception de changement dans le flux énergétique comme des changements de température (chaleur, fraîcheur), des changements visuels (image, couleur), des changements de perturbation du champ (absence, pic, lacune, renflement), de mouvement (onde, fourmillement, densité...), ou de son (ton, paroles). (...)

INTERVENTIONS : les phases du toucher thérapeutique décrites ci-dessous sont enseignées séparément, mais, en pratique elles se déroulent en même temps. Leur présentation a pour objectif de donner un aperçu du processus aux infirmières qui ne pratiquent pas cette forme de thérapie. Elle leur permettra peut-être d'apporter un soutien à leurs collègues qui utilisent le toucher thérapeutique, et d'orienter les clients le cas échéant. Nous avons déjà indiqué que la préparation requise pour accomplir le toucher thérapeutique s'obtient au terme d'une formation spécialisée qui dépasse les limites du présent ouvrage. (...).

Il faut : expliquer le toucher thérapeutique et obtenir l'assentiment verbal de la personne (...) après avoir porté son attention sur l'environnement, se tourner vers l'intérieur, c'est-à-dire vers ce qui est perçu comme le centre vital de l'infirmière : la centration.

Scruter le champ énergétique de la personne, et en déterminer l'ouverture, la symétrie, et placer les mains à une distance de 5 à 10 cm au-dessus de la personne, les paumes tournées vers son corps, et les déplacer de la tête aux pieds en douceur et avec légèreté.

Relever les indices de déséquilibre énergétique comme la chaleur, fraîcheur, tension, lourdeur, fourmillement, vide. Imprimer un rythme à la circulation de l'énergie en déplaçant les mains plus vigoureusement de la tête aux pieds (lissage, dégagement). Fixer son attention et son vouloir sur le remaniement spécifique des zones de déséquilibre et de mauvaise circulation énergétique. Utiliser les mains comme points de mire et les déplacer une fois de la tête aux pieds en faisant un mouvement de balayage en douceur. Encourager la personne à exprimer ses réactions (...) »[8].

Aucune phrase n'est plus juste que celle-ci : « C'est un truc de fou ! ». C'est d'ailleurs ma phrase préférée, depuis que je pratique les soins énergétiques, ce qui fait beaucoup rire Marie-Hélène.

Je m'assois à même le sol et relis pour la énième fois ces lignes.

Ce livre a été en ma possession durant toutes ces années, je l'ai ouvert des centaines de fois ,et je n'ai jamais vu ce diagnostic. Est-ce par déni ? Si je l'avais vu avant, cela m'aurait-il aidé ? Car aujourd'hui, cela me donne des ailes : certains infirmiers ont jugé nécessaire de parler de ce diagnostic, et certaines écoles l'abordent même, mais pas en France. Je me souviens d'une collègue infirmière qui avait fait une formation clinicienne et m'avait relaté cette histoire de champ énergétique.

---

[8] Source : Manuel de Diagnostics Infirmiers de Lynda Juall Carpenito

Je l'avais écoutée, sagement, sans rien révéler de ce que je pressentais. C'est peut-être bizarre, mais, c'est lorsque je vois les choses écrites que je comprends mieux le sens de ce que je vis et suis. C'est comme une trace indélébile, qui reste et me nargue tout en me confirmant que non, finalement, ce n'est pas un truc de fou...L'univers a dû comprendre que j'avais besoin de cela pour me sentir prête.

SEPTEMBRE 2018 : COMING OUT !

Il fait beau aujourd'hui. J'ai décidé de rendre visite à mes parents avec la ferme intention de leur annoncer réellement mon choix d'avenir. Je n'ai pas besoin de leur accord, mais je veux leur montrer qui je suis, enfin. Me voilà assise avec eux, autour de la table d'extérieur, mon sac à main sur mes genoux renfermant mon trésor : mon livre de diagnostics infirmiers. Je n'ai pas l'intention de le sortir, je l'ai simplement amené pour me rappeler que je ne suis pas folle. Et si je le suis, alors je ne suis pas seule.

Nous parlons de tout et de rien, et mes enfants me permettent de me détendre. Je les regarde en admirant leur façon d'illuminer le visage de mes parents. Ils sont la joie, la continuité de notre famille unie. Ils me donnent la force, l'espoir d'Être celle que je suis. Je me fustige et me fais rire intérieurement : « Sérieusement Émilie, on dirait une hétéro qui annonce son homosexualité refoulée !». C'est bien cela, il semblerait que je m'apprête à faire mon coming out ! Ces pensées me font sourire, et je prends enfin la parole : « Papa, maman, j'ai quelque chose à vous dire : je vais changer de métier pour devenir formatrice Kolaimni ».

Je les regarde, attendant leurs réactions. Maman sourit mais n'a pas le temps de parler, car papa intervient :

« Eh ben ! Nous voilà bien...Ton frère qui voulait être maçon veut maintenant travailler à la centrale nucléaire. Quant à ton autre frère, il a fait des études de commerce et de management pour finalement être mécano.

Et toi, ma grande duduche de sœusœur voilà que tu étais infirmière, et que tu vas maintenant faire du vaudou ?! ». Il y a un silence, puis je suis prise de fou rire, et enfin, nous rions, tous. Cette réaction me tire les larmes. Sa façon de dire les choses me stupéfait souvent, mais là, je dois dire que je ne m'y attendais pas. « Mais tu es heureuse, alors fais, ma grande, c'est à toi de décider ».

C'est bien cela, je n'attendais pas son accord, mais juste qu'il entende ce que je suis. Maman vient vers moi et me serre dans ses bras : « Tu n'as pas besoin de notre accord, Émilie, c'est ta vie.

Et puis, tu n'as jamais été aussi heureuse que depuis que tu as découvert Kolaimni. Tu sais, on dirait que j'ai retrouvé ma petite fille ». Elle est si vraie, si juste dans ses propos.

JANVIER 2019 : TOUT CE QUI NE S'EXPRIME PAS S'IMPRIME

Cette phrase...Cri-Cri me l'a tellement dite. Et j'ai tellement levé les yeux au ciel. Si je ne faisais pas cela, je disais, dans un élan de rébellion : « C'est impossible ce que tu dis !». À quoi il répondait : « Ah fais attention : annule, annule, reprogrammation ! Car tu sais que l'univers entend tout et... », « t'enverra des messages, oui je sais... », finissais-je.

Maintenant, je comprends. Mon expérience avec Kolaimni m'a ouvert les yeux et fait recouvrer la mémoire. La lumière a révélé les ombres en moi. Ce fut un sacré travail, que d'être au contact de mes propres ténèbres : d'y faire face avec humilité. J'ai compris que se battre ne servait à rien. Je devais me regarder avec tolérance, et accueillir mes parts d'ombre. Je me suis comprise. J'ai cherché à me terrer, en me taisant jusqu'ici. Ce n'est pas la faute des autres, c'est ainsi. C'était mon chemin.

J'ai fait des choix qui m'ont menée jusqu'ici, qui m'ont menée vers ces douleurs insupportables jusqu'à ce qu'enfin, je regarde ce qui s'y cachait en-dessous :

une petite magie-sienne en quête d'exister, mais qui s'y refusait par peur de choquer, voire de tuer, la prémonition de son parrain volant au-dessus d'elle comme une épée de Damoclès. Je n'ai pas pu exprimer tout cela alors oui, cela s'est imprimé dans mon corps. Ce corps, qui n'est autre que le messager de mon Âme, n'avait que pour communiquer avec moi, ces alarmes incessantes. De la même façon qu'un bébé qui pleure, il a hurlé mes problèmes jusqu'à ce que je veuille bien l'écouter et l'entendre, jusqu'à ce que j'accepte de le bercer au lieu de me bercer d'illusions.

Il m'aura fallu pratiquer Kolaimni quotidiennement pendant des mois, jusqu'à ce que tous les signaux s'éteignent. Quelle patience ! Je crois que c'est à cette période-là de ma vie que d'impatiente, je suis devenue patiente.

À force d'exercer, j'ai repris confiance en moi, et j'ai de nouveau la foi. Cette foi m'a poussée à me renseigner sur des techniques physiques pouvant agir sur mes vertèbres. Et j'ai trouvé une méthode anglo-saxonne appelée Mc Kenzie. Je me suis procurée le livre, puis j'ai recherché dans ma région un kiné pouvant m'accompagner au mieux. J'ai suivi à la lettre ses préconisations. Pendant trois mois, tous les jours, toutes les deux heures et demi, j'ai pratiqué un exercice pour mes cervicales. J'ai tenu bon, je me suis armée de patience. En combinant l'énergétique à la kinésithérapie je suis parvenue à l'impensable : ma « guérison ». Au début, je me suis bornée à travailler physiquement sur mon cou, mes intestins, mon fondement, mon dos, mes épaules, en oubliant l'essentiel : mes émotions. Dans cette société où j'entends souvent : « Il faut savoir gérer ses émotions », pour ma part, j'ai toujours trouvé cette phrase paradoxale : on ne gère pas l'émotion tout comme on ne contrôle pas la vie, elles sont présentes, et elles demandent à être accueillies. Les refouler les rend dangereuses...Mais, j'avais fini par le faire moi aussi, incapable de trouver un juste milieu entre « péter un câble et tout casser » ou « se taire définitivement ». J'avais préféré l'option numéro 2, empêchant ainsi bien des soucis sociétaux.

Cependant, à force de faire des barrages à mes innombrables émotions, je pourrais me réincarner en castor ! Alors bien sûr, oui, maintenant je comprends : tout ce qui ne s'est pas exprimé s'était imprimé en moi...

MARS 2019 : LATHARA

Je n'en reviens toujours pas, de tout ce qu'il m'arrive, de l'enchainement parfait des évènements. Ma salle est bientôt prête. Juju et moi y travaillons régulièrement, et je vibre tant je suis heureuse. Mechi vient souvent me voir dans l'entre-deux et veille de son air malicieux.

Je me remémore souvent le jour où j'ai vu sa photo pour la première fois : j'étais persuadée de l'avoir déjà vue quelque part.

Je n'ai jamais su où ni comment, mais j'ai su que nous étions liées dès l'instant où j'ai posé mes yeux sur ce cliché d'elle, dès l'instant où j'ai lu ses lignes, car elle aussi, écrivait.

Aujourd'hui, je n'ai pas pu m'empêcher d'aller voir ce qu'elle avait écrit le jour de ma naissance. Il faut que je trouve quelque chose en particulier dans les transmissions que Mechi nous a laissées, et il y en a tellement que je me dis que choisir ma date de naissance serait un début pour commencer. Je suis comique malgré moi, en oubliant que la tâche va être ardue. Car il ne suffit pas de traduire (ce qui s'avère déjà compliqué étant donné mon niveau d'anglais !) ce qu'elle a relaté, mais aussi de comprendre, puisqu'elle pratiquait l'écriture automatique. Je soupire d'avance et appréhende le charabia que je vais y trouver.

Je fais un rapide « copier » avec le clic droit de ma souris. Un deuxième clic me permet de le coller, et de l'envoyer directement à Marie-Hélène, afin qu'elle me le traduise au mieux. Mais alors que je ferme ma messagerie, je bugge complètement sur un mot : « Lathara ».

Cela s'est passé si vite que je crois avoir rêvé, alors j'ouvre de nouveau ma messagerie.

Le mail envoyé à Marie-Hélène apparait quelques secondes plus tard, après l'avoir recherché, mes mains tremblotantes, crispées sur la souris et mon clavier. Je n'ai pas rêvé : Mechi a écrit : « Cher Lothar, et chère Lathara ». Je sais qui est Lothar : Mechi appelait son guide ainsi, mais cette Lathara, d'où vient-elle ? Comment peut-elle avoir écrit un prénom pareil ? Il ne s'agit quand même pas d'un prénom commun ! Je décide d'appeler immédiatement Marie-Hélène pour en avoir le cœur net. Sa réponse manque de me faire tomber de ma chaise : « Lothar était son guide, mais justement, en ce qui concerne Lathara, elle ne savait pas vraiment de qui elle était le guide ». Je lui relate mon histoire, le prénom que j'avais donné à ma guide depuis petite, et son apparence tantôt de femme, tantôt de cheval ailé.

Elle rit de bonheur : « C'est merveilleux ! » s'égosille-t-elle. De mon côté, je m'égosille, mais pas de la même façon, j'essaye désespérément de retrouver en moi, mon Ingénieur qui a définitivement péri sous les coups de ces trop nombreux hasards. Et en parlant de ceux-là, Marie-Hélène décide de continuer à m'en relater un dernier : « Sais-tu qu'elle parle de l'importance du dessin le jour de ta date de naissance ? Et qu'elle explique que le logo de Kolaimni était à la base un cheval ailé ? », provoquant les derniers soubresauts de l'Ingénieur...

AVRIL 2019 : TOUS ÉGAUX DEVANT L'ÉGO

Pour la première fois, ce week-end, je transmets Kolaimni à d'autres. C'est une magnifique aventure, riche en relations, en partage, en expériences. Je suis heureuse d'être là, et de m'y sentir enfin à ma place. Ma mère fait partie de mon groupe d'inscrits, c'est assez étonnant, ce revirement.

Je vais faire tout mon possible pour partager ce cadeau à ceux qui le souhaitent, bien entendu. Je réfléchis beaucoup à la façon de le faire car je ne veux pas que l'humain dénature cet apprentissage. Je sais que cela arrivera, c'est indéniable.

Chacun ayant sa compréhension des choses, chacun ayant son avis et ses opinions. Pour ma part, j'essaye de les garder pour moi, et de montrer simplement comment utiliser cette énergie, la lumière. C'est ce qui m'a plu dans Kolaimni, d'ailleurs cela ne veut rien dire d'autre que « se connecter à la lumière ». Beaucoup font cela sans être kolaimnistes pour autant. Du reste, c'était finalement mon cas... La difficulté de mettre par écrit une telle « technique » est bien présente. Car, pour moi, en tout cas, ce sont des choses qui se vivent. Les décrire et écrire nous oblige à mettre des mots, des étiquettes sur quelque chose d'illimité et d'insondable, si ce n'est par le cœur. Alors, comment être la plus juste ? De plus, il est essentiel pour moi que chacun comprenne le véritable message : pas de pouvoir, pas de sauveur, pas de faux prophètes. Aussi, j'ai compris qu'il valait mieux balayer devant ma porte avant de m'occuper de celles des autres. Je crois qu'une guérisseuse, finalement, c'est celle qui préfère apprendre à l'autre à pêcher, plutôt qu'il dépend d'elle à chaque fois qu'il est affamé, comme le dit le fameux proverbe.

Dans ce domaine de l'invisible, de la spiritualité et du bien-être, je rencontre finalement le même ennemi qu'ailleurs : la peur et son ami pouvoir. Entre le danger d'affirmer pouvoir « guérir les autres », ceux qui pensent être meilleurs que d'autres, ceux qui dénigrent telle technique ou thérapeute, je suis un peu perdue dans ce monde des thérapies « invisibles ». Et, s'il est vrai que mes collègues médecins ont une façon parfois un peu brute d'annoncer les diagnostics, ici, nous ne sommes parfois pas mieux. Il est si ardu de transmettre ce que nous percevons à nos « consultants », en insistant sur le fait que ce n'est pas l'unique vérité, ni la seule possibilité. Si ardu, parfois, de trouver les mots justes pour ne pas qu'il se croit condamné à un avenir prédit. Je me demande, tout comme pour l'annonce de certains diagnostics , si nous ne créons pas le mal en l'annonçant ? Et puis, si nous percevons des choses, y a-t-il besoin de le dire forcément ? Je pense à une anecdote récente. Une femme à qui j'ai donné kolaimni, m'a fait part d'une expérience qui l'a traumatisée.

Elle m'a dit avoir vu une voyante qui lui annonça que ses problèmes venaient du fait que l'âme de son grand-père était en quelque sorte collée à son épaule. La médium la rassura en lui disant avoir fait passer l'âme de cet homme vers la lumière. Cela m'interroge. Y a-t-il un bénéfice pour la personne de savoir cela ? Je me demande s'il est utile de tout dire. Pour ma part, je me suis tellement bâillonnée que je ne sais pas faire autrement, mais s'il me venait à l'esprit de devoir le dire, je crois avoir trouver la question à me poser : ce que je vois a-t-il une utilité pour la personne ou cela servira-t-il mon égo ? Et puis, mettre tous nos malheurs sur le compte des entités, n'est-il pas un piège ? À mon avis, l'être humain s'en sort très bien pour se mettre lui-même dans des situations incongrues. Il fait preuve d'une grande autonomie pour cela. Chercher un coupable, c'est se déresponsabiliser. Même si, bien entendu, j'ai conscience du monde invisible. L'erreur est autant dans le fait d'ignorer ce monde, que de voir des entités partout.

Il me faudra donc trouver l'équilibre, et la juste mesure de ce que j'ai à dire. Si un jour je dois en arriver là, bien sûr ! En attendant, je me tais et admire en secret ceux qui parviennent à exprimer à leur « consultant » ce qu'ils perçoivent.

Face à une société qui catalogue facilement de « charlatanisme » ou de « sorcellerie » toutes ces techniques qui poussent comme des champignons, je comprends finalement que faire des amalgames, c'est oublier l'essentiel : on ne voit bien qu'avec le cœur, et c'est là que chacun devrait écouter ce qu'il a à dire, ce cœur.

En définitive, la véritable essence de tout cela, est de faire comprendre qu'il y a plusieurs façons d'aller mieux, de guérir nos blessures, et que c'est à nous d'y travailler avec une aide extérieure si besoin. Et justement, ce que j'apprécie dans la médecine holistique, c'est qu'elle nous fait chercher à l'intérieur, et non à l'extérieur. Partant du principe que nous sommes un merveilleux univers à nous tout seuls, et avons tous en nous, un pouvoir d'autoguérison.

D'ailleurs, la guérison aurait-elle une dimension différente pour chacun de nous ? Et encore, pouvons-nous guérir de tout ? Sommes-nous incarnés pour cela ?

Est-ce que certaines maladies pourraient avoir été « choisies » afin de nous faire travailler quelque chose dans cette réalité ?

Quant à moi, si l'acupuncture ou encore la phytothérapie avaient fonctionné dans le temps, aurais-je été jusqu'à Kolaimni ? En serais-je là où j'en suis aujourd'hui ?

À force de discussions avec moi-même puis les autres, j'en viens à comprendre une chose : il y a des grandes étapes dans nos vies, de grandes lignes prédéfinies. Comme un livre avec un début et une fin. À nous d'écrire les chapitres du milieu...mais il nous faudra arriver, de toute façon, au dénouement choisi. Il y a un chapitre que j'ai réglé : celui d'accepter l'invisible, celui de comprendre qui je suis.

Mais celui qui me reste à travailler est sans cesse repris pour être ensuite ignoré : mes visions. Il est toujours impossible pour moi d'en parler. Pourquoi ? Parce que Kolaimni a ouvert mon champ de vision, parce que cela a fait exploser les murs et le plafond savamment construits autour de mon antenne intérieure. Et maintenant, j'en suis encore à me demander : comment cela fonctionne-t-il ? Mes lectures se dirigent vers la science quantique, et je jubile intérieurement lorsque je découvre que tout cela existe, et qu'il y a des explications scientifiques. Parce que la science me rassure. Je veux dire par là, la vraie science, celle qui dit devant un phénomène extraordinaire : « Hum, intéressant, voyons comment nous pouvons expliquer cela avec les moyens actuels que nous avons à notre disposition ». Cette science-là m'émerveille, car elle ne dénigre pas, non, elle cherche. Et lorsqu'elle ne trouve pas, elle répond : « Je ne sais pas ». Ce qui est à mon sens une sage parole évitant bien des interprétations.

Cette science-là est bien agréable, car elle me permet aussi de faire écho à ce que je ressens.

Pour autant il est difficile pour moi d'exprimer ce que je ressens : car cela m'appartient, et j'ai bien conscience qu'entre ce que je ressens, ce que j'en dis, ce que les autres entendent et interprètent, il y a tout un monde.

Mais au fond, ce qu'il y a d'extrêmement plaisant, c'est qu'importe ma compréhension de cette lumière, elle ne changera pas la nature de celle-ci. Je veux dire par là que, même si mes perceptions ont évolué et changé, la lumière reste la lumière, et moi j'en suis un canal parmi tant d'autres, qu'ils soient kolaimnistes ou autres.

Un jour, Marie-Hélène m'a dit cette phrase : « Tu me fais rire avec tes questions. Sais-tu comment fonctionne ta voiture ou encore ton téléphone ? Non, et pourtant cela ne t'empêche pas de les utiliser. Et si un jour tu comprends comment cela marche, est-ce que ton téléphone fonctionnera autrement pour autant ? Et puis si cela ne fonctionne pas selon toi, si cela n'a pas donné le résultat attendu par tes yeux...qu'importe, nous ne sommes qu'un tuyau d'arrosage relié à la source, il ne faut pas se prendre pour la source elle-même ! En transmettant la lumière, c'est une forme de don, le don n'attend rien en retour...c'est un échange, la vie qui s'exprime dans la vie, et à travers elle ». Voilà, c'est ainsi qu'elle a mis KO mon égo !

Mais cet égo est tellement humain. Il ne faut d'ailleurs pas l'oublier. J'ai une âme, oui, mais je suis loin de n'être que lumière.

J'ai des parties d'ombres, des ténèbres qui m'assaillent. Et puis je ne travaille pas avec la lumière, non, je suis son outil...

Ma plus belle réussite sera de faire face à mes ombres en laissant la lumière s'exprimer à travers moi, pas de les combattre. Et de le faire, avec toute ma dignité et ma bienveillance. J'ai déjà bien entamé le travail. On dit que la lumière attire les moustiques, je pense aussi qu'elle met l'accent sur des choses bien difficiles que nous ne voulons pas voir, de ces poussières cachées sous les tapis.

Pour ma part, me pardonner sera une étape essentielle. Me pardonner de n'avoir rien dit pour mon parrain, me pardonner de m'être fait tant de mal. Et puis en parler, en parler à mes proches, car la guérison est parfois une affaire de famille...

NOTES À MOI-MÊME :

1. Ne jamais sous-estimer mon Ingénieur, ni ma Guerrière, ni mon Infirmière...encore moins mon Âme et l'Univers...et encore moins mon corps, Arnold et De Quervain.
2. Je peux confirmer que la douleur n'est pas un doux leurre.
3. Ma directrice d'IFSI (Institut de Formation en Soins Infirmiers) avait raison : nul ne peut imaginer la douleur des autres. C'est lorsque nous la percevons que nous nous rendons compte de son intensité et atrocité.
4. La douleur m'a transformée. Si j'avais su, j'aurais peut-être changé de moi-même afin de m'épargner cette fâcheuse expérience.
5. Être une patiente impatiente mène à une quête de sens.
6. L'eau trouve toujours un chemin, il en est de même pour les larmes.
7. Il y a des grands chapitres pré-écrits dans ma vie. Les éviter, c'est reculer pour mieux sauter.
8. J'ai tout de même le choix du chemin entre les chapitres de ma vie : je suis responsable, décisionnaire et actrice de ma vie.
9. Assumer d'être une petite magie-sienne et en parler m'a beaucoup soulagée : la parole est donc libératrice.
10. Tout ce qui ne s'exprime pas s'imprime. Les mots cachés provoquent des maux.
11. Mes émotions ne me définissent pas : je ne suis pas la tristesse ni la colère, je suis seulement, parfois, traversée par elles.
12. Je peux cesser de faire des barrages à mes émotions, je ne suis pas un castor. J'étais déjà un rat de bibliothèque, c'en est assez !

13. Je suis un tuyau d'arrosage relié à la source, il ne faut que je me prenne pour la source elle-même.

14. J'ai le droit d'incarner ce que je veux Être. Ce sont aussi mes tergiversions, mes hésitations, mes croyances limitantes qui m'ont rendue infirme.

15. Nous sommes notre meilleur guérisseur.

16. Me rappeler de cette phrase : « Ce que je vois a-t-il une utilité pour la personne ou cela servira-t-il mon égo ? »

17. Je ne sais pas quel chemin prendre pour aller au chapitre suivant de ma vie : celui d'être une porte, une messagère entre les deux mondes, ce monde-ci et celui au-delà de l'univers et des étoiles.

CINQUIÈME SIGNE

RENAISSANCE DE LA PETITE MAGIE-SIENNE MESSAGÈRE

Dans l'entre deux avec eux

« Aide-moi à oublier tous mes doutes. Je suis prêt à me souvenir maintenant...s'il te plaît, rappelle-moi ce que je suis ». Bernard Groom, La porte secrète.

Dans cette partie, j'ai réuni mes écrits, ceux de ma tante (Tata), de ma cousine (Lolo) et de ma mère. Toutes, nous avons écrit, chacune de notre côté, sans le savoir.

Lolo et Maman écrivaient ce que Tata vivait, ce qu'elles ressentaient et expérimentaient à ses côtés.

Pour ma part, j'écrivais quotidiennement ce que je faisais avec Tata, à distance. Je n'ai jamais pu la voir durant son coma, la crise sanitaire et les mesures s'en étant mêlées.

Dans cette partie, je relate aussi ce que Thalia vivait de son côté. Elle est la petite fille (de 7 ans à cette époque) de ma tante, la fille de son aîné, Seb.

Quant à Tata, elle tenait un journal intime depuis de nombreuses années. Ceci est le dernier paragraphe qu'elle y avait consigné, avant notre Histoire. J'ai eu accès à ses écrits le 14/06/2024.

...........ᘰᘯᘰᘯᘰ...........

TATA : « *26/09/21 : ô combien de fois je m'endors le soir en me disant que je vais mourir dans la nuit, et je commence à cogiter sur mes papiers, est-ce que je me suis parfumée avant de me coucher, est-ce que mon pyjama est propre, est-ce que tout est en ordre, est-ce que je ne laisserai pas de dettes à mes enfants, est-ce que tous mes papiers sont prêts dans le fameux classeur « noir » etc...et le matin je me réveille en me disant « je suis encore là » à moins que ce ne soit ces sacrées douleurs qui me réveillent la nuit.... »*

...........ᘰᘯᘰᘯᘰ...........

21/10/2021

Colère et incompréhension. Elle est hospitalisée aujourd'hui suite à un covid grave qui attaque, apparemment, 70% de son seul poumon, malgré cette injection qu'elle ne voulait pas faire il y a quelques jours.

Elle me demande de l'aider à distance.

Tata et moi nous sommes beaucoup rapprochées depuis quelques années. Et depuis plus d'un an, elle sait...elle sait qui je suis, enfin plutôt ce que je suis et ce que je fais.

On a pu en parler en avril 2020...

FLASHBACK : AVRIL 2020

Depuis le confinement, Tata se retrouve seule dans son appartement à souffrir de tumeurs cancéreuses. Une, à l'aorte, lui pose beaucoup de soucis et l'essouffle au quotidien ; l'autre, au péritoine, lui provoque une insupportable gêne, voire douleur. Je lui ai proposé de travailler sur elle à distance afin de l'aider à apaiser ses souffrances, puisque tous ses rendez-vous médicaux ont été annulés en raison de la crise sanitaire.

« Fais ce que tu peux, ma petite puce », fut sa réponse, et tous les jours, je me suis tenue « à faire ce que je peux » afin de l'accompagner de loin.

Nous échangeons régulièrement des messages, et nous nous téléphonons.

Et puis, un jour, alors que je commence à me connecter à elle pour lui prodiguer un soin énergétique, je ressens sa présence, et je le revois, nettement : mon parrain. Il est là, avec sa moustache, ses yeux sombres, son air rêveur, dans une chemise bleu foncé.

Il s'est « imposé » à moi, et m'a pressée de parler à Tata. « Dis-lui, dis-lui que je suis là, et que c'est moi qui allume la radio ». Je vois une radio à côté de ma tante, dans la nuit, et je ne comprends pas. Il me dit qu'elle, elle comprendra.

J'ai peur, peur d'être folle, de paraître folle, et puis je m'en veux tellement. Car une partie de moi le croit encore : si j'avais parlé, il serait encore vivant si je ne m'étais pas tue, cela ne l'aurait pas tué...

FLASHBACK : FIN MAI 2020

Mon anniversaire approche à grands pas. Il serait peut-être temps de parler.

Je suis prête. Au téléphone, Tata m'écoute puis pleure. Mes sanglots la rejoignent, et je ressens un tel besoin de lui demander pardon, que je l'exprime : « Excuse-moi, Tata ».

« Mais pourquoi, ma petite puce ? Pourquoi tu t'excuses ? »

« Je m'en veux tellement Tata, si je te l'avais dit, peut-être que tout le monde aurait été attentif, et on ne l'aurait pas laissé partir chercher son fils ce soir-là. Il ne se serait pas arrêté en bord de route pour y décéder d'une crise cardiaque ».

Tata me dit qu'elle aussi pourrait s'en vouloir, car il s'était plaint d'une douleur dans le bras quelques jours avant, mais il avait refusé d'aller voir le médecin. Je l'ignorais...

Elle me confie que sa radio s'allume souvent la nuit sur une musique de Johnny. C'était le chanteur préféré de mon parrain. Tout s'explique, voilà pourquoi il me parlait de cette radio. Tata me dit tout. Tout ce qui lui arrive, ce qu'elle ressent, ce qu'elle perçoit, et ce en quoi elle croit. Elle me parle d'une EMI[9] qu'elle a vécue il y a quelques années. Nous nous ouvrons l'une et l'autre, et nous découvrons que nous percevons des choses qui nous dépassent.

Après avoir raccroché, armée de courage et de l'amour de ma tante, je me mets en quête de l'album photo de mon enfance. C'est un cliché particulier que je recherche : un cliché que je me refuse de regarder depuis des années. Je veux volontairement revoir cette scène, non pas pour me faire du mal, mais pour me certifier que cela a eu lieu, et aussi pour sonder ce qu'il va se passer en moi lors de cette observation.

---

[9] Expérience de Mort Imminente

Un peu comme dans un film , quand on expose à un coupable les photos de ses meurtres devant ses yeux. Maintenant que j'ai parlé, que je me suis excusée, suis-je guérie de ce mal ? Vais-je continuer de nier ? Vais-je pleurer ? Vais-je culpabiliser ? Quelle sera mon émotion première ? La tristesse, assurément. C'est elle qui me submerge en premier. Et puis la pitié, vraiment, la pitié pour cette petite fille que j'ai été.

Elle est plus petite que mon fils cadet, et elle porte en elle un secret qu'elle croira une grande partie de sa vie : « Je suis coupable de ce que je vois, je suis folle, tout est de ma faute, je ne dois pas parler ». Mes larmes me submergent, et cela dure des heures. Je me demande si, à force de pleurer ainsi, je ne vais pas me dessécher, car je ne peux absolument pas fermer les vannes. De toute façon, je ne souhaite pas que cela s'arrête, je me laisse aller et comprends enfin que ce n'est pas qu'aux autres à qui je dois des excuses, ce n'est pas à Tata que je dois demander pardon, c'est à moi-même. Ce sera mon plus grand cadeau, ma plus belle réussite. Et il faudra pour cela que je regagne confiance, et que je retrouve pleinement la foi...Et c'est là que Tata m'y aidera.

RETOUR À MAINTENANT : 01/11/2021

Nous sommes en direction de Quiberon où nous partons trois jours avec Julien et nos enfants. En me connectant à ma tante pour lui faire des soins à distance, je me mets à lui parler comme si elle était à mes côtés. Je sais qu'elle va mal d'après les nouvelles que me donne maman. À ce moment-là, c'est sur le trajet pour y aller que j'ai l'idée de lui « parler en pensée ». C'est difficile de le décrire parce que je ne trouve pas les mots pour retranscrire comment cela s'est passé. Dans ma tête, il n'y a plus personne, c'est mon cœur qui fonctionne. Je lui envoie des images, des pensées, tandis que je travaille énergétiquement sur elle. Mais j'ai un très mauvais pressentiment. Comme une boule dans la gorge et l'estomac qui ne me quitte pas.

03/11/2021

Dans la nuit du 02 au 03 novembre, ce qu'elle redoutait tant est arrivé. Elle a été intubée et plongée dans un coma artificiel. Une source d'angoisse pour elle, une source de questionnements et d'épuisement pour moi. C'est le début de notre histoire dans l'entre-deux. Je lui avais un jour dit en plaisantant qu'elle connaitrait le chemin pour venir à moi, et c'est arrivé, elle l'a trouvé d'une façon qui a dépassé tout ce que je pouvais imaginer.

Je suis réveillée en sursaut dans la nuit. Certainement le fait de dormir ailleurs que chez moi, me dis-je. Je me lève et vais aux toilettes. Je me sens mal, nauséeuse et essoufflée. Je me soutiens à la vasque tandis que je m'asperge d'eau le visage. En relevant la tête, je me vois dans le miroir. Je connais bien les alarmes qui se réveillent en ce moment dans mon corps, je connais bien le regard qui me fixe étrangement. Ma mère dit que j'ai su me faire comprendre avec mon regard avant de savoir parler. Cela n'a pas changé. Ce que je vois dans mes yeux m'interpelle : j'ai l'air d'une illuminée en sommeil. Je sais que ce que je vais vivre dans les jours à venir sera décisif dans mon chemin de vie, je sais que je vais devoir parler de ce que je suis, ce sera ma mission pour moi-même...si je l'accepte. Apparemment, avant d'arriver sur Terre, on décide des grandes lignes de notre incarnation, avec les personnes qui vont nous aider à révéler ce que l'on est. C'est un peu comme de décider d'un scénario avec des acteurs. Et je ne peux que rire intérieurement de l'absolue perfection du film qui se déroule.

J'y suis au côté d'une actrice hors pair, je ne pouvais pas mieux choisir que Tata pour me pousser dans mes retranchements. Sérieusement, je me fustige toute seule : « Mais qu'as-tu décidé donc de vivre comme bêtises avant de t'incarner, triple naïve que tu es ? Dans quel pétrin mon Âme m'a encore fourrée ? ». Je retourne me coucher et, alors qu'épuisée, je crois me rendormir, elle est là. C'est frustrant, sincèrement. C'est comme si vous étiez en train de fermer votre boutique, et qu'un dernier client avait décidé d'entrer à ce moment précis.

Alors que je sentais le repos s'installer en moi, voilà qu'elle décide de s'imposer à moi. Sauf que « je ne la trouve pas » dans mon champ de « vision intérieure ».

« Tata, où es-tu ? »

Je ne ressens rien, comme un vide. Pas de réponse...pour le moment. Des bruits de machine me parviennent. Est-ce ceux des scopes ? Tout est flou, tout semble sens dessus dessous.

Puis, subitement, c'est un méli-mélo de brume et de brouillard. Je la distingue, comme perdue au milieu de Tout et de Rien à la fois. Difficile à décrire, difficile à analyser, difficile à comprendre...

« Tata, tu m'entends ? Tu me vois ?? »

J'entends des sanglots, et soudain : « C'est quoi ce bordel ? ». Ça y est, je la perçois, je la sens, je la vois. Je reçois comme en boomerang sa douleur et sa frayeur. Perdue, c'est un faible mot pour décrire son état.

Quoi lui dire ? Alors, je lui montre des images pour expliquer cette phrase : « Tata, tu te rappelles, tu n'étais pas bien, ils ont dû t'intuber et te mettre dans le coma ».

C'est une mauvaise idée. Et mince...je n'ai pas choisi les bonnes images. Impossible de faire allusion à cela maintenant sans la mettre dans un état de crainte intense. Toujours en pensées ou en vision, je m'approche d'elle.

« Tata, c'est moi : Émilie. Tu n'es pas seule, je suis avec toi. Tu peux choisir l'endroit que tu veux dans cette réalité. Lequel souhaites-tu ? ». Je fais défiler des paysages dans mes pensées.

Elle est comme une boule d'énergie prête à exploser. Je suis sur mes gardes, comme si, d'une minute à l'autre, je m'attendais à ce qu'une bombe me saute au visage. Et c'est elle, la bombe.

« Tata ? »

J'attends...soudain, une image...Elle m'envoie une image : celle d'une plage.

« Ok Tata. Allons sur cette plage. »

Le brouillard et la brume laissent la place au sable fin, à l'océan, et à la chaleur du soleil. Elle est debout, à mes côtés. Elle regarde autour d'elle comme si elle cherchait à reconnaître un détail, et finalement c'est moi, qu'elle décide de scruter.

« Tata, ici ce sera ton endroit, ta maison. Je viendrai te voir aussi souvent que possible, ok ? ».

Je m'assure énergétiquement de ne plus ressentir son angoisse, et je suis satisfaite du résultat. Tata semble perdue, mais pas effrayée. Elle marche le long de la plage, tranquillement, un mot qui n'est pas dans ses habitudes la connaissant. Je sonde une nouvelle fois mes ressentis et les siens : c'est ok, elle est comme anesthésiée...

Mais, finalement, elle m'envoie des images d'un dossier bleu foncé ou noir. Je vois ce dossier dans un placard, et elle me dit qu'il faut que j'en parle à Lolo. Je lui dis oui pour lui faire plaisir. Il est hors de question que je parle à quiconque de ce que je suis en train de vivre. J'ai mis des années à me forger une carapace, à me protéger. J'ai mis des années à accepter qui j'étais, et à travailler en silence avec le monde de l'autre côté du voile. Rares sont ceux qui savent ce que je vis, et il est hors de question que cela change. Je dirais même qu'il est totalement hors de question d'en parler à ma famille, cette famille même qui ne croit ni en Dieu ni en rien d'autre qui ne peut être expliqué. Je le redis, je n'ai aucune explication sur ce que je suis. J'ai cherché pourtant... mon Dieu, oui, j'ai cherché. Partout, dans les bibliothèques, dans les livres scientifiques, dans les livres de psychologie, dans les livres de psychanalyse, dans les livres d'ésotérisme. Il semblerait que, dans certains, je puisse être jugée comme folle, peut-être psychotique et, au mieux, créative. Je sais que ce n'est rien de cela, j'ai compris que cela fait partie de moi et je l'accepte.

Mais accepter ce qu'on est, ça ne veut pas forcément dire le crier sur tous les toits. Je préfère vivre dans l'ombre, rester cachée. Je ne suis pas prête à jouer mon rôle entièrement.

Je fais un dernier tour de l'endroit, et je m'aperçois de la présence de quatre hommes au loin. Inutile de chercher, je sais très bien qui ils sont. Il y a papy (le père de ma tante donc), Parrain (son défunt mari), tonton Gilbert (son parrain) et Jacky (son ex-compagnon). Ils sont loin, très loin, mais semblent veiller comme des anges. Je ne sais pas pourquoi mais c'est le nom « Les 4 Fantastiques » qui me vient en les percevant. Ils sont à distance de la plage. Face à eux, au milieu de l'océan, c'est une île, et je comprends en la scrutant qu'elle représente le corps de Tata. Le comprend-elle, elle ? Car elle regarde cette île au loin comme si elle se demandait si elle pouvait s'en approcher. Je remarque qu'elle n'approche pas les pieds de l'eau, elle reste dans le sable, au sec...Est-ce annonciateur de son départ définitif vers les 4 Fantastiques ? Sont-ils là pour l'aider à rejoindre l'Au-delà ? Je n'ai pas les réponses pour le moment. Chaque chose en son temps. La première étape qu'il me fallait valider était celle de la mettre en sécurité, et c'est chose faite. Je retourne donc dans ma vie trépidante d'humaine, vaquant entre mes différentes occupations tout en pensant à elle, tout en me demandant à quoi aboutira cette histoire...

...........ೠೠೠ...........

TATA : « Et puis certainement que les jours, enfin quelques jours, sont passés mais tout est flou, durant cette période dans ma tête ; je me souviens être obnubilée par cette machine où il y avait des chiffres, et où la saturation ne devait pas descendre en-dessous de 90 etc....et puis il y a ce fameux moment où je me suis rendue compte que j'étais prisonnière quelque part, enfermée dans mon corps, avec tout un carcan autour de moi, ligotée ...mais réceptive aux voix, aux sons des machines, et à tout ce que j'allais endurer, malheureusement, par la suite sur mon corps et dans mon corps meurtri – je ne savais pas que j'étais dans le coma, et qu'ils avaient pris la décision, au niveau médical, de m'y mettre car mon poumon s'affaiblissait et s'épuisait de plus en plus.

Je vivais dans un monde parallèle, entre deux mondes, où j'étais désemparée, où j'avais peur d'avoir mal, et d'ailleurs j'avais mal, où j'avais peur d'être seule....j'étais vivante dans un corps mort ...une sensation atroce car j'avais tellement peur d'avoir mal vu qu'ils me croyaient morte alors que je ne l'étais pas mais comment leur dire, leur faire comprendre, j'appelais « au secours » mais il n'y a que mon cerveau qui devait le savoir et le dire .....aucun son ne pouvait sortir de ma bouche, aucun mouvement ne pouvait être fait, pas moyen de secouer mes bras, remuer mes jambes.....c'était atroce !

Il y avait sans cesse le bip-bip des machines à longueur de temps, il y avait aussi un bruit lointain, qui revenait souvent, et qui me faisait peur car il venait de loin, mais il se rapprochait, et quand il était proche, le bruit me faisait mal dans ma tête, il m'épuisait, et quand il s'éloignait, je me sentais soulagée, mais il restait toujours le bip bip des machines, et ce corps qui étouffait, ce corps que je n'arrivais plus à maîtriser mais qui souffrait atrocement.....
Je flottais dans un tourbillon de cheveux d'ange, dans un tourbillon de blanc comme des draps étendus à l'infini sur des fils et balayés par le vent, tellement balayés que l'on ne s'y retrouve plus, on perd pieds, je flottais, j'avançais parmi ce dédale blanc ...Je ne sais pas combien de temps exactement je suis restée dans le coma mais j'ai souffert physiquement et moralement, et j'ai pleuré, beaucoup pleuré.

Ce ressenti de douleurs et de désespoir m'usait, cette peur panique quand on me piquait sans ménagement dans les artères faisait affoler mon cœur, j'avais peur, peur d'être aspirée, tout en étant enfermée je ne sais où, alors je savais que la peur allait engendrer la panique, qui elle-même, allait engendrer une baisse de ma saturation en oxygène ...alors il fallait que je me calme, que j'inspire, que j'expire, calmement, mais c'était très compliqué pour moi.

Je me sentais enfermée dans un carcan, et j'avais peur, car je n'y comprenais rien.

J'avais la sensation d'être enfermée dans le jeu « Jumanjy », et je me disais : mais pourquoi « Dwayne Johnson » ne vient pas me libérer ? Pourquoi Seb ne me sort pas de là (eh oui, c'est mon aîné, et comme il s'est toujours débrouillé et qu'il aime les « gros bras » dans les films qui « sauvent la veuve et l'orphelin » je pensais qu'il pouvait également sortir sa mère de cet enfer, mes autres enfants Sylvain et Lolo sont aussi débrouillards, mais j'avais en tête qu'il fallait que Seb pousse « un coup de gueule » et qu'il me fasse sortir de ce piège, étant donné que c'était l'aîné de mes enfants, et qu'il avait depuis très longtemps pris la place du père par rapport à certains gestes, certaines réflexions, mais cela est un autre chapitre de ma vie !)

C'est quoi ce bordel ? Et puis il y avait Milie. C'est ma nièce Émilie, notre petite fée, je dirais même grande fée, qui a beaucoup travaillé sur moi, avec son groupe de Kolaimnistes, et qui correspondait avec moi par l'au-delà, et je ressentais sa présence qui me rassurait, je lui demandais tellement de choses ! ».

............ಬಂಬಂಬಂ............

09/11/2021

L'équipe médicale pense l'extuber bientôt.

La plage. Partout, la lumière du soleil éclaire le sable et l'eau. Elle m'apparaît au loin marchant sur le sable mouillé, sa robe relevée. Je la regarde plus précisément, et je remarque que sa robe ressemble à celle de son mariage. Elle me voit, me sourit. C'est ici que nous nous retrouvons depuis son « sommeil insisté ». Elle aime cet endroit, il la rassure. C'est ici que nous parlons, ou plutôt que nous échangeons. Finalement, je réalise que pour ce faire, j'utilise le même langage que celui avec les défunts. Cela ressemble à des formes pensées, c'est-à-dire que je pense les mots en images, et je ressens et je vois ce qu'elle a à y répondre. C'est très rapide avec Tata.

Les images qu'elle m'envoie vont très vite, les sensations qu'elle m'envoie vont très vite, et son énergie va très vite...Au fond, ça lui ressemble si bien, c'est une boule d'énergie.

Elle voudrait revenir dans son corps et sortir de cet univers médical qui l'angoisse.

Elle me montre des images de sa chambre d'hôpital sans fenêtre, je perçois les sons incessants des machines. Dès qu'elle a conscience de cela, je la sens apeurée de nouveau.

Et puis, il y a ses enfants, qu'elle aimerait tant serrer dans ses bras. Ils sont sa force. Elle me le montre : elle les voit lorsqu'ils viennent lui rendre visite. Je ressens son Amour Inconditionnel pour eux. Elle voudrait que je leur dise, mais je ne suis pas prête.

Alors, une fois encore, je lui prodigue des soins énergétiques, je note tout ce que nous vivons ensemble dans l'entre-deux, puis je retourne me coucher, avec mon secret.

...........ꝏꝏꝏ............

LOLO : « Les journées se suivent mais ne se ressemblent pas. On vit au jour le jour, on fait semblant devant les gens mais au fond de nous c'est compliqué. Ce matin, j'ai appelé la réanimation, et l'interne qui s'occupe de toi m'a prise au téléphone. J'étais loin de me douter de ce qu'il allait m'annoncer. Tu étais en train de te réveiller tout doucement. Ouah, quelle surprise. Moi qui m'attendais à te voir dans le coma encore des semaines et des semaines. Je n'ai pas réussi à me réjouir car je joue la carte de la prudence pour me préserver. À 14 heures je suis partie du travail, il fallait que je te voie comme c'était prévu mais encore plus depuis cette nouvelle. L'instinct, le pressentiment.... Je ne sais pas. Tout simplement, il le fallait. J'ai eu peur de te voir, intubée mais consciente. Une fois dans la chambre, le naturel est revenu. J'ai pris la chaise, je t'ai touchée, et parlé.

Je ne suis pas sûre que tu m'aies vue, mais je suis certaine que tu m'as entendue. La radio avait été mise dans la chambre, et d'un coup, la chanson Je te promets de Johnny a retenti. Un signe... Peut-être, mais c'est bizarre..... Je t'ai parlé, tu as hoché la tête par moment.

Je t'ai rassurée, je suis restée positive comme toujours. Ça a été dur de te voir, mais je me surprends de jour en jour. Je suis ensuite repartie pour te laisser tranquille. Je suis venue quand tu as été intubée, j'étais là à ton réveil.

Alors oui, ma vie tourne essentiellement autour de toi. Oui, la fatigue est là, l'épuisement physique et psychologique aussi, mais je prends le dessus. On me dit de me reposer....

Oui, d'accord, mais je n'y arrive pas. Pourtant, j'essaie, mais ma nature prend le dessus.... Les chiens ne font pas des chats, comme on dit souvent. »

...........⟡⟡⟡...........

NUIT DU 09 AU 10/11/2021

Elle est agitée, arrache tout. Réveils fréquents.

De mon côté, Tata vient me chercher régulièrement. Je ressens des secousses sur mon épaule. Elle a peur. Elle me montre son corps dans sa chambre d'hôpital, et ce satané endroit sans fenêtre. Elle étouffe, elle me montre qu'ils vont l'extuber, et je ressens sa souffrance en écho : le retour dans son corps, la brûlure dans sa gorge, le retour dans la matière, le personnel qui la manipule parfois sans ménagement, les mains liées aux barrières de son lit ...Prisonnière.

« Donne-moi un autre corps, je veux revenir pour mes enfants. Mais je refuse de souffrir ».

Ce faisant, pour être sûre que je comprends bien, elle m'envoie des images terrifiantes, toujours les mêmes, elle dans un fauteuil roulant, avec des tubes partout, et surtout un dans la gorge qu'elle me fait ressentir en écho : « JE NE VEUX PAS DE CELA ! ». Quand sa peur reprend le dessus, le dédale de blanc revient, flottant dans le brouillard, et l'immensité de Rien et de Tout à la fois. Chaque fois que cette peur revient, c'est le « bordel » pour reprendre ses termes.

Je comprends qu'elle reprend conscience de son corps physique, de l'hôpital, de tout. Il me faut la rassurer, « forcer » les images de notre paysage pour l'y faire revenir...

J'ai du mal à la ramener sur la plage, je lui envoie des images apaisantes, mais il faut dire que je suis épuisée et finis par m'endormir en recevant les siennes : ses enfants, ses petits-enfants, sa sœur, son frère, sa mère, l'Amour qu'elle leur porte. Je pars en songe à ses côtés et remarque Thalia, flottant avec elle et moi, dans ce mélimélo de fils de lumière comme des cheveux. Je ne sais pas pourquoi Tata voit cela dans sa représentation, me dis-je en m'enfonçant toujours plus profondément dans les bras de Morphée.

...........🕉🕉🕉...........

TATA : « Je venais la retrouver dans son sommeil ! Je lui demandais de me donner un autre corps, non douloureux, qui me permettrait de revenir auprès de mes enfants que j'aimais tant et de tout mon entourage où il y avait tant d'amour.

Je crois que, durant ce coma, j'ai compris tout l'amour qui émanait de ma petite sœur et de mon frère, l'un pour l'autre, l'un envers l'autre, par rapport à moi aussi, et bien sûr, l'amour qu'ils éprouvaient pour mes enfants, et surtout l'aide et la force qu'ils ont eues pour les soutenir et endurer tout ce qui s'est passé ».

...........🕉🕉🕉...........

12/11/2021

Ils tentent de l'extuber, pas besoin de me le dire, je le sais...

Ça recommence toute la journée, sans répit...Je l'ai sentie venir à moi, et m'appeler. Ça tombe très mal, car je suis en formation, et c'est moi la formatrice. Quelle galère... je n'ai pas vraiment le temps de me concentrer sur elle, mais je ressens qu'il est urgent de l'aider. Je profite d'une pause pour me réfugier chez moi, et je rentre en contact avec elle. « Que se passe-t-il, Tata ? ».

Elle étouffe, elle est oppressée, elle me montre le tuyau dans sa gorge. J'ai mal, je ressens sa souffrance en écho et sa peur. Sur la plage de nos retrouvailles, un SOS en gros dans le sable me parvient. J'essaye de l'apaiser.

Je recevrai un message de maman et de Lolo plus tard qui m'annoncent qu'ils ont tenté d'extuber ma tante mais que ça ne s'est pas bien passé. Je comprends mieux, mais je continue de me taire.

...........ༀༀༀ...........

LOLO : « Quelle journée.... Ce matin, tu devais être extubée.

Du coup, quand on est venu te voir avec Seb, on était plutôt confiants, et on avait tellement hâte de parler avec toi. Mais quelle désillusion. Nous sommes arrivés, et avant de te voir on a dû attendre facilement 30 minutes. Une fois arrivée, tata était avec toi, donc j'ai laissé Seb y aller. Quel choc derrière cette vitre, tu étais toujours intubée, mais bien plus réveillée. Je n'ai pas compris tout de suite, mais l'infirmière m'a expliqué. Tu es encore trop faible pour le moment, et la peur d'être extubée te crée des crises d'angoisse. Ce n'est que partie remise. Aujourd'hui, ça a été dur car on t'a vu souffrir, et tu formais les lettres SOS avec tes doigts, tata a compris, j'ai compris, tonton a compris mais Seb ne voulait pas comprendre. Tu m'as toujours dit que tu ne voulais pas d'acharnement thérapeutique, et je t'ai toujours répondu que je respecterais ton choix. Aujourd'hui, tu nous l'as fait comprendre...

Mais tu es consciente, et je veux encore croire que tout est possible. J'espère, et je reste positive comme toujours. Si ce n'est pas aujourd'hui ni demain, ça sera lundi que tu seras extubée. L'équipe soignante garde espoir, je dois et veux garder espoir aussi. Mais, je te l'ai promis, même si c'est dur, je respecterai ton choix et ton bien-être avant tout. À chaque jour suffit sa peine, comme tu le dis souvent. Je t'ai promis de rester à la maison demain, mais je vais venir te voir, j'ai besoin de te voir, et de t'apporter du positif comme tu le dis si souvent. Seb était comme un enfant tout à l'heure. Il ne savait pas quoi te dire ni quoi faire. Il était là mais sans être là, ne sachant ni quoi dire ni quoi faire. Mais j'étais là, pour toi, pour lui j'ai pris les choses en mains comme d'habitude. Je sais que c'est dur, et que tu souffres, mais, stp, maman, bats-toi encore un petit peu, juste un peu. Je ne veux pas être orpheline à 32 ans. J'ai encore et j'aurai toujours besoin de toi. Essaies de dormir paisiblement et on se revoit demain. Je t'aime. »

...........ౠౠౠ...........

13/11/2021

Cela ne peut plus durer...Telle est ma décision. Je suis épuisée, et ce don va me pousser au sacrifice si cela continue. Je vais demander de l'aide. J'ai plusieurs groupes WhatsApp, et je poste mon besoin de soutien pour envoyer des kolaimni à ma tante. Elle en a vraiment besoin, et moi aussi, c'est une bouteille à la mer que je lance.

Et il semblerait qu'aujourd'hui, je ne sois pas la seule à envoyer un SOS.

« HELP »...c'est ce qu'il y a écrit en gros dans le sable. Sur cette plage habituellement paradisiaque, je ressens l'ambiance angoissante gagner mes entrailles. Elle a dû tracer ces lettres avec ses doigts, ou peut-être ses pieds nus. Elle, justement, je la retrouve assise face à la mer, les genoux pliés vers sa poitrine, sa tête entrée à l'intérieur. Elle se balance d'avant en arrière : « Tata ? » Elle sursaute et hésite avant de lever la tête.

«Tata, c'est moi, je suis là, qu'est-ce qu'il y a ? »

Elle redresse enfin sa tête, et me fixe d'un air perdu : «Je ne veux pas rester comme ça, non certainement pas ». Le brouillard qui semblait gagner du terrain autour de nous, semble maintenant reculer. Au loin de la plage, j'aperçois des êtres de lumière, ainsi que mon parrain.

Il y a Thalia à ses côtés, belle comme un ange avec sa lumière bleutée. « Que fait-elle là ? » me dis-je encore une fois. On dirait qu'elle parle à sa mamie. Je ne comprends pas vraiment, mais me doute de plus en plus de la réponse à mes questions. Je crois bien que Tata et Thalia conversent dans l'entre-deux, avec moi. Je m'occuperai de cela plus tard...

Je m'accroupis face à Tata : « Tu as eu peur de quelque chose, Tata ? »

« Ils me réveillent, mais c'est trop tôt, ma bichette : dis-leur que c'est trop tôt, j'étouffe quand je reviens, je ne veux pas rester coincée dans mon corps : tu comprends ? »

« Oui, mais que puis-je faire, dis-moi ? »

Elle me montre un cercueil puis la lumière au bout de la plage, avec les quatre fantastiques. C'est étrange : c'est comme si elle voyait cette lumière par moment puis qu'elle finissait par l'oublier en ressentant son corps souffrir.

Je comprends que ce soir, elle veut mourir : elle veut aller vers la lumière mais, elle souffre tant qu'elle ne parvient pas à la voir entièrement. Encore une fois, c'est tellement difficile à expliquer...

J'envoie une immense décharge vibratoire de choc malgré moi, et un « NONNNNNNNNNNNNN » jaillit de ma bouche physique, tant je suis bouleversée : ce cri a percuté les murs de ma pièce jusqu'à raisonner dans les carillons accrochés dans mon bureau où je me trouve physiquement.

« Non, dis-je dans un souffle, non, je ne peux pas, pas moi, Tata, non, pitié, ne me demande pas ça, je ne veux pas être témoin de cela. »

« Aide-moi, ma petite puce. »

Je m'assois à ses côtés, et je remarque pour la première fois le soleil qui surplombe l'océan...

Il caresse nos visages de ses puissants rayons chauds. Le bruit des vagues se mêle à celui de ma respiration, et j'ose briser cette douce berceuse.

« Tata, je ne peux pas faire ça, je m'en veux encore pour Parrain. Je suis comme un oiseau de mauvaise augure. »

« Non, ma puce, tu n'es pas un oiseau de mauvais augure, tu es une petite fée, notre fée, et j'ai besoin de toi ». Elle me montre une image de moi en fée pour que je comprenne l'immensité de ce qu'elle ressent pour moi.

Je réfléchis...

« Tata ? »

« Hum ? »

« Tu veux vraiment partir ? ». Je lui renvoie l'image du cercueil pour bien me faire comprendre.

« Non, mais je ne veux pas de ce corps tant qu'il est ainsi, tu vois ce que je veux dire ? »

« Oui.»

« Je reviendrai si mon corps est prêt ». Je vois l'image de Tata qui revient dans son corps : un beau corps tout bien réparé, et elle exagère sur certains traits me faisant sourire, presque rire.

« Ok », sauf que je ne comprends plus rien à ce qu'elle veut, me dis-je.

« Mais tu sais, je ne suis pas partie encore. »

« Tu veux que je t'aide ? Alors je vais le faire. Tata, c'est toi qui décides, tu sais, alors voilà, je te propose deux solutions en une : je t'ouvre la porte de l'autre côté, et tu vois si tu veux y aller, et parallèlement je travaille sur ton corps, comme ça, s'il va mieux, tu reviens, si c'est le contraire, tu vas vers la lumière ».

Je tourne ma tête vers la droite pour sonder ce qu'elle pense de cela. Elle sourit en coin avec son air malicieux. « Tu savais ?! C'était ce que tu voulais que je fasse, hein ?! ». On rit ensemble...

« Je t'aime, Tata, tu es un soleil ». « Moi aussi ma petite puce je t'aime, tu es ma Lumière ».

En inspectant l'entre-deux, je perçois encore une fois Thalia...

Il faut absolument que je sache le pourquoi de cette vision...Mais, pour cela, il me faudra appeler son père et sa mère, et je ne suis pas prête. Car je pressens bien la raison de la présence de Thalia dans cette dimension : elle a créé un lien avec sa mamie au-delà de l'univers et des étoiles, j'en suis certaine.

..........ౠౠౠ..........

TATA : « Alors, je demandais conseils à Milie. Elle s'est présentée à moi, avec ma petite fille Thalia qui me répétait ce qu'Émilie me disait. Thalia m'accompagnait partout. Quant à Émilie, elle a un don, et elle pratique le « Kolaimni ». Elle ressent beaucoup de choses. Je lui demandais des conseils, je me revois en train de flotter dans ses longs cheveux clairs et quand je baissais les yeux, je voyais Thalia qui me donnait des conseils ou plutôt qui répétait ceux de Milie – et il y avait les fées qui travaillaient sur moi – je me rappelle une trentaine de fées dont la chef était Émilie, et puis Thalia tenait au bout de son bras, dans sa main, un petit panier avec trois fées supplémentaires. »

..........ౠౠౠ..........

MAMAN : « *Dans la journée du **mardi 9 novembre**, ils ont décidé de te réveiller petit à petit. À partir de là, Lolo, Seb, Sylvain, Alain et moi-même, nous t'avons vue souffrir atrocement...suffoquer, les yeux plein de larmes, le regard terrorisé, tes mains crispées....Ces moments sont gravés pour toujours dans ma mémoire, ma grande sœur chérie. Comment te regarder souffrir, être impuissante face à cette souffrance, comment peux-tu encore souffrir autant ???*

C'est horrible ce sentiment, et ce mal-être que j'ai vis-à-vis de toi ! Ton regard si beau naturellement me réveille chaque nuit, me fait souffrir car dans ces réveils, tu es terrorisée et souffrante !

*Ce **jeudi 11 novembre** où je suis allée te voir avec Alain fut extrêmement dur pour nous face à tes suffocations, tes crispations, tes douleurs, tes souffrances, tes angoisses (même si tu ne pouvais pas nous parler, car tu étais toujours intubée), ce que tu redoutais, tu le vivais à 1000% dans la souffrance !!! Nous avons prévenu les équipes de soignants de ta détresse, de ta souffrance, mais ils nous ont répondu que le réveil après un coma se passait toujours comme ça ! Cette réponse ne nous a pas rassurés du tout !!! Le **samedi 13 novembre**, je suis retournée te voir, et là, ta main dans la mienne, tu m'as fait comprendre que tu voulais écrire...tu as fait avec ton doigt (tes poignets sont attachés) le signe SOS. Je t'ai demandé : « tu n'en peux plus ma titine ? » oui d'un signe de ta tête !!! Tu m'as fait aussi un signe avec 2 doigts pour couper ....cela m'a fendu le cœur... « Tu veux que j'appelle ? » Et de nouveau, tu m'as fait un signe de la tête affirmatif. Tout cela avec les larmes qui coulaient de tes beaux yeux.....quel enfer !!! J'ai prévenu à 3 reprises le personnel soignant, la première m'a répondu que c'était normal (ah oui, c'est normal de souffrir comme ça au 21ème siècle et en soins hospitaliers ?), la deuxième m'a demandé comment je savais que tu souffrais (là, je bouillais : comment ne pas s'en rendre compte en te voyant et avec tes SOS ?)...pas besoin d'avoir fait des études pour comprendre ta souffrance, seulement un cœur d'humain !!! Un vrai !!!*

Je t'ai fait la promesse qu'une personne viendrait avant que je parte. Malheureusement 1 h 10 après, toujours personne ne s'était déplacé. Heureusement, Seb est arrivé et nous a rejointes. Tu as cherché sa main qu'il t'a donnée tout de suite, et nous sommes restés un peu tous les trois tout en continuant à te mouiller un peu le front, tes bras, tes yeux ....Lolo, qui était restée derrière la vitre, est rentrée, et je vous ai laissés tous les trois. Je vous ai regardés par la fenêtre, Seb à ta droite, Lolo à ta gauche, leurs mains dans la tienne....j'ai craqué, j'ai pleuré de voir toute cette souffrance....

Lolo m'a dit par la suite que l'équipe médicale était venue enfin te voir. Je suis sortie « vidée », « triste à mourir », j'ai rejoint ton cher et tendre (c'est ainsi que tu surnommes mon mari) qui m'attendait sur le parking, et j'ai craqué. Aucun mot n'est sorti, pas de mots pour décrire tout ce que j'ai vu.....Te voir souffrir, le tube dans la bouche, toujours les poignets attachés, les bruits des machines, tes yeux qui me « parlaient », les signes avec tes doigts, ton dos qui te faisait souffrir aussi, toutes tes angoisses que je devinais....tout cela m'était insupportable, d'une souffrance terriblement violente pour moi, et pourtant, ce n'est pas moi qui souffre physiquement ! Ma pauvre titine, comme je m'en veux de venir te voir et de ne rien pouvoir faire pour te soulager, cette impuissance me rend malade, nous rend tous malades, car, bien sûr je parle de moi mais nous tous qui t'avons vue, avons vécu cette souffrance, cette inquiétude, cette incapacité à te soulager, à t'aider....

J'ai appelé notre grand frère en sortant et, vu le contexte, et malgré l'heure tardive, il est allé te voir un peu. Tu étais un peu apaisée grâce aux médicaments qu'ils t'avaient administrés après notre demande. Nous nous sommes concertés le soir (les cinq doigts de la main) et nous avons bien compris que tu n'en pouvais plus, que ce putain de tuyau te faisait vivre mais te faisait terriblement souffrir ! Est-ce humain ? Combien de temps cela va-t-il durer ? Nous sommes très inquiets ».

...........ஜஜஜ...........

14/11/2021

Cela fait du bien de se savoir aidée et entourée. Mais, ce que je vis me ronge littéralement de l'intérieur, et je ressens une telle rage de tout garder. Le fait d'avoir demandé de l'aide aux kolaimnistes est un sérieux soutien pour mes nerfs. Même s'ils ne savent pas encore ce que je vis, ils me permettent, en travaillant sur elle, de prendre moins de temps à faire des soins énergétiques à ma tante, pour me consacrer pleinement à nos communications.

Chaque échange avec maman est une torture. L'entendre me dire qu'elle sait que sa sœur souffre est un véritable déchirement, car je ne peux pas la contredire, et, lorsque je cherche à la réconforter, les quelques mots qui sortent de ma bouche en laisseraient passer d'autres si je ne m'y refusais pas aussi fermement. Mais combien de temps pourrais-je tenir ? Et à quel prix ?

15/11/2021

Tata est plus apaisée ce midi dans mes visions. Apparemment, ils l'ont extubée.

De mon côté, je me sens mal, lourde, frustrée. La boule dans ma gorge est énorme, mon cœur se serre sans cesse, j'ai mal partout à force de contenir ce que je suis. Je sens qu'il ne faut pas grand-chose pour que le barrage si bien construit depuis tant d'années, cède et m'inonde...

LOLO : « Les jours se suivent, et ne se ressemblent pas. Les émotions font les montagnes russes. Aujourd'hui, à 11h30, tu as été extubée. Quel soulagement au téléphone à la suite de cette annonce. Tonton est venu te voir, mais tu dormais, alors il t'a laissée dormir. Il t'a vue à travers la vitre et lui aussi a ressenti un soulagement, même si nous restons prudents.

Je t'ai promis de ne pas venir te voir, et je ne suis pas venue, même si c'est très dur pour moi. Mais tu as besoin de repos. Ton bien-être avant le nôtre. Et te savoir soulagée de ce tuyau me réconforte. »

...........ೋೋೋ...........

16/11/2021, LE SOIR TARD

« HELP »...ça recommence, c'est écrit sur le sable, encore. Et puis il y a toute cette brume de retour comme au premier jour de nos conversations, lorsqu'elle avait été mise dans le coma.

Cette fois, elle a trouvé la plage facilement, mais elle y met des messages d'alerte. À chaque fois, des vagues viennent effacer les mots, et Tata les fait revenir avec insistance.

Elle est assise comme l'autre soir et se balance d'avant en arrière...

« Je suis là... », je m'assois à ses côtés.

« J'ai peur, et je ne vois pas la lumière, je ne vois rien d'autre que la peur, j'ai mal, et je ne veux pas revenir si mon corps est ainsi. Donne-moi un autre corps ! Et si ce n'est pas possible, montre-moi la lumière ! ». Elle me montre son corps dans le lit d'hôpital, sa douleur lorsqu'elle revient à elle. Je comprends qu'en baissant les curares pour la réveiller en vue des essais d'extubation, les soignants, sans le savoir, la remettent sans cesse aux prises de la douleur insoutenable.

Je m'en veux, un peu, beaucoup même. Je n'ai appliqué qu'une seule des deux solutions en l'une : j'ai travaillé sur son corps, mais je n'ai pas dissipé la brume pour lui montrer la lumière, comme ce que nous avions pourtant convenu. C'est bête et peut-être égoïste de ma part, aussi. Mais une partie de moi a peur...peur qu'elle prenne forcément cette porte et ne revienne pas dans son corps. Ce serait un peu à cause de moi, non ?

Pourtant, je sais que je n'ai aucun pouvoir et que seule Tata décidera, mais quand même, c'est pesant...

« Je vais appeler une amie, et on le fera ensemble ok ? »

« Oui ma puce, fais ça, c'est bien ».

...........ଧୁଧୁଧୁ...........

LOLO : « Les jours se suivent, et ne se ressemblent pas. Décidément cette phrase...21h30 : L''interne m'appelle et me prévient que tu es de nouveau mise dans le coma. Je m'y attendais, cet appel je l'attendais. Je suis venue te voir avec tonton ce soir, et on a patienté 2 heures avant de te voir. L'équipe médicale et paramédicale nous a reçu, et on a pu te voir 2 minutes.

L'interne t'a annoncé devant nous que tu allais être de nouveau intubée et mise dans le coma. Tes yeux, ton regard remplis de larmes, tu m'as regardée et m'as serré la main. Je t'ai dit : « Ne t'inquiète pas, tout ira bien », malgré ma peine, ma peur. Tu n'as pas rechigné. On a dû sortir de la chambre pour laisser l'interne t'ausculter. Nous devions revenir te voir, mais nous avons laissé la place aux soignants. On t'a fait un coucou par la vitre. Je n'oublierai jamais ton regard, ta main sur la mienne. Tu souffrais tellement qu'il a fallu te soulager pour ton bien. Ton bien-être avant le nôtre, avant notre peine. Tu n'as pas souffert ni appréhendé l'intubation d'après l'infirmier, et ça nous a soulagés. Tu es de nouveau auprès de papa, de papy et de Jacky. Profites d'eux, détends-toi, repose-toi, prends toute l'énergie que tu peux auprès d'eux. Dors, mais reviens-nous. Prends le temps qu'il te faut. Nous, on est là, je suis là et on t'attendra. On ne bouge pas. Je t'aime maman ❤ ».

...........ଧୁଧୁଧୁ...........

17/11/2021

L'extubation s'est donc mal passée, elle a donc été de nouveau intubée. Et puis, dans l'entre-deux, Tata ne sait plus ce qu'elle veut.

Je fête l'anniversaire de Naël aujourd'hui avec ses amis. Il m'est impossible de me réjouir, de sourire, de rire. Je me rappelle de tout, cette angoisse, et sa voix dans ma tête.

C'est difficile à décrire, c'est comme une énorme boule d'énergie qui arrive à ma droite au-dessus de mon épaule, et une impression, un sentiment, une oppression monumentale. Je me sens comme scindée en deux au niveau de mon plexus solaire.

J'ai l'impression d'étouffer, j'ai l'impression de mourir...Pire, j'ai l'impression d'être coincée, et de ne pas savoir comment revenir. Ce que je ressens ne m'appartient pas : c'est à ma tante.

C'est elle qui souffre en ce moment, je le sais, je le sens. Et d'ailleurs, comme si cela ne suffisait pas, je l'entends me le dire, me le crier : « Aide-moi ». Ces 2 mots, je les ai en boucle dans ma tête avec cette oppression permanente, et je dois faire bonne figure, jouer avec les enfants, faire souffler les bougies, rire, sourire. Il semblerait que je ne sois pas faite pour les anniversaires...

Tata est mal, très mal, et c'est insupportable. Je me sens impuissante, je me sens si frustrée. Je suis témoin de la souffrance d'un être humain, et je ne peux rien faire pour le moment. Est-ce qu'il y a non-assistance à personne en danger ?

Je suis épuisée. Je ne pense qu'à une chose : que cet anniversaire se termine, et que tout le monde rentre chez soi au plus vite afin d'aider Tata du mieux que je le peux.

Dans nos communications, Tata semble être perdue, et elle me montre des images étranges de son frère et de sa sœur. Je ne comprends pas tout de suite le sens de ce que je vois.

Maman et tonton m'apparaissent dans une sorte de scaphandre, comme une tenue de cosmonaute. Et soudain, je réalise ce qui l'intrigue : elle ne se rappelle plus, du COVID, des mesures de distanciation sociale...et elle en souffre tellement. Elle me montre des mains gantées qui touchent les siennes, des bras qui se serrent, des accolades, des câlins, le toucher lui manque. Elle se sent morte dans ce corps qu'on n'a plus le droit de toucher à cause de toute cette folie sanitaire. Comme si tout cela la coupait encore plus de la réalité, la nôtre, en tout cas, l'éloignant toujours un peu plus de notre dimension. Alors, Tata semble ne plus savoir ce qu'elle veut. Quant à moi, je suis à bout de nerfs, j'aimerais dormir, oublier, et surtout être oubliée...Il va me falloir demander l'aide d'une copine médium, et parler une bonne fois pour toutes de ce que je suis...pas le choix, il semblerait que j'ai touché le fond. Séverine confirme ce que je vois, ce que je ressens. Elle me redit ce qu'elle m'avait prédit il y a quelque temps : je suis médium, et il est temps de partager et de sortir de ce silence...Elle entre en contact avec ma tante et tout correspond. Je ne suis pas folle.

.............🙰🙰🙰.............

TATA : « Je me souviens de voir les yeux de mon frère et de ma sœur rivés sur moi ; j'avais l'impression qu'ils étaient dans un scaphandre !! Avec de grosses lunettes comme des hublots. Alors que c'était moi qui étais entre les tuyauteries des machines ! Mais j'ai compris également plus tard qu'ils devaient porter lunettes, charlottes et tenues « d'extra-terrestres » pour entrer dans la chambre pour me voir, car j'étais toujours positive au COVID.

Je me souviens tenir les mains de mes enfants dans mes mains, les sentir me toucher, et ressentir tout l'amour et la force qu'ils me transmettaient, et de mon côté tout l'amour que j'avais pour eux, et je ne voulais pas les quitter, je ne voulais pas ! »

.............🙰🙰🙰.............

17/11/2021, LE SOIR

Aujourd'hui, c'est avec Cécile que je travaille sur Tata. Nous lui permettons de voir la porte, et de prendre conscience qu'elle a le choix : partir ou revenir...Telle est la question, et c'est elle qui détient la solution.

« Voilà Tata, la porte est ouverte : tu as cette lumière d'un côté, et ce corps de l'autre. Mais Tata, souviens-toi, et je sais que tu sais, mais je te le répète : la lumière est partout en fait, c'est ta peur qui t'empêche de la voir. Si seulement tu pouvais t'en rappeler quand tu reviendras, ça t'aidera de le savoir. La lumière m'aide chaque jour, pour ma part, quand je ne la vois pas, je la cherche dans les yeux de ceux qui m'aiment. Tata, ici, beaucoup de personnes t'aiment. Cette étincelle au fond des yeux allume l'amour dans notre cœur... »

Elle m'écoute, silencieusement.

Ce qui correspond dans l'énergie à : elle reçoit patiemment mes images sans me couper « la parole vibratoire », ce qui est chose rare !

Assises l'une à côté de l'autre, face à l'océan, nous regardons dans la même direction : en face de nous, loin devant, il y a l'île, son corps immobile...

Elle se demande si elle doit y retourner. Elle tourne sa tête derrière nous et regarde la lumière et les êtres qui s'y trouvent, là au bout de la plage...

« Continue, ma petite fée, de m'apporter la Lumière sur mon corps... »

............ੴੴੴ............

TATA : « Je me souviens tenir les mains de mes enfants dans mes mains, les sentir me toucher, et ressentir tout l'amour et la force qu'ils me transmettaient et, de mon côté, tout l'amour que j'avais pour eux et je ne voulais pas les quitter, je ne voulais pas !

Mais j'étais vraiment dans un monde parallèle où la lumière m'attirait, car je savais que si j'y allais vers cette clarté, cette luminosité, claire, apaisante, je ne souffrirais plus. J'avais tellement mal partout que j'avais envie d'avancer dans ce sens, mais sentir les mains de mes enfants sur moi me rappelait que je ne voulais pas les quitter, pas maintenant, en tout cas ...alors que faire ? Aller vers la lumière et ne plus souffrir, ou revenir vers mes enfants ? Mais il me fallait franchir, dans le sens inverse, comme un mur de douleurs et de souffrances, et j'avais peur... »

...........ಜುಜುಜು...........

Nous restons silencieuses, mais je ne pars pas encore, je la connais assez pour savoir qu'il y a autre chose...Et cet autre chose ne tarde pas à sortir : « Mais tu dois délivrer un message à la famille, ok ? »

Allons donc...Tata dans toute sa splendeur !

Je la regarde, la plus sceptique possible. « Tu plaisantes là ? ». Elle me montre des images de mamie, de Lolo, de maman qui lui parlent, je vois même des écritures. « Elles te parlent ? Et elles t'écrivent ??!! ».

Elle ne répond pas et me montre des images de ses garçons, si tristes et malheureux, puis tonton, qui lui parle lorsqu'il vient la voir. Ses petits-enfants, elle me les montre aussi. Thalia, je la vois dans sa chambre, mettre ses mains à plat, paumes au-dessus de son lit : elle envoie de la lumière à sa mamie. Elle me montre les lèvres de Thalia, et les siennes. Je la vois lui donner quelque chose, mais je n'ai pas le temps de comprendre, car elle va très vite, elle est excitée et veut que je parle, que je dise, que je transmette. Je suis abasourdie.

« Tu vois ma puce, ils savent tous à leur façon qu'il y a autre chose, aide-les à comprendre, dis-leur ce que j'ai à leur dire, s'il te plaît. Je ne suis pas partie, qu'ils me touchent, qu'ils me parlent, bon sang, dis-leur que je les entends, et que je les sens !

Et fais-moi quelque chose pour me donner énormément d'énergie, ainsi j'essaierai de leur prouver que je suis là». L'image qu'elle me présente me fait rire : celle de la Belle au Bois dormant qui s'éveille et sautille de joie dans tous les sens, face à ses proches ébahis...Sacrée Tata...

Je réfléchis...Quelle merde ! Si j'ai signé un contrat avant de m'incarner, je devais être encore bien concentrée, moi, ce jour-là. Je suis sûre qu'il y avait des astérisques, et des choses écrites en tout petit. Et moi, dans mon extrême naïveté, j'ai signé et foncé tête baissée...

Elle sourit, elle rigole même. Elle entend tout. Elle me montre une image de la série Ghost Whisperer pour me rappeler qu'elle me comparait à Mélinda, avant tout cela, lorsque je lui faisais part de mes expériences « paranormales ».

« Je vais réfléchir », répondis-je en prenant congé. Son petit sourire ne me dit rien qui vaille, me dis-je en m'endormant.

...........ೲೲೲ...........

LOLO : « Hier, mercredi 17 novembre, j'ai eu un coup de téléphone que je ne m'attendais pas à avoir, puisque je devais venir te voir vers 16h30. Le médecin m'appelle et me demande s'il est prévu que je vienne te voir.

Je lui réponds que oui, en fin de journée. Elle m'annonce alors qu'ils sont très pessimistes concernant ton état. J'ai insisté pour savoir si ça voulait dire qu'on devait se préparer au pire.

La réponse fut oui. J'ai dû annoncer cette terrible nouvelle à mes frères, puis à Max, puis à tonton et à tata, après avoir encaissé et réalisé ces mots. Je suis venue à l'hôpital, rejointe par tonton. Nous avons attendu, puis nous avons été reçus par le médecin ainsi que 2 soignants. On a bien discuté, les choses nous ont été dites clairement et calmement. Ils sont au maximum de ce qu'ils peuvent faire pour t'aider. Tu es à 30 jours de réanimation, ce qui est beaucoup. La décision a été prise en staff, ils ne font plus de thérapeutique. « Votre mère va mourir dans le service ». Ces mots, raisonnent dans ma tête.

Tout devient concret. Tu n'en peux plus, ils ne peuvent plus rien faire. Ton choix est respecté malgré notre douleur. Les 24h-48h prochaines vont être les plus longues. On a été te voir avec tonton et 20syl. Puis on a laissé 20syl seul avec toi, il en avait besoin. J'ai respecté son choix. Seb nous a rejoint ensuite. On est venu tous les deux te voir, puis je l'ai laissé seul aussi. Ensuite, on a pris la décision de rester avec toi. 20syl et moi jusqu'à 20 heures et Seb jusqu'à 22 heures. L'équipe est adorable avec nous. D'ailleurs, on revient ce matin, on a l'autorisation. On a pu être à 3 auprès de toi, au vu de la situation, demande accordée. C'est dur, maman, il faut qu'on te laisse partir. Seb a encore de l'espoir. Moi, beaucoup moins. J'ai 32 ans. Je vais être orpheline. J'ai peur, maman, la nuit, au lever du jour, j'ai peur. La journée je tiens, pour eux, pour toi. Je sais que tu ne souffres pas et que tu ne te vois pas partir. Ils me l'ont assuré, car ils ont compris que c'était ma crainte. Maman, je vais te perdre. Tu vas me manquer comme tu me manques déjà. J'espère avoir fait mon maximum pour t'aider durant ces années.

J'espère t'avoir soutenue comme il le fallait, mais surtout comme tu le méritais. Maman, tu vas rejoindre papa, papy et Jacky. Maman comment je vais faire sans toi. Tu es mon pilier. Tu es mon repère. Avec qui je vais aller au restaurant la Renaissance, traîner dans les magasins et acheter un tas de choses. Comment Éden, Hugo et Thalia vont faire sans leur mamietine. Ils sont si jeunes.

J'avais l'âge d'Hugo quand papa est parti. Maman, je ne suis pas prête à avancer sans toi. Maman, j'ai peur. Mais je dois arrêter de penser à moi. Seule toi compte. Je t'aime au-delà de l'univers 🖤 *».*

18/11/2021, 7h50

Épuisante Tata...Toute la nuit, elle n'a fait que me pousser à parler, à sortir de ma réserve, à briser ma carapace.

Si je ne l'aimais pas autant, je serais fâchée. Mais là, je me sens plutôt lasse et hésitante. J'ai pratiqué le kolaimni que l'on nomme « énergie intense » afin de l'aider à être aussi présente que possible aujourd'hui. Et puis, j'ai écrit dans mon téléphone le message qu'elle « veut » que j'envoie...

Cela doit faire mille fois que je le relis, là assise sur le sol froid de mon entrée. Je ne sais pas pourquoi je me suis mise là d'ailleurs, et je me dis qu'inconsciemment, je me suis encore positionnée à côté d'une porte, et que la prendre pour fuir ne résoudra rien. Car, là où elle est, rien ne l'empêchera de venir à moi, épuisante Tata...

J'ai repensé dix mille fois à cette fameuse phrase : ce que je vais dire sert-il mon égo ou servira-t-il à d'autres ? Je suis forcée d'admettre l'inévitable : il est désormais temps de parler.

Je relis une énième fois mon message :

« Coucou ma cousine, mon 20syl, mon Seb, mon tonton et ma maman. J'ai hésité longuement avant de vous envoyer ce message, mais je le fais car c'est le vœu de Tata. Je me doute que pour certains d'entre vous, concevoir ce que je fais est difficile à entendre et comprendre , mais c'est trop important pour que je le garde pour moi .Tata sait que vous êtes tous là pour elle, soyez-en sûrs. Elle oscille entre sa volonté de rester auprès de nous et celle de rejoindre l'après. Il n'y a qu'elle qui peut faire ce choix. Elle m'a demandé hier soir que je lui apporte l'énergie nécessaire pour l'aider à faire ce choix. Elle ne supporte pas de se voir ainsi et elle dit que son corps est usé, mais elle est partagée entre ces deux mondes . Dans chacun d'eux, elle a des personnes chères à son cœur et son âme. Elle m'a dit qu'elle aimait que vous lui parliez, et qu'elle aime qu'on la touche, alors n'hésitez pas à le faire si vous le pouvez. Elle dit que vous pouvez écrire aussi et lui lire à voix haute. Ne culpabilisez pas, vous faites tous ce qu'il faut pour elle et elle en est consciente. J'essaye d'être en contact le plus possible avec elle dans ce monde « entre deux », et je vous envoie plein d'amour 🩶

Je vous aime et pardonnez-moi si je vous choque, mais Tata sait se montrer convaincante et autoritaire lorsqu'elle souhaite quelque chose lol »

18/11/2021 : DANS LA JOURNÉE

Décidément, je ne m'attendais pas à un tel engouement de la part de ma famille. Maman m'écoute, tonton me questionne et me demande même s'il m'est possible de savoir si sa sœur veut quelque chose en particulier. Ce à quoi Tata me montrera un parfum. Celui-ci lui sera donc apporté.

Quant à mes cousins, ils m'écriront être rassurés que leur mère ait quelqu'un avec qui converser dans cet entre-deux.

Finalement, Tata avait raison, cela fait un bien fou de parler.

...........ꙮꙮꙮ...........

LOLO : « Aujourd'hui a été une journée assez particulière. Émilie nous a fait passer ton message. Je sais que tu as un pied ici avec nous, et un pied dans l'au-delà.

Cet après-midi, je me suis sentie étouffer dans ta chambre, alors j'ai préféré sortir et prendre l'air, j'avais besoin de tout lâcher. Je suis revenue te voir avec tata, et j'ai enfin pu avoir un moment seule avec toi. J'ai pu te parler, pleurer, te toucher. Je t'ai dit que tu avais mon accord si tu souhaitais partir. J'ai craqué, lâché prise, et tout est sorti. Je sais que c'était ton souhait que je lâche prise devant mes frères. C'est chose faite. Maman, pour une fois depuis bientôt 4 semaines, je me sens apaisée, sereine, sans larmes, comme si ta mission avait été accomplie. Comme si ton souhait avait été exaucé. Je fais une pause, je pars sous la douche, mais je vais mettre de la musique pour pouvoir te parler à voix haute. À tout de suite. Quel bien cela procure de te parler à voix haute. Je me sens apaisée, calme et sereine. Je suis certaine que c'était ton souhait. Que je lâche prise.

Tu vas pouvoir partir tranquillement vers la lumière. Et puis fais-moi signe si tu veux. Dors maman, pars tranquillement, tu as notre bénédiction à nous 5, mais surtout à nous 3. Ton noyau dur t'accompagne jusqu'au bout. Je t'aime au-delà des étoiles et de l'univers. Ta fille adorée et chérie.»

............🕸🕸🕸............

MAMAN : *« En effet, tu étais mieux, reposée, le visage apaisé, serein, tes bras posés de chaque côté de ton corps. Sylvain d'un côté, moi de l'autre et Alain qui faisait les 100 pas ! Puis une machine a bipé, et le frangin a dit :« C'est le chlorure de sodium ».*

Je t'ai dit, pour détendre un peu l'atmosphère : « Le frangin, il fait le malin, ma Titine, il se croit médecin ! » Et là, tu as soulevé tes sourcils, j'ai dit à mon filleul « Tu as vu, elle a réagi ! ». « Oui » les yeux plein d'émotions m'a-t-il répondu. Tu m'avais entendue, et tu avais réagi, c'était incroyable et ce n'était pas fini.

À plusieurs reprises, je t'ai sollicitée, Lolo et Alain aussi ; ensuite, nous avons tous vu des réactions !

Je t'ai demandé si tu voulais que l'on ramène tes poissons chez nous dans le bassin pour retrouver leurs copains, et que ce serait plus facile à gérer pour tes enfants. J'ai insisté sur le fait qu'à ton retour, on te les ramènerait ou on t'en achèterait d'autres. Il était hors de question de penser que tu ne reviendrais pas, ce n'était pas possible ! « Veux-tu que l'on ramène tes poissons chez nous, ma Titine ? ».

*Tu m'as répondu oui avec un hochement de tête. Aux questions : tu nous entends ? Tu es bien là ? Tu nous as répondu par l'affirmative. Tu as communiqué tout cet après-midi, le **jeudi 18 novembre,** avec nous, avec des petits hochements de tête, des haussements de sourcils (pour des réponses qui ne demandent ni oui ni non), et des battements de paupières, c'était incroyable ! Inexplicable, mais cela nous a rassuré ! Tu n'étais pas partie......*

Ce fut pour nous cinq, un après-midi magique qui nous a énormément ému, mais aussi apaisé, rassuré, tu étais avec nous malgré ce coma artificiel très profond ! Nous avons parlé de tout cela quand nous nous sommes retrouvés à « l'entrée » de la sortie de l'hôpital, là où, depuis quelque temps, nous avions notre coin rien qu'à nous ! Tous, y compris Seb, nous savions que tu faisais des efforts surhumains pour nous faire comprendre des choses. Il y a eu beaucoup de questions parmi lesquelles nous avons compris qu'enfin, tu ne souffrais pas, que tu étais bien, mais revenir avec nous, nous n'avons pas eu de réponses...Bien sûr, je ne sais pas toutes les questions que tu as eues, et j'en ai sûrement oublié mais en tous cas, tu as répondu quoiqu'en pense le personnel soignant ! En sortant de ta chambre avec Lolo, nous avons raconté cela ...l'une a eu un air étonné, et l'autre nous a assuré que nous faisions des signes pendant notre sommeil ! Ben oui, sauf que notre Titine a répondu seulement quand on lui posait une question, et souvent, on répétait cette question pour être sûrs de ta réponse. Ce n'était pas un hasard du tout. Et vu la dose des « curares », ce n'était pas possible selon eux ! Ben si, on l'a vécu, et tu nous le confirmeras plus tard.

Nous avons tous constaté que tu étais extraordinaire et que tu nous étonneras toujours ! Bref, après cet après-midi magique et inespéré, nous l'avons décrit à Gilles qui nous attend toujours dans la voiture.

Mais là, mes neveux et Alain l'ont fait rentrer dans notre coin rien qu'à nous. Heureusement qu'il m'emmène, car la nuit tombe vite à cette époque de l'année et souvent, le plein d'émotions gêne ma vue.....Lolo, ce jour-là, a craqué, elle a beaucoup géré depuis 4 semaines et pris sur elle, elle a culpabilisé de ne pas pouvoir « tenir » devant toi plus longtemps, elle est sortie très vite de ta chambre et est allée se faire réconforter par son parrain. J'avais besoin de communiquer avec toi, et je savais qu'elle n'était pas seule ma petite Lolo. Je l'ai rejointe dans le hall, et quelques temps après, nous sommes de nouveau rentrées dans ta chambre pour te dire « au revoir », pas moyen de partir sans te le dire, jamais ma Titine ! Nous l'avons ensuite ramenée chez elle rejoindre son chéri et se reposer.

Elle est forte ta Lolo, c'est une winneuse elle aussi comme sa maman chérie, mais il faut qu'elle se préserve aussi, et je sais que tu sais !!! Régulièrement, plusieurs fois par jour malgré les visites, Lolo appelle le service pour avoir de tes nouvelles, et nous les transmet. Elle est au top ! **Ce soir-là, vers 22 h, les soignants t'ont dit qu'ils allaient baisser tes curares, et tu leur as fait comprendre que tu ne voulais pas. Et là, l'infirmière a bien été obligée de croire ce que l'on avait signalé....elle et l'équipe médicale étaient stupéfaites !! Tu es extraordinaire, ma grande sœur adorée ».**

...........ꙮꙮꙮ...........

Il a fallu que j'appelle mamie. Ce qui ne me dérange pas en soi. C'est plutôt les raisons de l'appel qui me mettent mal à l'aise. Vraiment, Tata va me rendre folle...Elle m'a demandé de lui dire de lui parler de chez elle. Tata m'a expliqué qu'elle entend tout, et qu'elle veut sentir l'amour et l'espoir de mamie, plutôt que de la sentir inquiète. Je souris, car imaginer que mon appel va changer sa façon d'être, c'est assez comique. Mais j'aimerais bien dormir sur mes deux oreilles cette nuit, donc je m'exécute.

« Allô mamie ? »...s'ensuivent quelques mots d'échange sur la pluie et le beau temps et enfin, je me lance ! Quelle folie de m'entendre parler...de m'entendre lui dire que « Tata m'a dit qu'elle t'entend, et que tu peux lui parler à voix haute de chez toi, blablabla... ». Mais contre toute attente, mamie ne répond rien. Je me dis qu'elle pense peut-être que j'ai perdu la raison, mais non, elle m'explique calmement qu'elle veut bien croire à cela, et qu'elle s'exécutera.

Elle m'appelle ce soir en me disant qu'elle a fait ce que Tata espérait, et que cela lui a fait du bien. Elle me parle de papy qui lui manque, et je lui apprends que si elle veut, elle peut le voir dans ses rêves, de la même façon qu'elle avait vu son papa sur un banc. Elle ne répond rien.

Ce soir, en me connectant à Tata, je demande à papy s'il peut aller voir mamie. Après tout, qui ne demande rien n'a rien !

18/11/2021 : LE SOIR

Les 4 Fantastiques sont toujours là. Tata ne semble pas les voir ce soir, et est encore dans une sorte d'énergie survoltée. Elle me montre les lèvres de Thalia et un petit objet cylindrique qu'elle lui a transmis. Je n'ai pas le temps de savoir ce que c'est, mais je sais qu'il faudra que je l'appelle demain matin. En attendant, je lui fais un soin énergétique afin de l'apaiser.

18 AU 19/11/2021

Elle est apaisée cette nuit, et moi aussi. Je peux dormir sans être dérangée, enfin.

J'ai vu papy auprès de mamie, si seulement elle pouvait s'en rappeler.

19/11/2021

Le matin, j'appelle Sabrina (la compagne de Seb, la mère de Thalia). J'explique, en marchant sur des œufs, que Tata m'a demandé de contacter Thalia. Elle semble à peine surprise, et je m'émerveille une fois de plus de la bonne réception de ce que je leur transmets depuis hier. Elle me répond qu'elle est d'ailleurs très heureuse que j'appelle, car je pourrais peut-être apaiser sa fille, puisque celle-ci cherche un rouge à lèvres, celui-là même que Tata lui avait donné il y a quelque temps.

Apparemment, Thalia s'énerve et s'excite en tous sens en disant à ses parents qu'elle doit le retrouver, car sa mamie lui a demandé. En écoutant Sabrina, je me rappelle de la présence de Thalia dans l'entre-deux, aux côtés de Tata, et me dit que cela confirme ce que je pressentais.

Thalia prend le téléphone et s'exprime énergiquement : « Tata, tu me crois toi ? Mamie veut le rouge à lèvres ! ».

Je suis sonnée : je me rappelle de l'échange du petit objet cylindrique aperçu dans l'entre-deux, entre Tata et Thalia. Et puis, Thalia pleure et se perd dans l'expression de toutes ses émotions qui la submergent. Je ressens le besoin viscéral de la voir. Je lui promets de passer après-demain pour discuter.

L'équipe médicale a appelé ma cousine. Ils ne comprennent rien, car en effet, oui, elle a fait des signes à l'équipe d'hier soir...

PS : Mamie m'a appelée. Elle pleure au téléphone : « Ma Ninie, tu ne devineras jamais ce qui est arrivé : ton papy est venu ! J'étais assoupie, et soudain j'ai entendu sonner à la porte et, lorsque je suis allée ouvrir, c'était lui, ma Ninie ! Que je suis heureuse de l'avoir vu ! C'était un merveilleux rêve, le premier depuis son décès ».

NUIT DU 19 AU 20/11/2021

La conversation avec ma tante ce soir reste légère. Je travaille sur sa gorge à sa demande, puis elle me montre des images de panna cotta, et une image de sa sœur (ma mère).

Je comprends qu'elle a faim, et qu'elle donnerait cher pour sentir de la panna cotta dans sa bouche (celles de maman). Je lui envoie l'image de nous, en train d'en déguster sur la plage. Je force les images de bien-être, de bonheur et de légèreté. Connectée à mon cœur, je la mets dans un cocon de lumière.

4h du matin. Réveil en sursaut. Elle est là, avec un SOS bien visible sur la plage. Il y a des vitres aussi, comme des miroirs, dont je ne comprends pas le sens. Puis, elle me montre une image d'elle en fauteuil roulant avec une trachéo, face à l'océan. Elle me lance un immense : « NON ». Que s'est-il passé ? Pas moyen de savoir, elle est dans le brouillard, et il semblerait qu'elle ait entendu quelque chose qui la bouleverse d'après ce que je comprends. Je lui fais un kolaimni pour l'apaiser. Elle me montre Thalia qui pleure.

Le lendemain, j'appelle Sabrina afin d'avoir des nouvelles de Thalia. Celle-ci veut me parler. Elle pleure, comme moi, elle a senti cette nuit la détresse de sa mamie.

Lolo me dit qu'à 4h du matin, ils ont été obligés d'injecter un calmant à Tata. L'équipe a décidé de l'extuber dans les jours à venir. D'après eux il y a peu de chances pour qu'elle y survive, ce sera donc la fin...

En parlant avec Tata dans la journée, elle me confirme qu'elle a entendu les soignants parler de son extubation, et que c'est cela qui l'a angoissée. Tata me montre qu'elle flotte au-dessus de son corps à l'hôpital, et qu'elle entend tout, même si l'équipe parle dans le poste de soins...

............ಹಂಹಂಹಂ............

TATA : « Quand j'ai pu dégager un peu les doigts, j'ai ressenti le besoin de leur écrire avec le doigt, soit dans la paume de leur main ou sur le dessus, je ne sais plus, mais j'écrivais « SOS » ou bien « HELP » ....cela voulait dire « Mais où suis-je ? Venez me chercher ? Venez me libérer ? Je suis perdue au secours « - alors je croyais que j'écrivais sur la plage, et que le flux et le reflux de l'océan avait effacé mon appel à l'aide (ça me rappelle un film avec Harrison Ford) mais rien ne se passait alors je me « transportais » vers ma petite fée Émilie (j'ai su bien plus tard qu'en effet, elle correspondait avec moi, et qu'elle travaillait sur moi et que je venais dans son sommeil la nuit pour lui demander son aide ...je comprends mieux avec du recul dans quel monde parallèle j'étais !!), j'écrivais aussi sur les miroirs « au secours » avec le tube de rouge à lèvres que j'avais donné auparavant à Thalia – j'ai su, par la suite, qu'elle recherchait ce tube de rouge à lèvres comme si elle savait que j'en avais besoin pour écrire mon appel à l'aide... »

............ಹಂಹಂಹಂ............

20/11/2021

Aujourd'hui, elle semble ailleurs. Par « cet ailleurs », je veux dire qu'elle me semble vraiment loin.

CINQUIEME SIGNE ....*SOS* ⬆

Sur la plage, je la vois se rapprocher des 4 Fantastiques. On dirait qu'elle se rapproche de la lumière, chaque jour un peu plus. Et puis, elle cherche à rappeler des souvenirs à ma mère, sa sœur. Pour cela, elle me montre une bicyclette et insiste sur ce mot.

Elle me montre maman, petite, derrière elle, sur le porte-bagages. Ce souvenir sera relaté à ma mère qui le confirmera et le validera...

...........ဟဟဟ...........

LOLO : «*Aujourd'hui est un jour bizarre. Avec les garçons, on ressent quelque chose de particulier, surtout avec Seb. On n'arrive pas à mettre de mots dessus mais, on sait que nous avons le même ressenti. Hier, on a passé la soirée ensemble, ce qui nous a fait le plus grand bien. On a parlé de la suite, et on s'est enfin mis d'accord sur la tournure des événements. C'est ce que tu voulais, maman, qu'on soit soudés et d'accord. C'est chose faite. Tu peux être fière de ce que tu as réussi à mettre en place. On est ensemble, on ressent les mêmes émotions, les mêmes incompréhensions. On ne sait pas ce qui va se passer aujourd'hui, mais je sais que cette nuit tu as eu peur vers 4 heures du matin. Tu as interpellé Émilie, Thalia a eu peur et moi, ma nuit a pris une autre tournure vers la même heure. Et puis ce matin, je ne t'ai pas sentie aussi présente qu'hier, et j'ai écouté le paradis blanc en boucle. On est sur la route, maman, on arrive. Attends-nous encore quelques minutes. Laisse-nous te voir encore une petite fois. Promis, il n'y aura pas d'adieu, juste un au revoir. Je t'aime au-delà des étoiles* 🚀 ».

...........ဟဟဟ...........

20 AU 21/11/2021

Je la retrouve sur la plage où elle semble joyeuse. Parrain, à présent, est derrière elle, et Thalia est près de moi.

Je lui demande si elle souhaite quelque chose. Elle me montre sa chambre de réa avec un mur qui devient une fenêtre ouverte sur le monde. Je lui explique que pour le moment, ceci est impossible.

21/11/2021

Thalia est dans mes bras. Nous sommes dans sa chambre, assises sur le bord de son lit. Elle sanglote et me demande de la croire. Elle se détache de ma poitrine, où elle s'était logée, et me sonde de ses yeux bleus en se plantant debout devant moi pour être à ma hauteur : « Tata, tu me crois, toi, hein ? Je sais que tu es comme moi, je t'ai vue là-haut, avec mamietine ».

Ses paroles me submergent d'émotions. Je mets en place mon Ingénieur et mon Infirmière pour qu'ils se souviennent toujours de cet instant, de ces instants, de ces merveilleux instants que je chérirai à jamais dans mon cœur. Que tout mon être se souvienne de nos échanges de regard interminables, de nous, comme suspendues dans le temps, de la saveur de mes larmes sauveuses qui coulent, du bruit de mes sanglots se mêlant aux siens...

Et alors que tout mon être est disponible dans l'instant présent, alors qu'on se fixe, face à face, mains dans les mains, je me souviens subitement d'un moment passé gravé dans ma mémoire. Elle avait trois ans et demi. C'était le jour de mon anniversaire, nous étions au petit-bois de mon grand-père.

C'était en juin 2019 et, comme dans un film, elle était venue à moi sans parler, et m'avait serrée dans ses bras. Nous étions restées ainsi immobiles, devant l'air stupéfait de ses parents. Je l'avais reconnue en cet instant, c'est étrange, comme si je savais qu'elle voyait, qu'elle verrait et qu'on le partagerait, un jour.

Ainsi, c'est bien cela, pensé-je. Je vois en elle, une facette de la petite fille que j'étais. Il s'agira pour moi de me montrer vraie, de ne rien lui cacher.

« Tu parles à ta mamie, Thalia ? Est-ce que tu fais cela ? », dis-je en me mettant debout avec mes paumes de mains au-dessus de son lit.

« Oui, dit-elle les yeux illuminés : oui, je fais ça, Tata ! Je lui envoie de la lumière pour qu'elle guérisse !».

Je l'écoute et m'émeus lorsqu'elle me demande : « Tata comment tu vois la lumière, toi ? Et est- ce que tu sais que tu es comme une fée ? C'est comme ça que mamietine te voit ! »

Elle me demande ensuite si elle peut imaginer que la lumière soit comme des paillettes de fée qu'elle agiterait et lancerait vers sa mamie, et elle prend un petit panier avec des fées dedans pour illustrer dans un geste de bras dynamique comment elle se verrait le faire...Je souris, me rappelant qu'avant tout, elle est une enfant. Mais par expérience, il est si difficile de continuer à l'être en vivant tout cela. Sentir la douleur et le désarroi de sa mamie est bien lourd à porter pour un si jeune âge, non ?

Alors, oui, je décide une fois de plus de m'aider de mon fidèle compagnon : l'humour. Et je fais l'andouille avec elle, là, dans sa chambre d'enfant, je me rapproche encore un peu plus de celle que j'étais, que je suis, tellement.

22/11/2021

Elle a mal à la gorge et me montre une pastille au miel qu'elle aimerait faire fondre dans sa bouche. Je travaillerai donc à distance sur cette zone de son corps puis sur ses poumons. Elle me montre ensuite des souvenirs avec Lolo quand elles dormaient ensemble dans le même lit. Je vois le mot « Love » s'afficher au-dessus d'elles.

C'est un souvenir qu'elle veut que je partage avec Lolo, comme pour lui signifier que partout où elle est, elle ne cesse d'être à ses côtés. Elle veut revenir, sans le tube dans sa gorge, elle veut revenir mais elle est fatiguée, elle veut revenir car ses pitchounes ont besoin d'elle. Alors, soudain, sans comprendre ce qui se passe, je ressens encore sa peur, sa peur de l'avenir, sa peur de la dépendance, sa peur de la maladie, sa peur d'être un poids, sa peur d'être un fardeau financier pour ses proches. Elle prend la fuite, elle court sur la plage, et je remarque qu'un escalier apparaît, elle y grimpe à toute vitesse, la mer semble s'agiter et prendre de l'ampleur, les vagues se fracassent contre le sable et gagnent du terrain, on dirait que la plage inonde. Je ne vois plus Tata, elle s'est mise en retrait, dans sa bulle, quelque part où je n'ai plus accès. Elle sait que nous attendons tous sa décision : est-ce qu'elle part ou est-ce qu'elle revient ?

Si l'extubation se passe de nouveau mal, devons-nous retenter ou tout arrêter ?? Les médecins disent qu'il n'y aura pas d'autres tentatives. Ce sera la dernière chance...ou pas.

Je sens qu'elle hésite et n'en peut plus. Elle est épuisée, souhaite revenir, et en même temps partir. Elle a peur, et comment ne pas comprendre ça. Je travaille donc sur sa peur ce soir ainsi que sur toute ma famille, moi y compris.

Quel que soit son choix, il nous faudra la soutenir, car dans chacun des deux mondes, elle quittera, d'une certaine façon, des êtres chers. Je sais que revenir sera le plus douloureux des choix pour elle. Elle est très claire sur ce point, mais elle veut tenter de revenir pour ses enfants.

23/11/2021 AU MATIN

Elle marche le long de la plage, sa robe relevée pour ne pas la mouiller. Elle s'approche de l'eau et sourit. « J'ai mal à la gorge, là-haut, me dit-elle en montrant l'île ».

Je travaillerai donc encore sur sa gorge ce soir.

« Tata, où en es-tu avec ta décision ? »

«Je me sens bien, mais fatiguée du côté de mon corps. Je veux revenir, mais j'ai peur. Dis à Lolo d'aller chercher le dossier noir». Elle me montre de nouveau ce dossier dans un placard chez elle et insiste pour que je dise à Lolo d'aller le chercher. Tout est noté dedans, me fait-elle comprendre : pas d'acharnement.

Car oui, quoiqu'en disent les médecins, elle va revenir et fera tout pour supporter le retour dans son corps. Mais si cela s'avère trop difficile, elle refuse l'acharnement, tout doit être clair, parfaitement clair.

Je travaillerai donc sur sa peur aussi, ce soir, et enverrai un message à Lolo pour lui parler de nouveau de ce fameux dossier.

Il semblerait que ma tante ne lâchera pas prise tant qu'elle ne saura pas ce dossier entre les mains de sa fille.

Soudain, alors que je marche à ses côtés, je sens mon corps physique trembler et mes larmes couler, mon corps frissonne...

Je me tourne : il est là, là devant Tata et moi... « Papy ??!! » Mon Dieu, quel bonheur...cela inonde mon cœur. Il a le sourire, et je le reconnais bien là, avec son air taquin et jovial. Il a l'apparence de celui qu'il était vers ses 55 ans, je pense, et porte une chemise imprimée dans les tons bleus en coton. Ses cheveux grisonnants et épais, je les reconnaîtrais entre mille...Il me sourit et regarde sa fille. En « ondes », je perçois ses « mots » : « Revenir dans ton corps est compliqué, mais c'est ton choix. J'ai eu beaucoup de mal à accepter ma dépendance, et je sais que pour toi cela risque d'être pareil, ma fille. Mais quel que soit ton choix, je serai à tes côtés... ».

Ça y est, je le sens, elle va revenir...

Et comme pour le prouver, elle a bougé ses mains aujourd'hui, dans son sommeil insisté.

...........ᏠᏠᏠ...........

LOLO : «*Aujourd'hui, je suis allée récupérer « le dossier », Émilie me l'a demandé. J'aurais dû le faire avant... Si seulement j'avais su... Avant d'emmener Max chez le médecin, j'ai ressenti le besoin de l'ouvrir et de tout regarder. Tout est organisé, net et précis. Et puis, il y a cette lettre, cette lettre de refus de soins. Si seulement je l'avais eue avant. Tu n'en serais pas là et tu ne souffrirais pas. Si seulement j'avais suivi mon intuition. Si seulement...Tout est tellement clair au niveau de tes volontés. On doit et nous devons les respecter. Je sais que tu sais que je sais. Tu lis en moi comme dans un livre ouvert et réciproquement. Aujourd'hui, je ne suis pas venue te voir. C'était compliqué pour moi de venir, et puis Max est tombé malade, le destin... Peut-être...Mais plus les jours passent, plus je me dis que tout est un signe. Si seulement Seb pouvait penser comme moi, si seulement il pouvait accepter de te laisser partir. Si seulement...Maman, tu souffres, j'en suis persuadée. Ton corps est fatigué, c'est indéniable. Maman, ne leur laisse pas le choix, ne les laisse pas te laisser souffrir. Maman, laisse-toi partir tranquillement et sereinement.* 🌠 ».

...........ᏠᏠᏠ...........

24/11/2021, 14h30

Elle veut entendre la voix de mamie. Je passe donc le message à Lolo, et tonton se chargera ensuite de faire faire un audio, qu'il fera écouter à sa sœur dans sa chambre d'hôpital, par la suite.

Maman me dira ce soir qu'elle a pu « échanger avec sa sœur » et en effet, Tata réclame mamie, et le fameux dossier. Pour le moment, la seule personne à qui je parviens le mieux à transmettre les messages de Tata est ma cousine Lolo. Avec maman, j'ai toujours peur, peur de la choquer, peur de lui faire peur, peur qu'elle me dise comme avant, que ce n'est « que mon imagination »...

Tata, elle, semble de plus en plus présente lors de nos échanges dans l'entre-deux, elle n'y est d'ailleurs presque plus, elle se rapproche de l'île, de son corps, chaque jour un peu plus. Elle me demande de l'énergie, toujours plus d'énergie pour prouver à tous qu'elle est bien là, et qu'elle revient, semblant me dire : « Ne me débranchez pas, je suis encore là ».

Elle me montre son fils aîné, et me demande de travailler sur lui pour l'aider à communiquer avec son frère et sa sœur. Je lui ferai donc ce qu'on appelle un cœur/gorge ce soir.

Tata se prépare, autant qu'elle nous prépare.

.... ଚ୦ଚ୦ଚ୦ ....

MAMAN : « **Mercredi 24 novembre**, *je suis allée rejoindre tes enfants qui attendaient que tes soins se terminent pour te voir. Ce fut très long...j'avais envie de venir, mais je le redoutais beaucoup aussi....par peur de te voir une nouvelle fois souffrir ! Les garçons sont rentrés en premier, Seb a laissé sa place à Lolo puis Sylvain la sienne.*

J'ai donc rejoint Lolo et, lorsque nos regards se sont croisés, tu as ouvert ta main...Je l'ai prise tout de suite, un moment si fort, ta main dans la mienne, ma grande sœur adorée. De l'autre côté, tu avais celle de ta pitchoune. Je t'ai demandé si tu avais mal, tu as répondu par la négative, si tu en avais marre, tu as répondu cette fois par l'affirmative ! Tu as voulu écrire comme tu l'avais fait précédemment avec tes enfants. Tu as écrit « dossier », nous t'avons demandé si c'était bien le dossier que Lolo avait récupéré dans ton bureau la veille, tu as répondu oui. Ce fameux dossier qui nous avait interpellés l'avant-veille bizarrement, car nous ne souhaitions pas d'acharnement thérapeutique, et qui nous avait décidés à le récupérer. Ce que fit Lolo le mardi justement. C'était vraiment bizarre, cette coïncidence, d'autant plus que tu as « dérangé » dans son sommeil ma grande fille, notre bonne fée, pour lui communiquer tes souhaits et ce fameux dossier...Incroyable !

Tu as écrit mam (maman ?) toujours sur le cahier, et je t'ai dit qu'elle allait bien, qu'elle pensait beaucoup à toi, qu'elle n'avait pas le droit de venir te voir, que tes messages lui manquaient ainsi que ta présence, et qu'elle t'aimait beaucoup ! Je t'ai demandé si tu voulais lui dire que tu l'aimais toi aussi, et tu m'as répondu oui d'un signe de tête. Nous avons eu beaucoup d'échanges, tu étais fatiguée, mais tu voulais absolument nous dire les choses. Tu m'as dit aussi que tu m'aimais quand je te l'ai demandé....Mci aussi, ma grande sœur adorée !

Tour à tour, nous avons profité de ces moments forts en émotion et tu nous as une fois de plus prouvé que tu es une femme exceptionnelle, «bourrée » de ressources incroyables, une winneuse t'ai-je dit ! À chaque fois que quelque chose te venait à l'esprit, tu tapotais avec ta main droite pour nous faire comprendre que tu voulais ce fameux cahier que Lolo tenait, et on te donnait le crayon, tu écrivais fébrilement mais nous arrivions à comprendre malgré tout. Pas moyen de te reposer par contre, ton cerveau ne s'arrête jamais. À un moment, quand nous étions revenus dans le hall, tu as réclamé Seb et Lolo. Elle était sur le point de s'en aller...Ils ont rejoint Sylvain, tu leur as demandé de poser leurs têtes sur toi, et tu as pris leurs têtes dans tes mains, comme tu as pu malgré tes poignets attachés. J'en ai encore des frissons d'imaginer cette scène, tout cet amour entre vous quatre.....Un après-midi encore imprévisible, mais ta volonté, ta ténacité et tout l'amour pour tes petits et pour nous aussi, font que nous y croyons de nouveau ! Oui, je ne te cache pas que nos espoirs s'estompaient de plus en plus...Ma titine, tu me surprends toujours, tu nous surprends toujours, mais qu'as-tu décidé ? Je ne veux pas que tu souffres, tous, nous ne voulons pas. J'ai peur, tellement peur....Tu as fait à chacun de nous un petit signe d'au revoir avec ta main droite quand nous avons quitté ta chambre (toujours avec tes mains attachées). »

...........ରେରେରେ...........

25/11/2021 AU SOIR

Elle s'inquiète pour mamie, et me demande si je peux faire quelque chose. Je m'y atèle donc, et en profite pour inclure toute ma famille.

Je la vois qui se rapproche de l'île, elle a de l'eau jusqu'aux genoux.

Elle me réclame plein de lumière pour revenir.

Il y a Papy, Gilbert, Parrain et Jacky à ses côtés. Ils sont sur la plage. Tata se rapproche de plus en plus de son corps physique, de son île. Les 4 Fantastiques sont là, bienveillants, tous dans une position cérémonieuse. Ils hochent la tête en la voyant regagner son corps.

Je me souviens m'être fait la réflexion qu'ils gardaient bien leurs mains dans leurs poches comme pour ne pas que Tata soit tentée de les attraper et d'aller, de ce fait, dans le sens inverse. Thalia est à mes côtés, elle fait signe à sa mamie de ne pas prendre les mains des 4 Fantastiques.

..............ဆဆဆ..............

TATA : « Et puis je les ai vus, tous les 4, les 4 hommes influents qui ont compté dans ma vie : il y avait mon mari, le père de mes enfants, au loin, à qui je n'ai pas assez dit que je l'aimais du temps de son vivant, mais je pense et j'espère qu'il le savait (pour preuve, il y a nos 3 enfants fruits de notre Amour). C'était mon amour d'école, mon amour d'adolescente, mon amour pour la vie ...
Mais il en a été autrement et puis il y avait mon père, papa à qui je regrette de ne pas avoir dit du temps de son vivant qu'il était un exemple pour moi de franchise, d'honnêteté, il y avait mon parrain, Tonton Gilbert, qui me secouait car à chaque fois que je regardais en arrière et que je pleurais, il me disait du temps de son vivant « tu vois l'horizon au loin et bien ne le perds pas des yeux et avance », et puis il y avait Jacky, mon ami, qui a été intime dans ma vie dans les années 98 à 2002 mais qui est toujours resté un proche, un ami, pour les vacances, les cinémas, sorties au resto et autres...tendrement, et ce au fil des années et qui, malheureusement, nous a quitté durant le COVID fin 2020.

232

Thalia me disait : « mamietine avance, fais marcher tes jambes, fonce, mais surtout, quand tu arrives à leur niveau, tu ne les touches pas, sinon tu vas basculer de l'autre côté et tu ne pourras plus jamais revenir ». Alors je lui ai obéi. Ils étaient tous les quatre alignés, du plus lointain au plus récent, le même costume bleu, décontractés, les mains dans les poches, une chemise blanche romantique ouverte sur leurs poitrines respectives.... les mains dans les poches, ça voulait dire : « On ne te tend pas les mains, c'est encore trop tôt, reviens vers tes enfants, ils ont encore besoin de toi »....

...........ଧ଼ଧ଼ଧ଼...........

26/11/2021

Je travaille sur elle depuis hier soir, énormément. Nous savons que l'équipe médicale va tenter de l'extuber, donc les kolaimnistes se joignent à moi.

Nous voulons que cela se passe au mieux, mettre toute la lumière possible afin que toutes les conditions soient réunies pour qu'elle fasse son choix en toute conscience, dans la douceur, et non la douleur, et le plus rapidement possible.

Elle est sereine, elle me montre les sapins de Noël, elle sera revenue pour fêter Noël !

...........ଧ଼ଧ଼ଧ଼...........

TATA : *« Alors je me suis dit « Oui je veux passer encore un Noël (au minimum) avec eux, je veux revenir pour Noël, et si je ne peux pas faire Noël 2021 avec eux, je ferai Noël 2022 ».*

...........ଧ଼ଧ଼ଧ଼...........

26/11/2021 APRÈS-MIDI

Mon téléphone sonne, je suis chez mon frère et ma belle-sœur. Alors que je réponds, j'entends la voix étouffée de maman. Mon cœur se serre, et je me demande si ce sera une bonne ou une mauvaise nouvelle qui parviendra à mes oreilles.

« Ma grande ?? Je te crois, je te crois ma grande !!! Ta tata s'est réveillée, et elle se rappelle : elle se rappelle de toi, Thalia, des kolaimnistes... »

Tout se brouille dans ma tête, je suis stupéfaite, Tata se rappelle de nous dans l'entre-deux ?!

La nouvelle a bouleversé notre famille, et je me sens tellement légère.

............ಙಽಙಽಙ............

MAMAN : « **Vendredi 26 novembre**, *après le staff du matin , l'équipe des soignants décide de t'extuber. J'ai peur une nouvelle fois, je suis arrivée la première à 15h, une boule énorme dans la gorge, j'étouffe...J'ai attendu Seb et Lolo pour aller vers la REA. Vers 16h15 seulement, ils sont allés te voir. Lolo est venue me dire ensuite que tu me réclamais. Quand je suis rentrée dans ta chambre, tu étais surélevée dans ton lit, la lumière tamisée, ton lit un peu en biais sur le côté gauche pour que tu vois l'écran TV face à toi, ta musique zen sur l'ordinateur de ta chambre, ton visage détendu, tes yeux ouverts magnifiques, (Seb de ton côté gauche), j'étais émue, tellement émue de te voir sans ce tube et cette souffrance atroce ! J'ai pris ta main que tu as serrée dans la mienne, je t'ai dit que tu revenais d'un très long voyage, et tu as voulu écrire sur l'ardoise....et tu as écrit* « **je voulais revenir pour Noël** » . *Avec Seb, nous avions le souffle coupé !*

Encore une fois, tu nous impressionnes. Emma (la kiné qui fait de l'hypnose) a dit que tu te débrouillais vraiment très bien, que tu étais étonnante, et j'ai confirmé que tu étais vraiment étonnante et extraordinaire, que j'étais fière de ma grande sœur et agréablement surprise, car je ne pensais pas te revoir après ce si long voyage. Je t'ai demandé : « *Ce n'était pas des vacances, hein ma Titine ?* »

*Tu nous as fait signe de la tête : non ! La kiné t'a réexpliqué comment faire pour recracher tes glaires, respirer en toussant...Tu disais que ton bras gauche était très lourd, ton bras allait dégonfler petit à petit (a-t-elle répondu) et qu'il fallait un peu de temps pour **ATTERRIR** !*

*D'ailleurs, à plusieurs reprises, tu as demandé si tu avais encore le tuyau, tu as écrit « C'est fait ? » et avec Emma, nous avons répondu que oui, et là, tes yeux se sont remplis de joie ! Tu ne savais plus trop où tu étais après ce si long voyage....**Seb, à un moment, t'a demandé si tu avais communiqué avec Thalia et qu'il faudra que tu lui expliques....tu as écrit : LES FÉES ! Tu as vu des fées avec Thalia ? Oui, as-tu répondu. J'ai renchéri en demandant si Émilie y était aussi : oui de nouveau ! Cela nous a stupéfaits et émus...***

***Ma grande m'avait raconté des événements concernant Thalia, un rouge à lèvres à mamitine, les fées, son papy Jean Claude...**Seb n'y croyait pas, mais là, comment ne pas la croire ? Incroyable mais forcément vrai ! Ensuite, Seb est sorti, et Alain m'a rejointe. J'ai lu sur tes lèvres : **J'ai vu.** J'ai dit : « Tu as vu quelqu'un ma titine ? » Oui : **PAPA.** Là, je me suis effondrée...tu as réclamé le crayon, et tu as écrit **JEAN CLAUDE, PAPA, JACKY, TONTON GILBERT...**Avec Alain, nous étions déconcertés, nous ne savions plus quoi penser, nous étions remplis d'émotions étranges...Émilie m'avait parlé de cet évènement aussi, et elle n'avait aucun échange avec sa tata, sauf lorsque celle-ci venait la « réveiller » au cours de la nuit.. Toujours incroyable et toujours véritablement réel !!*

***Samedi 27 novembre**, avec Alain, nous sommes allés te rendre visite. Tu as écrit sur l'ardoise : « **J'ai souffert dans le coma, vous ne m'avez pas crue », et tu as souligné <u>PERSONNE</u>** !*

Ces mots, même si nous, nous le savions (puisque nous l'avions signalé aux soignants), furent d'une extrême violence, et cela nous a fait terriblement culpabiliser ! Que faire ?

Quand des personnes soi-disant compétentes vous disent le contraire, nous ne pouvions rien faire pour te soulager hormis arrêter ces machines...Nous y avons pensé forcément...C'est horrible ce sentiment d'impuissance face à la souffrance de notre sœur adorée, et tant aimée ! Tu as reparlé de Papa, Jean-Claude, Jacky et ton parrain, tu as dit qu'ils étaient **NICKELS !** *Le SOS sur la plage...Dans le hall, nous parlions de cet au-delà, de ces moments que tu avais vécus avec Émilie et Thalia pendant leur sommeil. Bien sûr, ce sont des moments incroyables, irréels, mais vrais, car beaucoup trop de similitudes pour ne pas y croire. Alain, Lolo et moi-même y avons cru tout de suite, Sylvain un peu sceptique mais à l'écoute, Gilles et Seb, plus récalcitrants ! Mais ce que tu nous as décrit la veille les fait réfléchir...Tu dois réapprendre à manger, à parler, à marcher, tu es fatiguée, mais tu n'arrêtes pas de vouloir communiquer avec nous. Tu écris : « À Noël je ne serai pas chez moi »...3 mois t'ont-ils dit ... »*

...........ଛଓଛଓଛଓ...........

30/11/2021

Elle est revenue...pour de bon. Je peux donc cesser d'être sur le qui-vive, et je savoure cet état !

...........ଛଓଛଓଛଓ...........

MAMAN : « **Mardi 30 novembre,** *nuit plutôt bonne, tu es adorable, et ne te plains jamais (les dires de l'infirmière que Lolo a eue au téléphone comme tous les jours). Je t'ai rendu visite aujourd'hui, et je peux dire que j'avais hâte de te voir ! En arrivant, une orthophoniste et une autre personne te faisaient manger un peu de compote et boire à la paille. Que de progrès, même si, pour l'instant, tu ne peux rien tenir dans tes mains à ton grand désespoir ! Quand elles sont sorties, je t'ai rejointe, tellement heureuse de te voir et t'avoir pour moi toute seule.*

*Tu m'as reparlé de ton voyage, de nos êtres chers disparus, de la plage, HELP....et tu m'as demandé : « Vous avez eu peur ? » «Oh oui t'ai-je répondu en larmes , oh oui ». Je me suis excusée de pleurer devant toi, car tu as tellement souffert, tu es plus à plaindre que moi, que nous, mais mon chagrin et ma peine furent telles face à tes maux, à cette horreur que mon cœur saigne...Et puis, je t'ai épilé les sourcils, les lèvres, le menton, quand je tiens une pince à épiler je ne m'arrête plus ! J'étais heureuse de prendre soin de toi, de te faire plaisir (je pense) et tu es **si belle, si adorable, si vivante enfin !** Deux personnes soignantes sont entrées pour te replacer dans ton lit et te masser les pieds, le dos....tout en me laissant gentiment à côté de toi. Je leur ai dit que tu n'étais pas contente de toi car tu ne marchais pas, et elles m'ont répondu que tu faisais beaucoup de progrès depuis ton réveil, que tu étais très exigeante, et que c'était ta force pour guérir ! **Eh oui, je le sais : « Ma sœur est une battante, une winneuse !!! »***

***Combien de fois l'ai-je dit depuis ton hospitalisation ?** Alain est arrivé, lui aussi très heureux de te voir, et nous avons passé un moment ensemble. De magnifiques moments passés tous les 3, ce lien si fort qui nous unit, ma grande sœur adorée. Nous sommes terriblement émus de te voir, de te parler, de « t'entendre », de voir tes beaux yeux !*

*Nous avons tellement eu peur ! Tu nous éblouis par ta présence...**Notre soleil est revenu !!!** Youpi !!! »*

.... ৪০৪০৪০ ....

DÉCEMBRE 2021

Depuis que Tata s'est réveillée, moi, je me suis endormie. Épuisée que je suis, toute la pression semble s'être relâchée dans mon corps. Et puis, parce que c'était vital, j'ai demandé à l'Univers et à moi-même de me laisser tranquille, j'ai besoin d'être au calme le jour comme la nuit.

Lorsque je repense à toute cette histoire, je suis sur un nuage, et puis une part de moi se critique inlassablement, me persuadant : « tu as rêvé, tout cela n'est pas vrai ». Mais pour une fois, mon rêve a été partagé. Alors quand Lolo, maman ou encore tonton me parlent de cela, c'est fou mais j'en suis stupéfaite à chaque fois. La magie-sienne en moi fait des bonds de joie, et je me souviens : « C'était pour de vrai ! Je ne suis pas folle ».

J'ai réuni tous mes écrits et ai décidé de faire un vocal pour Tata. J'ai acheté un lecteur MP3. Dessus, j'y ai mis des photos de la famille et enregistré des audios d'exercice de relaxation.

Et puis, sur l'un d'eux, je parle de notre histoire. Je ne peux toujours pas aller la voir, alors je transmets le lecteur à ma mère pour qu'elle lui apporte. Je sais que nous aurons, Tata et moi, une discussion très prochainement.

.... ෨෨෨ ....

*MAMAN : « **Dimanche 12 décembre**, je suis allée te rendre visite, te voir sans toutes ces machines dans une chambre au calme, ton regard apaisé, reposé, m'a rassurée.*

Je retrouve ma grande sœur tant aimée avec ses jolis yeux, et tu m'autorises même à fermer la porte de ta chambre ! Ouah ! Je t'ai coupé tes ongles de pieds, et je t'ai une nouvelle fois épilé.

Je t'ai apporté le MP3 qu'Émilie t'a offert pour écouter ta conversation dans l'entre-deux avec elle ! Tu confirmes par des hochements de tête tout ce que tu écoutes pendant que je m'occupe de toi. À un moment, j'écoute un peu avec toi, mais entre le masque, les écouteurs, et ta sonde, pas simple...Elle est adorable, notre bonne fée Émilie ! Cet après-midi-là, nous avons bien discuté, tu poses toujours un tas de questions sur ton coma, et je te dis que c'est pour cela que j'ai écrit beaucoup de choses pour qu'un jour tu puisses recomposer le puzzle ».

.... ෨෨෨ ....

JANVIER 2022

J'aimerais bien voir Tata. Mais toute cette folie sanitaire ne le permet pas, et puis, pour le moment, l'univers a mis une nouvelle épreuve sur notre chemin. Le premier phare de ma vie est en train de s'éteindre. Cri-Cri vit chez lui, les derniers instants de son incarnation. Tous les jours, je traverse la route qui me mène à sa maison en me disant que bientôt, ce ne sera plus la route en goudron, mais le voile vaporeux que je devrai traverser pour lui rendre visite. Je veux profiter au maximum de ce peu de temps qu'il me reste dans la matière avec lui. Il m'a tant appris, je l'aime tant.

Il ne peut plus parler, ce qui m'oblige à le faire. Lui qui m'y poussait, voilà que je discute maintenant sans m'arrêter. Je lui partage, encore une fois, l'histoire avec Tata, et je l'informe de ma décision : nous écrirons le livre de ce récit. Ses yeux perçants me fixent intensément, et il serre ma main.

Avec mon mari, il est un des seuls à m'avoir écoutée sans jugement, sans ressentir de peur lorsque je lui partageais mes visions. Il est celui qui m'a permis de comprendre qui j'étais. Et même si nous parlions de choses sérieuses, nous avons toujours eu le rire facile. C'est ce qui rendait les choses plus belles, et moins douloureuses. Aujourd'hui, à ma question : «Comment tu te sens ?», il me répond, comme habituellement, en me montrant son nez, éternel rigolo qu'il est.

J'aimerais bien rire moi aussi, mais comme on dit, il y a un temps pour tout. Le voir souffrir, et sentir l'odeur de la mort en passant la porte d'entrée suffit à me faire perdre les pédales...Une médium, une passeuse d'âmes qui a la peur de voir mourir ses proches : quelle ironie. Je suis tellement humaine finalement, quelle belle leçon que celle-ci.

Main dans la main, assise à ses côtés sur son lit, il lève les yeux au ciel lorsqu'il m'entend râler sur les soignants passés ce matin qui n'ont pas jugé bon de le mettre sous oxygène. J'ai apporté mon matériel et me révolte de constater que sa saturation en oxygène ne va pas au-delà des 75%, que ses lèvres et ses doigts sont cyanosés, et qu'il peine à respirer.

« Je sais ce que tu veux dire Cri-Cri : laisse, ils se font leur propre Karma ! Mais moi, je n'excuse pas ce manque de bienveillance qui te fait souffrir ! ». Il lève ses mains, paumes vers le ciel, et les laisse retomber sur le drap, d'un air résigné.

Je ne reviendrai pas le voir les jours d'après, ayant de la fièvre. Mon corps a besoin de repos. Je ne le reverrai pas dans la matière. C'est le matin du 23 janvier 2022 qu'il apparaitra dans mes songes avec un bruit de tam-tam, et un éclair de lumière. Sur mon téléphone, un appel de maman. Je sais très bien ce qu'elle va m'annoncer. Cri-Cri n'est plus de l'autre côté de ma route, il est passé de l'autre côté du Voile.

05/02/2022

Personne ne peut rendre visite à Tata aujourd'hui, alors je vais y aller. J'ai décroché le graal (le fameux pass), car j'ai eu le covid récemment, donc j'aurai un droit de passage. Malgré cela, finalement, cela refusera de fonctionner, et j'entrerai sans, ce qui me va très bien.

Elle est là, à mes côtés. Nous prenons l'air, dehors sur un banc.

Je sais que ce jour sera gravé dans ma mémoire au moment où je le vis avec elle. Je sais au fond de moi que notre conversation, la première dans la matière, depuis son coma, laissera des traces indélébiles en moi.

Silencieuses, nous regardons devant nous. Bizarrement, une impression de déjà vu s'impose à moi, il ne manque plus que la mer... Le soleil nous éclaire si fort que j'en ai mal aux yeux. Soudain, je sens mes cheveux bouger. Je tourne la tête vers la gauche et comprends qu'elle a mis le bout de ses doigts dans ma chevelure. Je lui souris.

« Tes cheveux et tes yeux...Je me rappelle de cela, tu sais »

Je l'interroge du regard. Elle m'explique : « Quand je te percevais dans mon coma, ce sont tes cheveux et tes yeux que je voyais, ma puce.

Tes cheveux dorés entremêlés avec ceux de Thalia, et vos yeux bleus comme l'océan, je m'en souviens tant. Cela me fait bizarre de les voir, et de pouvoir te toucher en vrai ».

« Pour moi, quand je te voyais, c'était comme des fils dans un dédale blanc », dis-je songeuse. « Tu te souviens de tout Tata ? »

« De tout oui »...Il y a un grand silence.

On se regarde, et je sens mes larmes pointer. Quels mots utiliser après toute cette histoire incroyable ? Par quoi commencer ?

« Tu m'as trouvée finalement », dis-je en souriant.

« Oui ma puce, je t'ai trouvée. Et heureusement, car ce n'était pas drôle, tu sais ». Elle respire difficilement. Moi aussi. Je me souviens de sa souffrance que je ressentais en écho, comme prise dans un étau, comme enfermée, et en même temps en dehors...

Nos mains se cherchent sur le banc, se trouvent et se serrent.

« Merci Tata ». C'est tout ce que j'arrive à dire pour le moment.

Elle sourit, et je continue : « Sans toi, j'aurais gardé tout cela pour moi, tu sais, et ça m'aurait encore fait mal. »

« Ma petite fée, tu ne peux pas garder ça pour toi. Tu m'as tellement aidée. Je me souviens de toi sur la plage... »

« Tu te souviens ??! ». Elle hoche la tête.

« Tu avais écrit HELP, SOS dans le sable », dis-je gravement.

« Oui ma puce. C'était si difficile pour moi », elle s'arrête et peine pour respirer.

« Tu veux qu'on en reparle plus tard ? »

« Non, il faut parler, MAINTENANT, c'est important. Je me souviens de toi, et de ton armée de lumière : ils étaient une trentaine. Je vous voyais en fées et, toi, tu étais comme leur chef avec Thalia à tes côtés.»

Je mets du temps à assimiler ce qu'elle me dit. Je sors mon téléphone de ma poche et regarde mes groupes Whatsapp : au total, 32 kolaimnistes ont travaillé sur elle. Je suis stupéfaite qu'elle se souvienne de cela. Je l'écoute me raconter la suite.

«Je t'entendais leur parler, je te voyais leur écrire et dire quoi faire. Parfois, ils étaient plusieurs en même temps à m'envoyer la lumière. Tu sais, un fil sortait d'ici (elle me montre l'espace sous ses côtes), et ils le branchaient à moi. Alors, je voyais la lumière en sortir et venir jusqu'à moi.»

Je suis bouche bée !

« Tata, c'est exactement comme cela qu'on procède avec Kolaimni, on se branche de chakra solaire à chakra solaire ! »

Elle sourit.

« Tata, tu ne crois pas qu'il faudrait qu'on écrive notre histoire ? Tu as toujours écrit, et moi aussi. »

« Oui ma puce, on va le faire, mais pas tout de suite, hein, car j'ai besoin de temps, il faut que je reprenne des forces, que je marche mieux, et aussi que je me sépare de cet oxygène. Et après, on le fera, oui.»

Ses yeux semblent chercher à côté de moi.

« Il y a tellement de lumière en toi, et autour de toi.»

« C'est le soleil », dis-je en riant.

« Non, ma puce, je te parle d'autre chose.»

Soudain, je m'arrête de rire, je viens de comprendre quelque chose.

« Tu la vois ? Je veux dire, maintenant tu vois encore cette lumière ? »

« Oui. La lumière, et d'autres choses. Je vois des formes. Parfois, je vois les femmes de notre famille, les personnes décédées, je veux dire... »

« Tu vois nos ancêtres ? »

« Oui. »

« Tu as vu, Parrain, n'est-ce pas ? »

« Oui .»

« Il était près de toi, la veille de ton retour de l'entre-deux, il y avait papy aussi, et Gilbert et Jacky.»

« Oui ma puce. Je me souviens très bien. Mais j'ai l'impression d'être toujours dans l'entre-deux, tu sais.»

Je m'interroge sur le sens de tout cela.

« Tu voyais ou sentais déjà des choses avant.»

« Oui, mais là, c'est différent.»

Je frissonne. Je vibre.

« Sais-tu pourquoi tu es revenue ? »

Elle sourit.

« Je crois que mes enfants avaient besoin de moi. Mais je serais bien restée de l'autre côté avec ton parrain, tu sais...C'est comme si j'étais revenue pour un certain temps, mais je ne sais plus trop pourquoi, il fallait que je revienne. Tu sais, il y avait des fées dans l'entre-deux, et Thalia en avait trois dans son panier. Et puis, je me souviens qu'une autre fée a parlé avec moi. »

« Oui, c'était une copine médium, Séverine. C'est peut-être elle que tu as sentie.»

Elle hoche la tête tout en regardant devant elle, l'air songeur. Je crois n'avoir jamais vu ma tante si calme, cela ne lui ressemble pas. Elle semble ailleurs. Je serre sa main comme pour lui rappeler que je suis là. Cette scène me rappelle tellement nos moments dans l'entre-deux, et je ne veux pas qu'elle se sente happée ainsi. Elle a besoin qu'on lui rappelle le monde de la matière. Je serre de nouveau sa main et caresse son bras.

« Tata ? » Je cherche ses yeux.

Soudain, elle semble se rappeler qu'elle est ici avec moi, dehors, sur un banc, dans cette dimension. Je retrouve la détermination dans son regard de battante.

« En tout cas, si je suis revenue pour quelque chose, il faut que je me batte.»

23/04/2022 :

« Je me sens déchirée »...Je savoure la pluie qui tombe sur mon visage. Je suis là, debout, pieds nus dans la cour de ma maison, à regarder sa voiture s'éloigner...

Il s'est passé trois mois, trois mois depuis le départ de mon ami de l'autre côté du voile. Pas d'enterrement, pas de cérémonie, son corps parti à la science : c'était son souhait.

Sa voiture de location était chez nous en attendant de trouver une solution. Son gendre vient de la ramener chez lui. Mon Ingénieur ne peut plus trouver d'excuse à cette voiture qui était jusque-là chez moi, il se disait qu'elle était ici car il était parti en vacances, et qu'il reviendrait. Ce sont de longues, très longues vacances. Un billet aller simple sans retour parmi nous...mes pieds se crispent, mes jambes lâchent, mon corps s'écroule dans les cailloux, la pluie se mêle à mes larmes, je hurle ma douleur jusque-là invisible. Son véhicule est parti, c'est si symbolique, ça lui ressemble tellement !

Je blottis ma tête dans mes genoux et me balance d'avant en arrière. Je pleure, sanglote doucement puis bruyamment. Je ne peux pas le contrôler, c'est un barrage qui a cédé, la vanne est ouverte, et la pluie qui tombe de plus belle me permet de m'exprimer sans crainte qu'on m'entende ou me voit. Je suis traversée par une tristesse abyssale qui me semble incurable. « Ma petite fée ? Ne reste pas là sous la pluie, viens, on rentre »...Je ne peux pas, je suis amputée, déchirée : « Je me sens déchirée ». Julien ne comprend pas : cela fait trois mois, pourquoi je craque ainsi aujourd'hui ?...

Je ne lui ai pas dit, mais il y a quelques semaines, je suis allée sonner à la porte de Cri-Cri en revenant de la banque...C'est là que j'ai compris que j'étais dans le déni. C'est là que j'ai compris que mon Ingénieur ne voulait pas comprendre. J'ai essayé, je me suis même « parlé à moi-même », et à mon Ingénieur, mais je n'ai pas envie, oui j'avoue, je n'ai vraiment pas envie, c'est comme si j'avais envie de souffrir, besoin de souffrir...comme si cette souffrance était plus que nécessaire, c'est toute une partie de mo qui veut souffrir. Je dois être maso, de toute façon, pour être infirmière il faut être maso, c'est un psychiatre qui nous l'avait dit en école d'infirmière. C'est mon diagnostic, je suis maso...

Et puis, c'est bien le déni, ça fait partie des étapes du deuil, j'en ai besoin, je dois passer par là...Après, il y aura l'acceptation, mais ça je doute que ce soit possible, alors, en attendant je préfère culpabiliser. Parce que la vérité, la réalité me percute, je ne peux plus dire qu'il reviendra quand je vois des nouveaux locataires investir sa maison, quand je ne vois plus sa voiture, quand il ne répond pas à mes appels, quand je ne le vois plus physiquement, non...Il est temps de voir la vérité en face maintenant, et de passer à l'autre étape, celle de la colère, de l'injustice, de la culpabilité, car tout ça, c'est de ma faute, j'aurais pu faire plus, j'aurais dû être plus présente, et peut-être que si j'avais été comme ça, ou comme si, ça ne se serait pas passé. Je dis pourtant que je n'ai pas d'ego, il faut vraiment en avoir assez pour croire que tout est de sa faute, j'ai donc assez d'ego pour croire que j'aurais pu changer les choses, ça, c'est une belle leçon d'humilité !

Il n'y a pas que psychologiquement que je me déchire. S'il était là, il me dirait « Eh oui, tout ce qui ne s'exprime pas s'imprime », et ça s'est imprimé dans mon corps...Ce 23 janvier, tu t'es transformé, 3 mois après, je me déchirai. Je pleure des larmes de sang, et j'ai mal, si mal...Ma première réaction ça a été de me dire que je ne pourrais pas m'en sortir toute seule, que j'allais t'appeler, et que toi, tu saurais quoi faire. Sacré déni, il y a quand même des traces de lui, même si je suis passée à l'étape d'après.

Alors, j'ai pris mon téléphone, et j'allais t'appeler quand j'ai réalisé que ça ne servirait à rien.

Je t'ai donc parlé tout haut, je t'ai dit que j'allais avoir besoin de toi, que je ne pouvais pas m'en sortir sans toi. On dit toujours que les personnes qu'on aime partent trop tôt, ça fait un peu cliché, mais c'est tellement vrai. Mon corps physique est donc marqué, comme coupé en deux. On dirait qu'une partie de moi est partie avec toi, et que l'autre suffoque. Il va falloir revivre ce que j'ai vécu il y a cinq ans, sauf que tu ne seras pas là physiquement pour m'aider, c'est comme si tu m'avais appris à voler, et qu'aujourd'hui, tu n'étais plus en dessous pour me rattraper.

Il va falloir que je rassemble mon corps, mon esprit à 100%, et que j'assume mon passé pour mieux appréhender mon avenir en vivant le présent. Pour ce faire, il faut que je cesse de m'ignorer et de taire ce qui s'est passé.

Qu'est-ce qui me retient ?

Tata est retournée à son domicile et, comme moi, elle semble déphasée. Elle doit réapprendre la vie dans cette dimension et moi, je dois accepter d'être un pont entre les deux. Et je n'aime pas le terme « je dois »...Je n'ai pas encore compris que j'ai le choix, et que ce sont mes tergiversations et hésitations permanentes qui me mettent « le cul entre deux chaises ». J'essaye de communiquer avec Tata, mais notre relation et nos échanges semblent mystérieux. Elle est souvent essoufflée, parler est donc hasardeux pour elle.

Je ne sais pas expliquer ce que je ressens, nous sommes comme deux étrangères qui se connaissent pourtant. Nous étions plus à l'aise l'une avec l'autre dans l'entre-deux . Ici, je crois que nous avons l'impression de rêver, parfois de cauchemarder.

Elle a écouté mon audio, s'est remémorée notre histoire et a compris plein de choses, de ces images qui lui restent en mémoire, de ses peurs, de la lumière, de nos défunts...Elle m'a dit qu'elle écrirait de son côté, pour notre livre, mais cela reste douloureux encore pour elle.

En retranscrivant tout cela, j'ignore à quel point nous sommes connectées. C'est le 29/09/2024, en écrivant mon livre et en lisant le sien, que je découvre ce qu'elle a noté le 23/04/2022 :

...........ೞೞೞ...........

TATA : « Samedi 23 avril 2022 -
Il y a pour ainsi dire 6 mois que je suis absente de mon journal, et pour cause .....
Quand je relis ce que j'y ai écrit la dernière fois, soit le 26 septembre 2021, je me demande si je n'avais pas le pressentiment de ce qui allait m'attendre par la suite, car j'écris sur la mort, sur mes papiers à classer, sur mon ressenti pour l'au-delà .....bizarre !

C'est très difficile pour moi de mettre tout cela par écrit, car d'une part, jusqu'à maintenant, je n'en avais pas l'envie ni la force, et d'autre part, les premiers jours de ce périple sont « brouillés » dans ma tête.

Mais dernièrement, ma petite sœur est venue du jeudi au vendredi, elle a couché comme d'habitude dans le BZ mais le vendredi, avant de partir pour moi à la réadaptation respiratoire, et pour elle, eh bien, retourner chez elle, mais je crois qu'elle devait passer voir maman sur le trajet, et bien je lui ai demandé de laisser la « chemise » qu'elle avait apportée, et dans laquelle il y avait plusieurs pages où elle relatait toute cette période qu'elle avait vécue quand j'étais en réanimation, période vécue avec mes enfants, et notre frère.

Elle notait au fur et à mesure sur un cahier, et là elle avait tapé toutes ses notes à l'ordinateur pour tout remettre au propre ...et j'ai eu envie de les lire, de les relire une deuxième fois, et il y a eu un déblocage en moi. Et ce grâce à elle. C'est pour cela que me voici, ce jour, dans mon journal intime en train de taper, mais surtout, de me remémorer, et de me replonger dans cette période. Période dont je ne voulais plus parler, plus me souvenir, car trop de douleurs, de maux, de noirceur, période inquiétante et bizarre.... »

...........ဨဨဨ...........

MAI 2022 :

« Inspire, Expire, Inspire, Expire ». Ces mots sont devenus son mantra qu'elle répète avec acharnement en oubliant presque la spontanéité de ce geste salvateur.

Avec mon amie Sabine, nous sommes venues prodiguer des soins à Tata à son domicile. Sabine lui fait une séance d'ostéopathie pendant que je lui fais un soin énergétique.

Elle a grand besoin d'être soutenue, et je lui avais dit qu'elle pourrait compter sur moi. La voir dans la matière est toujours étrange pour moi, et je sais qu'il en est de même pour elle. Cela nous rappelle systématiquement ce que nous avons vécu : les bons comme les mauvais moments, et les mauvais font souffrir. Quant aux bons, ils semblent inenvisageables et impossibles pour la société dans laquelle nous vivons. Les médecins, les soignants, les thérapeutes de ma tante n'entendent pas, et ne comprennent pas l'immensité de ce qu'elle a vécu. Alors comment se raccrocher aux bons moments dans l'entre-deux quand personne ne veut les écouter ? Les bons moments laissent alors plus de place aux plus mauvais : la douleur, la maladie, la séparation...nous perdant dans les méandres du doute, et de la peur...

En effet, depuis son retour, tout lui fait peur, les microbes, la solitude, les portes fermées, les masques, la proximité et en même temps, l'éloignement...

Et il en est de même pour moi, depuis notre histoire, j'ai parfois peur, peur de rester bloquée dans l'entre-deux, peur de ne pas réussir à dire et à partager ce que nous avons vécu, peur de me perdre dans le doute et la peur, peur d'avoir peur.

Je veux parler à Tata alors, comme si elle comprenait, Sabine nous laisse quelques instants. Tata et moi parlons brièvement de notre histoire. Nos respirations se coupent en même temps, nos mains se serrent. Ses yeux bleus larmoyants me scrutent : « C'est dur d'en parler, hein, ma biche ? On a l'impression d'être folles ! » Si elle savait, pensé-je. « Oui Tata, mais comme tu aimes le dire, heureux sont les fêlés car ils laissent passer la lumière ! », rétorqué-je... »

24/05/2022 :

Le hasard a encore frappé aujourd'hui. Je suis allée voir Nicolas. C'est le mari de ma copine d'école, Marie.

Il pratique la kinésiologie et m'a proposé une séance. C'est avec plaisir que je m'y rends, j'adore découvrir de nouvelles choses, ma curiosité est un moteur, et mon cœur est en confiance avec Nicolas.

Me voilà prête. Il fait des petits mouvements sur ma main. Je l'observe, et l'Ingénieur, bien sûr, se pose mille et une questions, mais cela ne va pas durer longtemps. Nicolas va l'assommer sans le savoir en me demandant : « 5 ans. Il t'est arrivé quelque chose à tes 5 ans ? Car ton corps réagit à un évènement qui aurait eu lieu à ce moment-là de ta vie ». Ce corps, quel traître. Ou bien c'est un hasard ?

Puis-je tout dire à Nicolas ? Oui, toutes les moi-mêmes le savent et me poussent d'ailleurs à le faire.

Alors, je lui relate ma vision, celle de mes 5 ans, celle de mon parrain que j'ai vu mort avant qu'il ne le soit, celle qui a changé ma vie à tout jamais, celle qui m'a tant fait souffrir. De m'être tue n'a pas tué mon parrain, non, c'est moi que cela a tué, à petit feu, il semblerait.

Et mon corps, s'en rappelle, jusque dans mes cellules, jusqu'au plus profond de mon anatomie...Oui, l'Ingénieur n'est pas le seul à avoir une mémoire imparable, mes cellules le battent à plate couture.

16/07/2022 :

C'est l'anniversaire de mon neveu. Mon frère et ma belle-sœur ont réuni leur famille respective afin de célébrer cet évènement.

Je ne sais même plus exactement comment cela a débuté. Mais grâce à lui, j'ai eu un électrochoc. David, mon petit frère, a eu une « affirmation spontanée malheureuse ». Alors que certains s'intéressaient à mon activité d'énergéticienne, la conversation est allée sur le monde de l'invisible, le paranormal. David a eu des propos vifs et catégoriques sur sa façon de voir les choses.

Sa réalité, celle de : « tout cela n'existe pas, c'est dans la tête », blesse celle que je suis, mais après tout, c'est la sienne, et cela lui appartient. Mais ses mots durs me font mal. Je me tais malgré tout jusqu'à ce que maman intervienne. Je reste stupéfaite de sa miraculeuse intervention, elle me défend et parle de ce qui s'est passé avec Tata, lui rappelant que nous ne pouvons pas expliquer tout cela, mais que cela a bel et bien eu lieu. Mais il lui coupe la parole, et parle plus fort qu'elle en repoussant l'histoire qu'elle s'apprêtait à raconter, et qu'il n'a jamais pris le temps d'écouter, me semble-t-il. Je suis blessée, au plus profond de mon être, et je suis meurtrie, pour notre mère aussi, qui a tant vécu, tant supporté, tant souffert auprès de sa sœur. Alors, la guerrière fait rage, elle me pousse à crier, hurler, je deviens comme folle, hystérique même. Je suis tellement en colère.

Son comportement m'a mise hors de moi. Puis, je fuis, je pars jusqu'à chez moi, comme une furie, un animal blessé qui, après avoir sorti les griffes, n'a plus qu'à se cacher.

Maman vient me réconforter. Mon frère aussi. Mais, je ne peux plus parler. Un voile sur ma gorge restera durant un mois. Je suis devenue muette d'avoir trop crié.

J'aime beaucoup trop mon frère pour lui en vouloir. Et je me suis assez analysée pour savoir que ce qui me blesse, c'est moi tout simplement. Moi et ma blessure de rejet, celle incomplètement cicatrisée. Celle-là même qui me pousse à me taire malgré tout ce que je peux vivre. Convaincue que l'on me rejettera si on savait. Je n'ai pas pu m'empêcher de laisser ses amies la peur et la colère répondre à la place de mon Amour. J'ai basculé du côté obscur...

Cet intermède me rappelle une fois encore combien je suis humaine, et combien les poussières sous le tapis ne disparaissent pas. David m'a réveillée, sans le savoir.

Mais suis-je prête à « écrire » pour de vrai cette histoire ? Suis-je prête à me confier, à me mettre à nu ainsi sur le papier ?

Rien n'empêchera les critiques, les réalités différentes. Et si certains s'offusquent de ma différence, de mon imagination délirante ou encore de ma folie, en quoi cela a-t-il de l'importance ? Et comment l'autre peut-il savoir ce que je suis, à force de me taire et de me cacher ? À force de laisser notre histoire sur du papier au fond d'une chemise fermée ? Quand rassemblerai-je enfin les bouts de moi, les bouts de feuille pour en faire un livre complet ? Je sais que de finir d'écrire mon histoire, notre histoire, sera ma thérapie, mais suis-je prête à tout relire, à m'y investir ? Suis-je prête à guérir ?

OCTOBRE 2022 :

Toutes ces questions resteront en suspens, encore une fois, un évènement sur notre chemin va me détourner du mien...

Elle est inquiète. Son fils va mal, une tumeur a été découverte sur un de ses poumons et au cervelet. J'essaye de la rassurer, et je commence à travailler à distance sur mon cousin.

Quelques semaines après, nous apprendrons qu'il a un cancer. Tata fera une rechute du sien.

21 SEPTEMBRE 2022 :

Je me cherche, encore et toujours. Perdue au milieu de ma vie, j'étais actrice, me voilà redevenue spectatrice. Tata va mal, son fils aussi. Oubliée notre histoire magique, oublié notre livre à écrire, oubliés nos moments d'écriture.

Le sort s'acharne sur un des êtres qu'elle aime le plus au monde. Elle a connu tant de souffrance, voir son fils connaître celle-ci lui est intolérable et, en tant que mère, je n'ose imaginer la violence de cette épreuve à surmonter...

Elle qui n'a pas eu le temps tout à fait, de remonter à la surface, essoufflée, cherchant l'air, toujours, depuis son retour parmi nous...

Je me sens impuissante. Je sais qu'il me faut me faire aider, et j'accepte avec joie les mains tendues. Mon amie Séverine D. me parle d'une femme qui pourrait m'aider : une certaine Sandrine. Hier, en me connectant « là-haut », j'ai su que j'aurais les réponses à mes questions, j'ai reçu la phrase : « naître et renaître ». Séverine m'envoie la carte de visite de cette femme, et je ris lorsque je vois que son slogan n'est autre que la fameuse phrase reçue hier soir.

1, 2...Si elle ne répond pas à la troisième sonnerie c'est que cela ne sert à rien que je la voie. Je provoque l'univers.

« Allô ? Excusez-moi je suis un peu essoufflée, car je sortais avec mon chien quand j'ai entendu mon téléphone sonner ! »

Elle me plait. Nous avons donc rendez-vous ensemble d'ici quelques jours.

Je n'ai pas besoin de parler avec elle, et cela me va bien. Elle parle pour deux et canalise tellement que j'ai seulement besoin de hocher ou secouer la tête.

Je suis bluffée par ses ressentis et sa clairvoyance. Elle est sacrément juste dans ses propos. Pourtant, je ne dis pas grand-chose. Je me laisse porter.

Sandrine ressent ma douleur à mon fondement, et pose des mots sur mes maux. Pendant qu'elle opère sa magie sur moi, je vois des choses, plein de choses, mais je ravale sans cesse, et déglutis à m'en étouffer.

Elle me dira une phrase, LA phrase, celle que Cri-Cri ne cessait de me dire : « Arrête de ravaler : PARLE. Tu es une médium refoulée, une passeuse d'âmes qui s'ignore volontairement, Émilie. On dirait que tu avais compris mais que tu retournes dans les profondeurs de tes peurs ».

Avant d'aider les autres, il va me falloir m'aider moi-même encore une fois. J'avais donc accepté ce que j'étais en tant que formatrice Kolaimni, en tant qu'énergéticienne, si je peux dire.

Mais maintenant, j'ai changé de palier, mon étape d'après : accueillir ma clairvoyance, et cesser de la refouler. Ce qui est une sacrée étape. Une étape que j'ai choisie, et que j'espère au plus profond de mon cœur, mais je ne sais pas comment la valider.

Sandrine m'y aidera, Séverine D. aussi et tant d'autres.

Sandrine me dit ce jour-là : « C'est ta tante qui t'aidera, avec elle, tu atteindras ta guérison, et la sienne ».

J'imaginais et espérais que Tata guérirait dans le sens où ses maux disparaitraient, et qu'elle resterait auprès de ses enfants dans son corps physique, même si, au fond de moi, la petite magie-sienne pressentait la même énergie autour d'elle que celle de tant d'autres. L'énergie de celui qui n'est presque plus dans cette dimension, celle de celui qui a accepté la fin de son chemin, et qui s'en va vers d'autres horizons.

4 DÉCEMBRE 2022 :

Elle a demandé à voir tout le monde : son frère, sa sœur, son cher et tendre, ses trois enfants et leurs conjoints, ses petits-enfants, et moi.

Nous attendons tous à la cafétéria, et nous nous y rendons à tour de rôle.

C'est à mon tour.

Alors que j'arrive devant sa chambre, la porte est ouverte, et je l'entends parler avec son fils, Sylvain. « Tu vas te battre, tu entends ? Je sais que tu y arriveras, tu vas aller jusqu'au bout, d'accord ? »

Elle tient sa main, et il se redresse en la gardant dans la sienne.

Je me rappelle la souffrance, la douleur dans le regard de mon cousin, conscient que sa maman vivait ses derniers instants alors qu'il devait la quitter pour aller se faire opérer à Paris...

Je me rappelle tellement de cela, de m'être demandé comment on pouvait vivre des choses si difficiles si jeunes. Comment est-ce que l'univers pouvait laisser de tels drames arriver...

Je me suis approchée de Tata, une fois mon cousin sorti de la pièce.

Elle était allongée sur le côté.

Je me suis accroupie pour mieux la voir. Nous nous sommes regardées longuement, très longuement.

Elle a plaisanté sur l'actualité, car la télé était allumée (celle de sa chambre ou d'à côté, je ne sais plus). Je la connaissais assez pour savoir qu'elle n'allait pas tarder à me lâcher une bombe. Et je savais très bien à quoi ressemblerait cette bombe. J'y étais préparée.

« Je veux partir.»

Je soupire, c'était bien la bombe que j'imaginais !

Elle ferme ses yeux et murmure : « Tu te souviens du chemin que tu m'as montré quand on était là-haut ? ».

Moi aussi, j'ai fermé mes yeux. Ma main dans la sienne, je revois distinctement notre histoire dans l'entre-deux. Je n'ai toujours rien dit, j'attends, je suis suspendue à ses lèvres, à ses mots, à ses volontés, ses dernières...

« Je sais qu'il va guérir. Tu vas l'aider, hein ? Vous allez tous l'aider. Je ne serai plus là, comme ça vous pourrez vous concentrer sur lui. Moi, je veux partir, je n'en peux plus de tout ça, ma puce.»

Elle soupire et semble grimacer.

« Tu as mal, Tata ? »

« Non, c'est que je veux partir. Le médecin, ce con, il n'a pas voulu m'aider pour cela ! Mais, toi, tu peux, hein ?? »

Je soupire, encore et toujours.

« Tata, c'est toi qui décides, pas moi, ni personne d'autre. Tu te rappelles ? »

« Ah oui, je me rappelle et, justement je te dis que moi, je veux partir, et tu vas m'aider, ouvre-moi la porte »

«Elle l'est déjà, Tata. La porte est toujours là. J'ai juste permis à ta conscience de t'en rappeler. J'ai juste dissipé la brume, dans l'entre-deux.»

« Alors refais-le. Avec tes mains au-dessus de moi.»

«La porte est ouverte, Tata. Je veux dire qu'elle l'est dans l'entre-deux mais elle l'est aussi dans ta chambre d'hôpital. On va me prendre pour une folle... »

« Eh bien tant pis, on ira à l'asile toutes les deux, et comme cela Lolo nous aura des places avec son travail.» (ma cousine travaille en psychiatrie)

On rit.

Elle ne veut pas fermer la porte. Elle était déjà claustrophobe avant cette expérience, mais depuis son retour parmi nous, c'est devenu une véritable phobie que cette peur d'être enfermée. Je laisserai donc la porte ouverte, et je me préparerai à lui montrer qu'elle peut faire de même dans l'entre-deux.

Je m'exécute donc.

Mes mains se baladent au-dessus de son corps. Je vois du monde autour de nous. Parrain est là, papy aussi. Il y a beaucoup de monde, même. Je frissonne, mes larmes coulent. C'est un grand moment, comme une naissance, dont je suis spectatrice. Je le dis à Tata. Elle sourit.

« Je les vois aussi, je les ressens, ton parrain me tend la main. »

Je sais que dans l'entre-deux elle avait vécu cela, et elle n'avait pas pris sa main. Maintenant, je sais qu'elle fera l'inverse.

« Je suis avec lui.»

Je pleure, mes larmes coulent en silence. Je suis témoin d'un des moments les plus bouleversants de ma vie.

Une impression de déjà-vu m'assaille, j'ai fait cela avec Cri-Cri il y a plusieurs mois, aujourd'hui c'est avec elle. Mes deux phares rejoignent le ciel.

Tata a fait son choix, devant moi, et nous sommes entourés d'Amour, de Lumière et de Vie. Tandis que je continue de parler et de passer mes mains au-dessus de son corps, elle me parle elle aussi.

« Je vois comme des lucioles, des sortes de libellules, tu les vois, toi aussi ? »

« Non, je vois seulement les défunts qui nous entourent, ma Tata, mais le reste est trop lumineux pour que je le voies »

Elle semble apaisée et respire profondément...

Je me retire de la chambre, pensive, légère et lourde à la fois.

NUIT DU 6 AU 7 DÉCEMBRE 2022 :

Je suis avec elle, dans l'entre-deux, elle m'a appelée. Dans sa chambre d'hôpital, je vois son corps éthérique sortir de son corps physique.

La lumière est tellement intense, c'est incroyable. Elle me fait un clin d'œil, et fait une boule avec la lumière de son cœur. Elle réunit cette lumière de plus en plus intense dans ses mains, et la boule grossit. Enfin, je la vois s'envoler vers son fils endormi, et lui mettre la boule de lumière dans son cœur, et vers ses poumons. Je suis éblouie, émue, stupéfaite. L'Amour inconditionnel dont je suis témoin me bouleverse. Je me réveille en sursaut de ma vision.

« Elle est partie », dis-je tout haut dans l'obscurité de ma chambre. Bienvenue à toi belle Âme qui rejoint les étoiles...

Tu es partie rejoindre les étoiles. C'est une jolie façon de dire que quelqu'un est décédé. Tu avais une façon de le dire, toi aussi.

Un jour, tu m'avais expliqué que ton corps était comme un vêtement usé et que tu avais hâte de laisser ce vêtement. Tu étais très juste dans tes propos, il y avait quelque chose de tellement vrai dans cette phrase. Ainsi, tu as laissé ton vêtement usé, comme tu te plaisais à le dire, et tu as rejoint l'amour de ta vie.

On s'était dit qu'on écrirait notre histoire ensemble. J'imaginais nos écrits à deux : ce que tu ressentais, ce que tu vivais de ton côté, et ce que, moi, je percevais du mien. J'ai toujours su que j'écrirais un livre, je ne savais pas vraiment de quoi il parlerait. Et puis, notre histoire m'a semblé toute faite pour cela.

Il s'en est passé des choses depuis ton grand départ. Quand tu as parlé de libellule, de luciole que tu voyais en passant de l'autre côté du voile, ça ne m'a pas laissé indifférente. J'ai su que je devais enregistrer ces mots sans savoir pourquoi, et que je comprendrais bien plus tard.

Et ce « bien plus tard » arriva bien plus vite que je ne pouvais le penser.

Tu es partie rejoindre les étoiles, et rien ne nous empêchera d'être ensemble, rien ne nous empêchera de nous aimer même au-delà de l'Univers et des Étoiles.

NOTES À MOI-MÊME :

1. Je ne suis définitivement pas folle.
2. Toujours lire un contrat dans son intégralité. Surtout ceux qui concernent mes prochaines incarnations...si toutefois il y en a.
3. L'Amour est le fil conducteur du livre de notre Vie.
4. La science et mon Ingénieur ne peuvent pas tout expliquer, dans ces cas-là, ils n'ont qu'à se fier à mon Infirmière qui ne voit bien qu'avec son cœur.
5. Les limites sont définies par mon Ingénieur, et veulent être repoussées par mon Âme.
6. La vérité appartient à chacun, nous avons tous nos propres filtres. Il faut seulement trouver le bon bouton pour nous ajuster sur les bonnes fréquences. Je crois avoir trouvé le mien depuis longtemps. Il suffit que mon Ingénieur soit d'accord.
7. Julien avait raison sur au moins un point : les obstacles et les épreuves ne sont pas là pour nous empêcher d'avancer, ils sont là pour nous faire grandir.
8. Je ne suis pas une porte-poisse, je suis une porte, un porte-voix..
9. Je suis une messagère, et j'ai un livre à écrire.

TES SIGNES

« Où s'en est-elle allée ? Dans l'ombre ? Non. C'est nous qui sommes dans l'ombre. Elle, elle est dans l'aurore. » Victor Hugo

« Les âmes, libellules de l'ombre » Victor Hugo

« On ne fait pas les livres qu'on veut. Il y a une fatalité dans le premier hasard qui vous en dicte l'idée ». Jules de Goncourt, février 1861

07/12/2022 : FILLE DE L'AIR

« La sirène jeta encore un regard sur le prince et se précipita dans la mer où elle sentit son corps se dissoudre en écume. À ce moment, le soleil sortit des flots. Ses rayons doux et bienfaisants tombaient sur l'écume froide, et la petite sirène ne se sentait pas morte. Elle vit le soleil brillant, les nuages de pourpre, et au-dessus d'elle, flottaient 1000 créatures transparentes et célestes. Leurs voix formaient une mélodie ravissante mais si subtile que nulle oreille humaine ne pouvait l'entendre, comme nul œil humain ne pouvait voir ces créatures. L'enfant de la mer s'aperçut qu'elle avait un corps semblable au leur, et qui se dégageait peu à peu de l'écume.

-Où suis-je ? demanda-t-elle avec une voix dont aucune musique ne peut donner l'idée.

-Chez les filles de l'air, répondirent les autres. La sirène n'a point d'âme immortelle, et elle ne peut en acquérir une que par l'amour d'un homme : sa vie éternelle dépend d'un pouvoir étranger. Comme la sirène, les filles de l'air n'ont pas une âme immortelle mais elles peuvent en gagner une par leurs bonnes actions. Nous volons dans les pays chauds où l'air pestilentiel tue les hommes pour y ramener la fraîcheur, nous répandons dans l'atmosphère le parfum des fleurs ; partout où nous passons, nous apportons des secours et ramenons la santé. Lorsque nous avons fait le bien pendant 300 ans nous recevons une âme immortelle afin de participer à l'éternelle félicité des hommes. Pauvre petite sirène, tu t'es efforcée de tout ton cœur de faire les mêmes efforts que nous, tu as souffert, enduré des épreuves, tu t'es élevée jusqu'au monde des esprits de l'air où il ne dépend que de toi de gagner une âme immortelle par tes bonnes actions. Et la petite sirène, levant les bras vers le ciel, versa des larmes pour la première fois. Les accents de la gaieté se firent de nouveau entendre sur le navire : mais elle vit le prince et sa belle épouse regarder fixement et avec mélancolie l'écume bouillonnante, comme s'il savait qu'elle s'était précipitée dans les flots.

Invisible, elle embrassa la femme du prince, jeta un sourire à l'époux puis monta avec les autres enfants de l'air sur un nuage rose qui s'éleva dans le ciel... »[10]

Cette histoire a marqué mon enfance. Combien de larmes ai-je versé sur ce dessin animé, celui où la petite Marina meurt pour se transformer en écume, en fille de l'air, gagnant l'immortalité pour avoir Aimé. C'est ce récit qui me bouleversa, bien plus que celui plus connu de Disney. Même si la fin me faisait moins vibrer, il n'en restera pas moins lui aussi mon dessin animé préféré.

Tata, tu m'as donné ce récit en livre lorsque j'ai accouché de Nohan. Tu me l'as offert pour que je puisse lui raconter des histoires lorsqu'il « sera grand », avais-tu dit. J'avais souri en voyant que tu avais sélectionné un livre de contes dans lequel il y avait la « vraie histoire » de la petite sirène, ma préférée. J'ai toujours ce livre, je l'ai gardé, comme tes nombreuses cartes et lettres que tu m'envoyais. D'ailleurs, dans la dernière que tu m'avais écrite, tu avais noté : « ma petite fée, reste celle que tu es, sois celle que tu es »...Ce que je m'efforce chaque jour de faire, et qui est loin d'être aisé.

Pour en revenir à La Petite Sirène, j'ai beau avoir 37 ans, je pleure chaque fois que je vois ces deux dessins animés. Ce qui m'émeut, c'est cet univers marin, certes, mais mêlé à cet Amour Inconditionnel que porte la petite sirène à son prince, pour moi c'est la perfection !

Et que dire de l'Amour du père qui transforme sa fille en humaine pour lui permettre de rester avec son prince dans l'histoire de Disney ? En le regardant de nouveau maintenant, je pense à toi.

---

[10] Histoire de La Petite Sirène, conte d'Andersen

Je repense à l'amour, et au courage que tu as eu pour risquer de revenir dans ton corps quitte à en souffrir, je repense à l'amour que tu as eu pour ton fils en lui permettant de se battre jusqu'au bout, je repense à toi qui as quitté cette dimension en nous demandant de prendre soin de tes enfants. Je pense à toi, qui, comme la petite sirène a tant aimé.

Tu nous as aimé, tu as tant aimé, et tu as gagné l'éternité maintenant que tu as fait le grand saut vers la Lumière, de l'autre côté du voile.

Après avoir vogué dans les eaux troubles de ta vie, côtoyé les profondeurs de la peur et de la douleur, malgré tout cela, tu as Aimé Inconditionnellement...Ma petite Tata, tu es devenue un esprit de l'air, une fille de l'air...

16/12/2022 : EN-VIE DE TE PLEURER

C'était aujourd'hui, la fête pour ton grand départ. Un aller sans retour.

Je t'écris, et je réalise que, là où tu es, il n'y a ni poste, ni internet pour relayer ces quelques lignes. Et puis, soudain, je me rappelle qu'il y a bien plus que cela, il y a nos cœurs, nos essences que rien ne peut empêcher de s'entendre, pas même le voile.

Je souris entre deux pleurs lorsque j'entends le texte récité : celui qui dit que tu ne nous as pas quittés, que tu es dans la pièce d'à côté. Je souris encore plus quand je sais, que tu l'avais choisi et préparé dans ce fameux dossier que tu m'avais montré dans ton sommeil assisté, insisté...

Tu nous as prouvé que nous étions bien plus que des corps, bien plus que de la matière. Je ne peux m'empêcher de penser à la chenille qui devient papillon, au poussin qui sort de sa coquille, au nourrisson qui plonge dans ce monde. Savent-ils ce qui les attend derrière leur état ou leur protection ? Que savons-nous de la naissance finalement ? Que savons-nous de la venue d'un nouvel être sur Terre ? Que nous rappelons-nous de notre naissance ? Si ce n'est ce que l'on nous rapporte...

Si cela a été douloureux, nous en avons oublié consciemment ou inconsciemment l'expérience...Pourquoi cela serait-il différent pour la Mort ?

Tout un monde nous attend à notre naissance. Je sais qu'il en est de même pour la mort. Avoir vécu cela avec toi allège ma souffrance.

J'ai vu, oui, comme toi, nos êtres chers disparus de l'autre côté du voile. J'ai ressenti l'Amour dans lequel tu baignes désormais. La naissance et la mort sont tellement liées...Comme le jour et la nuit, comme la lumière et l'obscurité. Et, je repense à cette phrase qui dit que l'obscurité n'est autre que l'absence de lumière. Il suffit d'une bougie, oui, une seule, pour balayer les ténèbres. Un regard, un sourire, un geste pour combler un cœur blessé se sentant vide. Je me demande si, au fond, ce vide n'est pas là pour être rempli d'Amour, le vrai. Je suis traversée par la tristesse, oui, mais je ressens aussi tellement de gratitude.

Tu m'as permis de confirmer toutes mes perceptions. Mais tu as fait tellement plus. Tu nous as rappelé que la seule vérité, c'était celle de l'Amour, et que rien n'altérait celui-ci, ni la distance, ni la perte, ni le coma, ni même la Mort.

J'ai eu un moment de flottement ce matin, lorsque j'ai cherché comment je pouvais m'habiller. Il était hors de question que je porte du noir pour quelqu'un d'aussi lumineux que toi. Et puis, lorsque j'ai mis mes boucles d'oreille, je me suis rendue compte qu'elles me gêneraient avec mon écharpe, car elles se prenaient dedans. J'ai donc ouvert ma penderie pour chercher des boucles d'oreille à clou. Je n'en ai pas porté depuis mes années lycée. J'en ai beaucoup, alors, j'ai fouillé du bout de mes doigts la petite boite qui les contient et en ai saisi une, laissant faire le hasard. J'ai souri lorsque j'ai vu dans ma main, une petite libellule, celle qui appartenait à ma cousine...Comment avais-je pu l'oublier ?

À plusieurs moments, le soleil est venu illuminer ton cercueil. Un clin d'œil de l'Univers ai-je pensé, puis je me suis dit que c'était toi qui envoyais ce rayon, car je t'appelais Mon soleil, dans l'entre-deux.

J'ai pleuré. Mais cela, tu le sais déjà. Et puis, lorsqu'on a demandé si quelqu'un souhaitait s'exprimer, j'ai tant voulu prendre ce micro. Mais mon corps était comme paralysé.

Qu'aurais-je pu dire ? Tu savais déjà tout. À moins que mes paroles aient pu réconforter nos proches. Cela me fait si mal de les voir souffrir. Mais il y a une partie de moi qui reste toujours sur la réserve, même si tu me pousses à en sortir. Je n'ai pas le monopole de la vérité, et chacun avance à son rythme sur le chemin de la vie.

Thalia était là. Elle est venue avec moi, te voir dans la chambre funéraire. Du moins, nous sommes allées voir ton enveloppe charnelle, ton vêtement usé, comme tu te plaisais à le dire. En l'occurrence, c'était un magnifique vêtement. Il ne manquait que l'intensité de ton regard, ton rire, ce qui te définissait en somme. Tandis que je touche ta main, Thalia regarde vers le plafond et te parle, « Oui, car elle est déjà là-haut », semble-t-elle nécessaire de m'expliquer.

Même si je sais et te sens, mon Dieu que j'ai mal. J'ai mal pour moi, pour nous, pour eux. Notre famille est si forte, si incroyable, et tu y es pour quelque chose, c'est sûr.

Tu as été le noyau autour duquel nous avons gravité...Mais comment vont-ils vivre sans toi ? Je pleure pour moi, pour eux, oui. C'est finalement « normal », je suis humaine, et ma souffrance est certainement nécessaire ? Je m'en réjouis presque, car elle fait partie des étapes du deuil, non ? Si je ne souffre pas, si je ne pleure pas, mon deuil se fera-t-il ?

Au fond, si je réfléchis, je ne sais finalement pas ce que veut dire « faire son deuil ». J'étais assez proche de toi pour savoir que tu en avais vécu plusieurs, toi aussi, et que si faire son deuil voulait dire : « aller mieux », alors tu n'avais pas validé cette étape. Non, tu avais appris à vivre sans l'être aimé, comme tu me l'avais si bien décrit.

En fait, j'imagine que faire son deuil, ce n'est pas accepter, c'est accueillir, comme lors d'une naissance, le départ de l'être cher vers une autre dimension. Celle dans laquelle nous baignons tous, celle de l'Amour. Cela fait vibrer notre âme, certes. Mais nous sommes faits d'un corps de chair, d'un cerveau, à qui il manque définitivement la présence physique, auditive, olfactive de nos êtres partis. Alors, acceptons notre douleur, oui, accueillons nos larmes, elles sont la pluie de notre Âme, elles sont les mots/maux que nous ne parvenons pas à exprimer. Et tout ce qui ne s'exprime pas s'imprime.

Ma petite tata, merci pour tes messages, pour tes signes incessants, pour tes petits clins d'œil quasi quotidiens, mais j'ai tellement besoin et envie de te pleurer...

Et puis, Tata, ils savent maintenant, s'il te plaît, laisse-moi, à moi aussi, le temps d'assimiler.

FIN 2022, DÉBUT 2023 : QUI SUIS-JE ?

Cela fait 4 ans que je suis formatrice. Ce mot ne me plaît pas vraiment. Je chipote peut-être, mais pour ma part, cette « formation » m'a plus re-formée que formée !

Disons que je me suis reconnectée, le terme est plus juste. Il en est de même pour le terme de guérisseuse. Ce mot qui me plaisait tant étant enfant, et vers lequel je tendais sans cesse, comme une boussole attirée par un pôle, je le remets en question. Avec tout ce que j'ai expérimenté et compris, « guérisseuse » n'est pas un terme exact, car il induit le fait qu'une guérison repose essentiellement sur une personne pour une autre. Cela implique un acteur et un spectateur. Ce serait me positionner en tant que sauveur pour une victime, empêchant la prise de conscience de l'autre, lui dérobant son plus grand pouvoir : sa souveraineté. Une facilitatrice de guérison serait plus exact.

Je souris encore, car une fois n'est pas coutume, je me questionne et philosophe avec toutes les moi-même, et cela m'épuise. Mais en même temps, ces questionnements sont nécessaires puisque je suis en train d'ouvrir mon cabinet, et que si des personnes viennent à moi, il va bien falloir qu'elles sachent ce que je fais, non ?

Jusqu'ici, j'écoutais mes mains et mon cœur, sans forcément avoir la compréhension de ce que je faisais. Je repense à toutes les fois où j'ai massé, appuyé sur des points, transmis la lumière, en libérant ainsi des blessures conscientes ou inconscientes, toutes les fois où Cri-Cri me poussait à ouvrir mon cabinet pour en faire profiter les autres. Kolaimni m'a permis de comprendre ce que je faisais physiquement et énergétiquement. Depuis que je pratique cette technique, je vois des endroits dans les corps : des points qui m'apparaissent noirs. Ils sont les fameux silences que je ressentais depuis enfant, ces endroits enfouis, oubliés, bloqués, comme suspendus dans l'obscurité. Je les ai toujours perçus comme des nœuds sans énergie, en attente de réanimation. En les voyant nettement avec ma vue intérieure, j'ai pris conscience une fois de plus que je n'étais pas folle. J'ai décidé d'approfondir mes recherches, et j'ai trouvé tout un tas d'explications. Les trigger points (points gâchettes), points Knap, la méthode DORN etc., furent une révélation, car je lisais finalement sur le papier ce que je faisais avec mes mains. J'ai décidé d'apprendre, et cela m'a confirmé définitivement que mes mains me parlent et savent lorsqu'elles sont connectées à mon cœur. Mes mains et mon cœur ne me mentent donc pas.

Mais, voilà, qui suis-je finalement ? Comment définir ce que je fais sur une carte de visite ?

Alors, j'ai pris mon crayon, et j'ai laissé faire ce que je fais de mieux : regarder mes mains s'exprimer. Ma main droite a dessiné, à n'en plus finir, poussée par ma main gauche qui lui maintenait la feuille et transmettait d'autres crayons.

Lorsque j'ai eu fini, j'ai admiré ce qu'elles avaient fait :

Ce sera mon logo. Il représente mes mains reliées à mon cœur, qui mettent en lumière le corps, l'esprit et l'Âme de l'Autre. Car, le physique est une chose, oui, mais il va aussi falloir que j'admette et accueille une bonne fois pour toutes l'autre facette de moi : ma connexion à l'invisible.

Mais, comment me définir en mots ? Qui suis-je au fond ? Une médium ? Une passeuse d'âmes ? Un canal ? Maintenant que l'on sait, il faut me trouver un nom, une étiquette, une fonction. Mais, je ne trouve pas, je ne trouve pas de terme juste, pour définir qui je suis. Je SUIS, tout simplement. J'expérimente, et je perçois les autres dimensions. Je me vois plutôt comme une messagère, un pont, un lien entre l'ici et l'autre côté du voile. Et puis, peut-être qu'un jour je ne voudrai plus faire cela, c'est à moi de choisir, non ?

En plus, me définir, c'est permettre à l'Autre d'interpréter ce que je serais.

Être médium, c'est tout de suite inspirer l'étonnement, la fascination, la peur ou la moquerie. C'est attirer les phrases du genre : « Du coup, tu vas pouvoir me donner les numéros du loto », ou encore « Tu peux voir quelque chose pour moi, là maintenant tout de suite ? ». C'est tenter l'autre à croire que j'ai un pouvoir. Et, je ne suis pas en accord avec cela, car avoir un pouvoir signifierait que nous ne sommes rien d'autres que des pantins, qu'aucun libre arbitre ne nous serait attribué. En effet, ce n'est pas en apprenant à l'autre qu'il va rencontrer quelqu'un que ce quelqu'un viendra à lui sans avoir à rien faire.

Dans le dictionnaire Larousse, il est écrit qu'un médium est « Lne personne capable de percevoir, par des moyens apparemment surnaturels, les messages des esprits des défunts, et de servir d'intermédiaire entre les vivants et les morts ». Le « apparemment surnaturels » me dérange, car c'est justement ce qui cloche : il n'y a pas de pouvoir là-dedans, et le préfixe « sur » nous met déjà dans la conception de cette réalité. Ressentir, voir, entendre, percevoir autrement qu'avec nos organes sensoriels ne veut pas dire que cela est surnaturel. Je me demande d'ailleurs : que serions-nous si nous perdions tous nos sens. Qu'arrive-t-il à celui qui perd la vue, l'ouïe, l'odorat, le goût et le toucher ? Cela parait fou d'y penser, mais s'il est coupé de ses sens, est-il pour autant un être sans ressentis aucun ? Notre réalité est-elle simplement définie par nos sens ? J'ai l'impression que non, qu'il y a cette énergie, partout, dans le vide de toutes ces dimensions.

Nous sommes constitués à plus de 50% d'eau. Cette vérité scientifique a banni et écarté celle plus folle encore qui explique que l'atome est fait de 99,9% de vide. Et ce vide étant partout, il nous réunit donc. C'est un espace où se trouvent des particules virtuelles en mouvement. Dans ce vide, il y a un champ électromagnétique qui ne nécessite aucun support matériel. Il y a aussi une mémoire dans l'eau, des tas d'expériences permettent de le constater. Je m'y intéresse et lis les découvertes de Jacques Benveniste puis celles de Luc Montagnier. Enfin, la phrase de Masuro Emoto : « *Ce que vous savez possible du fond du cœur est réellement possible, nous le rendons possible par notre volonté. Ce que nous concevons dans notre esprit devient notre monde, ce n'est qu'une des innombrables choses que l'eau m'a enseignées* » résonnera en moi avec intensité. Celui-ci s'intéressant de très près au sujet de la mémoire de l'eau dans les années 90, il finit par prouver que **« l'eau retient l'information, et a de fait une mémoire »**. Et cette eau étant sensible à son environnement, elle capte en fait nos intentions, nos énergies en quelque sorte.

Cri-Cri disait que tout est énergie, et que l'Univers nous envoie des petits cailloux sur notre chemin, pour nous amener vers la route que nous avions choisi de parcourir en venant nous incarner. Depuis longtemps, il y avait d'énormes cailloux que je ne pouvais plus ignorer. Ces cailloux ont gêné mon système locomoteur, mes bras, mes jambes, mon fondement. C'est ironique, car à force de tout garder pour moi, à force d'ignorer les « messages de l'Univers », j'en suis tombée malade. Mon ami disait toujours : « Quand tu ne veux pas entendre les messages, l'Univers t'en envoie des plus forts ! ». Il a bien fait son travail, cet Univers.

Tout s'enchaîne, mon passé me rattrape, les cailloux sont énormes, et me voilà qui sort de l'ombre. C'était facile d'aider les défunts sans rien dire. Maintenant, ce sont leurs proches qui viennent à moi, et cherchent des réponses. « N'aie pas pitié des morts Harry. Aie plutôt pitié des vivants, et surtout de ceux qui vivent sans amour ». Cette phrase de Dumbledore dans Harry Potter est si proche de la vérité.

Je suis autant connectée au physique qu'à l'invisible, à l'être humain qu'à son âme, au corps qu'à son esprit, à l'être qu'à ses défunts...En laissant mon cœur et mes mains aux commandes, et au service de la Vie, de l'Amour et de la Lumière, je permets à celle-ci d'agir ou non selon le plan « divin ». Et cela peut être beaucoup plus : l'Autre peut prendre conscience de sa véritable essence, et il peut trouver les clés de sa connexion, et pourquoi pas, celles de son éventuelle guérison.

Alors oui, dans ce cas je suis une passeuse d'âmes parmi tant d'autres assumées, ignorées ou refoulées. Et ce que je n'avais pas compris, c'est qu'être passeuse d'âmes, c'est aussi accompagner celles incarnées. Nous sommes peut-être tous le passeur d'âmes de quelqu'un...

MARS 2023 : LIBELLULE

Depuis que tu es partie, je vois des libellules partout, à la télévision, dehors, sur une pancarte, sur une vidéo en ligne, sur une couverture de livre, me remémorant chaque fois ta phrase lors de notre dernière discussion : « Je vois des lucioles, des sortes de libellules ». Je savais qu'il y avait une raison, mais je n'imaginais pas à quel point elle était si belle, cette raison. À chaque fois que je les vois, je suis émue...et cela arrive toujours à des moments opportuns. Aujourd'hui, Lolo m'a envoyé en photo le livre qu'elle vient étrangement de découvrir : « Ces libellules qui me font signe [11]». Je reste stupéfaite devant le titre. Alors que je repose mon téléphone, celui-ci émet de nouveau une sonnerie pour m'avertir de la réception d'un nouveau message, je le reprends donc et tombe de nouveau sur la même photo. Je me dis que Lolo a fait une erreur en me la renvoyant une deuxième fois. Mais je réalise que l'expéditeur n'est pas Lolo, mais maman qui m'écrit : « Regarde ma grande ce que j'ai trouvé ». Je m'interroge sur la probabilité qu'un tel événement puisse avoir lieu en même temps sans se concerter. Elles sont trop infimes pour que je laisse cela dans les mains du hasard. Maman, Lolo et moi sommes reliées à toi, pour toujours. Et, tu as compris que nous recevions tes signes, alors tu t'exprimes. Cela nous ne pouvons pas te le reprocher...

La lecture de cet ouvrage, et le suivant «Coccinelle», me laisseront pensive et pleine d'espoir. Notre histoire n'est pas folle, nous ne sommes pas folles. Les signes de ta présence nous révèlent chaque jour ton Amour, notre Amour.

28/05/2023 : DE LÀ-HAUT POUR ICI-BAS

J'ai réalisé un de mes rêves aujourd'hui : j'ai défilé avec mes parents et mon oncle.

---

[11] « Ces libellules qui me font signe » de Florence Belkacem

Tous les quatre, nous avons fait résonner nos mélodies pour nous, pour eux, pour toi, Tata.

Cet évènement, c'est la fête de mon enfance, les souvenirs joyeux de la petite fille que j'ai été. C'était ressentir la fierté et la joie de voir mes parents, mon oncle, et mon grand-père défiler. À l'époque, ma tante s'occupait de moi avec mes cousins, et je prenais place dans l'hélicoptère du manège de la fête foraine, exprès pour pouvoir les admirer. J'actionnais autant que je le pouvais le bouton magique qui me faisait décoller, pour les admirer de là-haut. Aujourd'hui, c'est moi qui étais à même le sol et toi, avec papy, qui étiez là-haut, à veiller sur nous. Je le sais, car il y a eu un signe, encore un énième. Nous déambulions dans la rue proche du cimetière lorsque j'aperçus Thalia qui nous regardait. Il y avait aussi ta cousine et ton oncle à ma gauche. J'ai ressenti de la nostalgie, et soudain, soudain, venue de nulle part, elle est arrivée, comme une étoile dans un ciel obscur, comme un rayon de soleil au petit jour. Elle est apparue, porteuse d'espoir et de joie, elle a réchauffé mon cœur. J'ai crié : « Maman regarde, devant toi, une libellule ! ». Il n'y avait qu'elle qui pouvait comprendre, qu'elle et moi. Il n'y avait que toi pour un tel signe à ce moment-là, nous arrivions dans la rue qui t'a vue grandir, dans la rue où ton vêtement repose désormais. Elle a volé devant moi, vers maman, vers tonton puis papa et elle a disparu au loin vers Thalia. Je chéris ce signe, comme tous les autres que tu m'envoies de là-haut pour ici-bas.

13/07/2023 : GRAND MÉNAGE

Je suis avec Laura, mon amie. Elle est hypnothérapeute désormais et m'a proposé de faire une séance avec elle. J'adore cet état d'hypnose, je le connais bien, car il ressemble à celui dans lequel je me mets depuis petite pour avoir accès à l'entre-deux.

Laura me demande de visualiser une maison. Je perçois très vite à quoi elle ressemble et, avant qu'elle ne me le suggère, je vois un carton, un seul carton à l'entrée de celle-ci. C'est étrange, car la maison parait parfaitement en ordre, rien n'y traîne, et elle est incroyablement chaleureuse.

Je me dis que si c'est une métaphore représentant ma tête alors c'est que je vais drôlement bien ! Comme dirait mon amie Cécile : « c'est que je suis bien alignée et inspectée ! ». Laura me demande d'ouvrir le carton. Ce que j'y vois me surprend immédiatement : il y a un cadre photo représentant Cri-Cri. Ce n'est pas le Cri-Cri des jours heureux, mais celui que j'ai vu souffrir. En dessous, il y a le même genre de clichés avec Tata. Et cela me fait mal, cela réveille en moi ce sentiment d'impuissance et d'injustice, cela réveille la guerrière qui se battrait corps et âme pour éviter à ses proches de souffrir. J'ai donc mis cela dans un coin de ma tête, bien à l'abri dans un carton, prête à m'en débarrasser. Cela me gêne pour avancer, alors grâce à Laura, j'accepte de faire le ménage...

24/09/2023 : « TU N'ES PLUS LÀ OÙ TU ÉTAIS, MAIS PARTOUT OÙ JE SUIS »

Il y a des endroits où tout paraît possible. C'est vrai pour notre étang. J'aime cet endroit. Il est magique, pour qui peut et veut le voir. Il y a toujours une synchronicité, un petit quelque chose qui aboutit à un grand quelque chose.

Tout est paisible, et lorsque je ferme les yeux, là, assise sur l'herbe, à l'ombre du grand chêne, je ne peux qu'être en Paix. Et puis bien sûr, je pense à toi. Car c'est ici que j'ai rêvé d'écrire notre livre, c'est ici que j'ai tant souhaité, en silence, relater notre histoire avec toi à mes côtés. Mais, Tata, s'il te plaît, aide-moi, car je ne sais pas comment, je ne sais pas dans quel sens aller, je ne sais pas par quoi débuter, je suis perdue. Comme pourrait dire mon père, on dirait une poule qui a trouvé un couteau, ou plutôt un crayon et une feuille en ce qui me concerne.

J'entends Naël qui joue au loin, Julien, Nohan et ma belle-mère qui marchent autour de l'étang. Je m'imprègne des lieux, des habitants humains, non humains, végétaux. Je m'autorise à flotter et à me rapprocher du Voile, je m'autorise et t'autorise à entrer dans mon monde. Et, te voilà, si rapide, comme toujours. Tu es si belle, si rayonnante. La souffrance et la lassitude t'ont quittée en même temps que tu as quitté ton habit corporel. Je suis si heureuse quand je te vois. Tu me fais signe d'ouvrir les yeux. Je mets du temps à m'habituer à la luminosité, je cligne des yeux et remarque quelque chose qui vole autour de moi. Une libellule...Je me lève, poussée par une impulsion, je la suis. Elle rejoint ses semblables sur le côté de l'étang. Je m'assois et les admire. Je tends mon doigt, et le plus magique de tes cadeaux se pose sur mon index. Pour y rester, longuement. J'ai tout le temps d'en profiter, de me réjouir, de lui parler, de TE parler. Je ne peux qu'admirer la perfection de notre rendez-vous, la magie du moment. Je ne peux qu'être dans la gratitude pour tous ces petits cadeaux que tu envoies sur mon chemin...Ils réchauffent tant mon cœur, et m'aident à continuer. Chaque fois que je prends connaissance de tes présents, je sais que j'avance sur le chemin, je sais qu'il y en aura toujours un derrière celui-ci pour m'encourager à aller plus loin. Tu me prouves cette phrase de Victor Hugo que nous aimions tant : « Tu n'es plus là où tu étais, mais partout où je suis »...

27/02/2024 : OSER PARLER, OSER GRANDIR, GRANDI-OSE

Nous nous retrouvons avec ma famille paternelle pour célébrer l'anniversaire de mes tantes jumelles. Soudain, alors que je discute avec ma mère, ma belle-sœur Carole, et mon cousin Teddy, celui-ci dit :

« C'est vrai qu'on ne sait pas ce qu'il se passe après la mort, car, ma foi, personne n'en est revenu pour nous dire ce qu'il s'y passait ».

J'ai envie de répondre, mais je ne peux pas. Je ne suis pas encore libérée de ce carcan dans lequel j'ai baigné si longtemps. Je m'apprête à ignorer cette phrase quand maman en décide autrement.

Je suis stupéfaite de l'entendre expliquer qu'elle aussi croyait cela avant, mais qu'elle ne peut pas ne pas parler de son expérience. Elle relate alors ce que nous avons vécu avec Tata, et je me surprends à penser une fois de plus : « Je ne suis pas folle, oui cela a eu lieu, et mon entourage le sait ». Maman m'émeut, me touche, me bouleverse en racontant notre histoire. Celle dans laquelle j'ai été actrice auprès des incarnés comme des défunts. Celle où j'ai enfin assumé mon rôle...poussée par le spot éblouissant qu'est sa sœur. Mon cousin et ma belle-sœur sont attentifs et touchés par ce que ma mère raconte. Il s'intéresse ensuite à ce que je peux en dire. C'est si inattendu. En parlant de cela, maman m'a fait un immense cadeau. Elle est le moteur qui me poussera à continuer d'écrire mon livre. Je me suis fait une promesse intérieure : je lui offrirai le « premier jet » de ce récit pour son anniversaire. Maman, Carole et Teddy ne savent pas à quel point aujourd'hui ils m'ont fait grandir...maintenant, à moi d'oser...

12/03/2024 : VISITE SURPRISE

Maman vient me voir aujourd'hui. Elle a besoin d'une séance pour différents troubles physiques qu'elle ressent.

Comme habituellement, avant de m'occuper de la partie physique, je pratique un soin énergétique. Soudain, je vibre de tous les côtés. Cela me scotche littéralement, mes mains tremblent, mon cœur saccade et pulse à une vitesse folle. Je reconnais très bien cette énergie : c'est celle de Tata. Elle est là, comme un soleil, ou plutôt comme une enfant qui trépigne d'impatience, et est heureuse de sa surprise. Je comprends très bien ce qu'elle veut : elle attend que je prévienne sa sœur qu'elle est là. Je ne suis pas prête. Elle soupire, elle m'envoie une phrase du genre : « Si je t'écoute, tu ne le seras jamais, allez, vas-y, lance-toi ! ». Je fais un mouvement avec ma main droite comme si je cherchais à chasser une mouchette. C'est bien mal connaître l'invisible que d'avoir une telle réaction, mais c'est ce qui me vient sur le moment.

Je ne peux pas l'ignorer, certes, mais je réfléchis. Je tourne sept fois ma langue dans ma bouche, et je repense à toutes ces fois où ma mère m'a dit : « Ce n'est que ton imagination Émilie, il faut grandir ! ». Je suis tellement mal, tellement bien aussi en même temps. Je me sens partagée, prise entre deux feux. Celui de Tata me transcende trop pour continuer de l'ignorer alors je parle, enfin. « Maman ? ». Elle me regarde. « Est-ce que tu sens quelque chose ? ». Je vois des larmes dans ses yeux. Alors, je sens Tata, si forte, si incroyable, me pousser à prendre la main gauche de maman et lui dire : « Ils sont beaux tes ongles ma petite puce, ma petite sœur chérie ». Et puis, Tata me montre des images dans son coma, quand maman serrait sa main. Elle souhaite que je reproduise ce geste qui les a liés. Alors je parle, je dis, je m'exprime. Je ne sais pas ce qu'il me prend, cela sort tout seul, et Tata est si heureuse ! Mon cœur déborde d'amour et celui de ma mère aussi : elle en pleure et lâche enfin ses larmes contenues. « C'est elle qui a parlé, c'est exactement ce qu'elle disait, la façon que tu as eue de le faire, je l'ai sentie, ma sœur... ». Nous nous serrons dans nos bras, nous pleurons en chœur tandis que Tata sautille de joie. Dans l'énergie, c'est époustouflant à ressentir. Cette visite surprise ne sera pas la seule : elle fera de même avec son frère puis sa fille lorsqu'ils viendront me voir en consultation.

25/03/2024 : JAMAIS SEULE

Je suis surbookée, surchargée, et cela me va bien. Je râle, mais au fond cela me permet de fuir, fuir ce que je suis, fuir la réalité, fuir mes responsabilités. Car j'ai une mission, et je t'ai en quelque sorte promis de la mener à bien. Mais je n'y parviens pas. Toutes ces lignes que j'ai noircies sur du papier, tous ces mots que j'ai jetés sur d'innombrables supports me rappellent qu'il est encore plus que temps pour moi de les mettre en ordre. Et si je m'y attelle, au fond ce ne sera pas pour rien, ce sera pour envisager de publier toutes ces pages sous la forme du livre dont nous avons tant parlé.

Mais je suis seule. Alors oui, je t'entends et te sens chaque jour, et tu me prouves que penser cela est faux, mais j'imaginais autre chose. Toi et moi, bien installées, peut-être devant mon étang, au milieu des libellules dont on ne comprendrait pas encore la symbolique, à siroter un breuvage inconnu, et à manger des sucreries tout en rigolant à tes conneries...

J'aurais certainement pleuré de rire comme de tristesse, j'aurais tenté de te câliner dans mes bras même si je sais que ces démonstrations dans notre famille ne sont pas toujours aisées, et tu m'aurais répondu : « Ah là là, ma petite fée (ou ma petite puce ou encore ma Mélinda), la vie n'est pas un long fleuve tranquille mais tant qu'il y a à boire et à manger, alors ça va ! ». J'aurais ri encore plus fort, et je t'aurais dit « Sacrée Tata, je te reconnais bien là. Bon, on l'écrit ce livre ?! ».

Il ne fait pas beau aujourd'hui, je ne vais pas aller à l'étang pour écrire au milieu des libellules en espérant m'imprégner d'elles pour me rapprocher de toi. Tant pis, je vais me contenter de mon chez-moi, bien installée, à boire mon infusion en mangeant des cochonneries tout en me remémorant tes conneries. Et puis, la magie opère, j'écris, à n'en plus finir, tout sort, les idées fusent sur la façon d'assembler tous ces évènements.

Mieux, je décide de parler à voix haute, et l'assistant vocal écrit pour moi. Je me plais à imaginer que c'est toi derrière cette technologie. Après tout, tu étais sténo, et tu le faisais très bien...Et puis parler à voix haute, c'est tellement plus réel, plus vrai, plus thérapeutique. À chaque mot dit, je libère les maux maudits qui empoisonnent mon existence. À chaque phrase prononcée, la vérité pointe le bout de son nez. Et plus je me relis, plus je me rappelle, plus je parle, plus je me rapproche de toi. Et alors que je m'émeus, que je pleure de joie ou de tristesse, qu'en sais-je...Tu me rappelles ta présence de la plus belle des façons. Car alors que je me sens submergée par l'émotion, alors que le bruit et les secousses de mes pleurs m'empêchent de continuer, je ressens le besoin d'allumer la télé...

13h22, L'écran noir laisse place à une image. Je reste scotchée quand celle-ci apparait, et qu'elle n'est autre qu'une libellule. Là, autour du cou de l'actrice, en pendentif, une libellule brille par sa présence...

13h40, Alors que j'ai dû m'assoir pour assimiler, et que je regarde bêtement la télé, je reçois un message sur Facebook. En allant le consulter, une vidéo courte s'affiche sur mon téléphone : un peintre dessine une libellule...

Je ne peux m'empêcher de tout prendre en photo, et de les envoyer à ma cousine afin de lui partager ce qui m'arrive. De son côté, comme moi, elle a eu l'envie subite d'écrire aujourd'hui Notre Histoire. Tu nous as réunies, encore une fois, dans les ténèbres, tu nous as envoyé Ta lumière.

23h12, alors que je pense encore à toi, je te demande de me délivrer un message. Je te sens me pousser pour choisir un livre dans la pièce de mon bureau, je frissonne, l'ouvre au hasard, et lis sous mon doigt : « Elle se sent bien ici, dans la maison qui a bercé sa plus tendre enfance. Là où elle a été choyée, où elle mangeait des crêpes, apprenait la nature, courait dans l'herbe, et se laissait **câliner par Tata** ». C'est sur ces derniers mots qu'est posé mon index...

24/05/2024 : VISITE ATTENDUE OU INATTENDUE ?

J'ai un rendez-vous particulier aujourd'hui, je vais dialoguer avec une médium sur mon avenir professionnel. Je la suis depuis 2018 sur les réseaux, et je ne l'ai jamais consultée personnellement, mais depuis peu, elle a ajouté dans ses séances une formule pour aider les thérapeutes, pour les guider, et j'en ai besoin, car je me sens perdue. J'ai l'impression d'avoir quelque chose à faire, mais je ne sais plus quoi ni comment, et vers où...comme s'il manquait une pièce à mon puzzle.

J'espère que le rendez-vous se passera au mieux, car cette nuit, j'ai rêvé que notre appel était interrompu, et qu'il m'était impossible de la joindre par la suite. C'était ma tante qui était à l'origine de cette « déconnexion » d'appel, et j'étais un peu fâchée contre elle.

À 14h, je reçois l'appel tant attendu, et au bout de quelques minutes, je frissonne. Tata est là.

Mentalement, je la gronde gentiment en lui disant qu'elle viendra me parler plus tard, mais l'appel s'interrompt soudainement. Je peste à haute voix dans mon cabinet : « Sérieux, Tata, ça suffit, c'est pas le moment, là ! ». La médium me rappelle : « Alors là Émilie, il faut que je vous dise quelque chose, c'est ce que j'appelle être abordée par les défunts ! Malgré toutes les protections que j'ai mises en place, elle a réussi à passer ! Car c'est une femme, elle est comme une marraine pour vous, non ? ». Je ronge mon frein, je gronderai Tata plus tard, me dis-je. « Savez-vous pourquoi elle est venue ? ». Oh oui, je le sais ! Parler de mon avenir professionnel c'est ne pas oublier mon livre, alors bien sûr on peut compter sur Tata pour me le rappeler !

Mais vraiment, tu es décidément pire que têtue ! C'est de l'acharnement à ce niveau-là ! Oui Tata, j'écrirai ce livre, promis, une promesse est une promesse...

JUIN 2024 : JOYEUX ANNIVERSAIRE

Il y a peu de monde dans le restaurant, me dis-je. Est-ce parce qu'il ne brille pas par son excellence ? Peut-être...J'écoute Julien et les enfants parler de la séance de réalité virtuelle que nous venons d'expérimenter. Réalité virtuelle...ce terme me fait sourire, et je réfléchis une fois de plus à ce mot : réalité. La mienne me pousse à me montrer vraie avec moi-même. C'est mon anniversaire, il serait bien de sortir définitivement de ce carcan dans lequel je me suis mise il y a 29 ans. Et je repense à cette sorte de réalité virtuelle vécue avec ma tante et Thalia.

Serai-je prête, un jour, à écrire la totalité de cette histoire, ailleurs que dans mes rêves ? « Fais de ta vie un rêve, et de tes rêves une réalité ». Plus facile à dire qu'à faire. J'ai tant grandi, j'ai tant appris. Je revois en mémoire mes anniversaires...Parrain, mes cousines, papy, mémère, Cri-Cri, Tata...tous de l'autre côté du voile. Réunis dans la réalité de l'entre-deux.

Et, je me dis que le schéma semble se répéter : il y a eu Parrain, il y a eu Tata, et ils ne sont plus là, dans leurs vêtements de chair et de sang.

Je les sens à mes côtés, mais si nous devions me prendre en photo comme ce fameux cliché fait ce fameux jour, les y verrait-on ?

-À quoi penses-tu ma petite fée ? Julien me tire de mes réflexions.

Je m'apprête à lui répondre quand un son, une voix me parvient, celle de Johnny, sa chanson résonne dans la pièce et m'émeut. Ce hasard tombe à pic, et il est encore plus beau lorsqu'il est suivi d'une chanson de Claude François, les chanteurs préférés respectifs de Parrain et de Tata. Le hasard, oui, c'est Dieu qui se promène incognito. Et, il semble me dire de votre part, à Parrain et toi : « Joyeux anniversaire ! ».

02/06/2024 : LIBELLULES...ENCORE ET TOUJOURS

Je vais à la danse ce soir. Cela me fait vibrer de plus en plus. Toi aussi, Tata, tu aimais danser. À l'intérieur de moi, c'est de plus en plus vital. Je me surprends à danser seule dans la maison avec mes écouteurs dans les oreilles. J'ai toujours aimé danser, mais j'avais préféré ne pas trop le montrer par peur de paraître gauche, maladroite, ridicule aussi. Mais le bien que cet art me procure a remplacé peu à peu celui de mon instrument. Mon corps semble revivre, mon âme chante, et je me surprends à danser sans réfléchir, à accueillir ce qu'il se passe en moi, et les gestes qui veulent en sortir.

C'est avec mon amie Nathalie que je me rends à mon cours de danse. Elle a quelque chose à m'offrir sur le chemin de l'aller pour le gymnase. Elle me tend son cadeau, et je vibre. Sur le papier cadeau, parmi les fleurs, il y a des libellules. Elle me dit que cela l'avait fait sourire elle aussi lorsqu'elle avait vu la libraire le choisir. Ces petits clins d'œil de mes anges me réchauffent le cœur et me ramènent toujours à ma mission : celle d'être et celle d'écrire, pour moi, pour eux, pour nous, pour toi, ma Tata.

DÉBUT JUIN 2024 : FUITE EN AVANT ET MARCHE ARRIÈRE

Fichu Ingénieur, qui doute et redoute, fichu syndrome de l'Ingénieur.

Fichu Univers qui complote contre moi... ou pour moi ?

Les rendez-vous que je suis censée recevoir à mon cabinet sont annulés, rien de ce que je prévois ne tient bon, mes amies ne sont pas disponibles. Et pour être sincère, je ne recherche la présence d'aucune en particulier. Je me retrouve donc seule face à moi-même.

Dans cette solitude que je fuis comme une lâche, je prends le même chemin que lorsque petite je fuyais les innombrables défunts qui venaient perturber mes nuits, je me noie dans les mots, je me noie dans les pages, je me noie dans les histoires qui ne sont pas les miennes. Et je choisis, bien-sûr, les livres qui s'éloignent le plus de ma réalité. Exit les livres de fantasy, exit les livres de spiritualité, exit les livres sur la mort et le sens de la vie...Ceux que je choisis sont lamentablement simples, compréhensibles, avec un début et une fin heureuses. Il en est de même s'il me vient à l'esprit de regarder une série. Le plus ironique c'est que même dans ces histoires, des rappels à l'ordre surgissent des pages ou des images, des phrases me font sursauter comme : « Il faut absolument que j'écrive ce livre » ou encore « Écrire ce témoignage serait libérateur » ou encore « Elle est si proche de sa tata »...

Tout me rappelle à toi...sans oublier ces fichues libellules qui ne me laissent pas tranquille et qui apparaissent sans cesse...Et quel délire quand je me confie à ta fille, et qu'elle me dit : « Eh bien moi, j'ai compris que ce qui me reliait à maman c'était surtout les éléphants, car c'est le dernier cadeau qu'elle m'ait offert » et que le soir même en ouvrant mon livre, je lis : « J'adore les éléphants »...Vraiment cela me fait rire et en même temps, je ne peux que saluer ta ténacité !

Bref, quand je suis dans cet état, les histoires d'amour sont celles que je préfère. D'ailleurs c'est toi qui m'a fait les aimer. L'amour de la lecture était un de nos points communs, nous dévorions les livres. Je me rappelle avoir été émue lorsque j'ai découvert que, toi aussi, tu aimais le livre des contemplations de Victor Hugo.

Et, je crois avoir été bouleversée comme toi par la façon qu'il avait de décrire la mort et la disparition de sa chère fille. Pensais-tu à Parrain en le lisant ? Comme il en était pour moi ? À travers ces vers, comprenions-nous la même douloureuse expérience de la vie ? Je ne puis le dire, muette comme je l'étais étant enfant, il ne me serait pas venu à l'esprit de te poser tout bonnement la question...

D'ailleurs, ce que j'admire chez la nouvelle génération dans notre famille c'est justement leur capacité à émettre leur vérité, sans s'inquiéter de la façon dont elle sera reçue. Pour ma part, je n'ai pas été cette actrice accomplie capable de réciter son texte sans frémir de peur. J'ai préféré rester dans les coulisses à m'occuper des décors en ignorant une partie de mon script. Il faut dire que le public n'était pas le même qu'aujourd'hui. Nos grands-parents, nos parents ne parlaient pas de cela. Je n'ai jamais osé en parler à mes cousins et cousines non plus.

Je suis heureuse de voir que le dialogue est ouvert, qu'il y a une possibilité de se révéler maintenant même si nous ne sommes pas forcément compris par tous. Je suis heureuse d'avoir compris qu'on m'aimait qu'importe qui je décidais d'être. Je suis heureuse d'être sur scène. Et je n'y suis pas seule, en fait.

Et puis, je réalise que la lumière qui m'a révélée au grand jour, c'est toi, mon spot éblouissant au-dessus de la scène...Et enfin, je réalise que le public m'a rejointe sur cette scène. Notre famille, nous, moi, et Toi, mon soleil, réunis pour l'éternité dans l'entre-tout, s'aimant au-delà de l'Univers et des étoiles.

14/06/2024 : TES LIGNES QUI ME TRANSPERCENT

Cela fait plusieurs nuits que Tata vient me voir dans mon sommeil. Elle me montre un livre et son ordinateur. J'ai l'impression qu'elle me fait comprendre qu'elle a eu le temps d'écrire. J'ai donc pris la décision de demander à Lolo d'aller chercher, dans les affaires de sa mère, si elle avait eu le temps de noter des choses sur son coma, sur notre histoire. Je me dis que si elle insiste autant, c'est que cette possibilité n'est pas si folle. Et, miracle, Lolo me confirme l'existence de ses lignes ! Nous décidons de nous retrouver, aujourd'hui, afin de les découvrir.

Est-ce que je pouvais m'attendre à cela ? Non. Ma Tata, de là où tu es, tu n'as donc pas cessé tes allers et venues jusqu'à moi, pour me faire comprendre que tu avais, toi aussi, écrit. Nous avons lu tes mots comme aspirées dans un tourbillon, dans un silence presque religieux, ponctué de rires, d'anecdotes, et de tristesse. J'avais envie de pleurer, vraiment...De relire ta souffrance dans l'entre-deux m'a rappelé cette douleur en écho qui ne me quittait jamais durant ton cauchemar. J'ai mal au diaphragme en te lisant, j'ai du mal à respirer en me rappelant. Et puis, dans ces ténèbres, tu parles de nos échanges, avec Thalia et avec moi. Dans les ténèbres, tu relates des détails que nous avions relayés à notre famille, des choses d'une précision qui ferait pâlir le plus cartésien des cartésiens...C'est fou, on dirait que nous avons vécu un même rêve à trois, un peu comme une EMI partagée. C'est inexplicable...

Le peu de fois où nous en avons parlé oralement, nous souffrions toutes les deux. Il y avait tant de choses à dire, et en même temps tant de stupéfaction devant l'extraordinaire de notre histoire.

Et puis, en parler rappelait le bon comme le pire, cela réveillait la peur chez toi puis dans mon corps, et alors, nous finissions par nous taire. En plus, tu souffrais d'essoufflement et, pour parler et discuter, cela devenait frustrant. Le silence n'était pas oppressant. Nous nous y retrouvions, et je crois qu'après cette expérience, nous n'avions plus besoin de parler...comme si le câble téléphonique entre nous s'était transformé en wifi.

Ton témoignage me conforte dans le fait que, nous, soignants, sommes bien loin de la vérité. Combien ai-je entendu de mes semblables raconter leur vie devant des patients en état végétatif, sous prétexte qu'ils ne comprenaient, et n'entendaient plus rien. Mon Dieu, tant de fois ai-je été témoin de cette incompréhension, et de cette ignorance. Mais peut-on dire que nous sommes ignorants, quand on ne peut pas imaginer une telle chose ?

Je revois ma vie d'infirmière et m'interroge. Suis-je moi aussi passée à côté d'un patient sans me rendre compte de sa détresse ? Certainement, je le sais, ma clairvoyance ne me mentait pas. Je repense à ce pauvre Mr B. et son escarre sacré, à tous les autres que j'ai su en souffrance. On nous apprend à remplir des échelles de douleur en recherchant chez notre patient des signes de celle-ci s'il ne peut nous la décrire. Nous nous basons sur des crispations du corps, faciès tendus, etc...Persuadés que la personne inconsciente dans notre réalité l'est dans toutes les dimensions, persuadés que si elle semble dormir, c'est qu'elle n'a pas mal. Et puis, en étant devenue une Imbécile Artificielle, moi aussi, j'ai été insensible à certaines situations.

Ma petite Tata...J'étais la seule à le savoir de ta « bouche », que tu souffrais. Combien de fois me suis-je imaginée appeler ton service pour les avertir de ta souffrance. Mais qu'aurais-je dit ? À un : « Bonjour, je suis la nièce de Martine. J'ai eu une conversation avec elle dans l'entre-deux, et elle me dit de vous dire qu'elle SOUFFRE », ne m'aurait-on pas ri au nez ? Plusieurs fois, ma cousine et ma mère ont prévenu l'équipe médicale que tu souffrais, elle n'a pas entendu...pas vu, pas cru.

J'ai trouvé intéressant de me replonger dans mes cours, et de rechercher partout ces fameuses échelles de douleur. Durant ma vie professionnelle, j'ai été plus souvent au contact de personnes en fin de vie ou en état de démence. Dans ces cas-là, tous nos outils se basent sur une appréciation d'une tierce personne pour évaluer la souffrance d'un patient quand celui-ci ne peut pas le faire de vive voix. Quelle difficulté pour nous, soignants, que d'interpréter des signes, des mimiques, des postures qui n'ont pas forcément la même signification pour chacun. Malgré tout, le doute n'est souvent pas permis. Je repense à Mme B. et son orteil tombé entre mes mains, ses cris, ses gémissements...Au-delà de sa douleur ressentie en écho dans tout mon corps, nul besoin d'être clairvoyant, les signes visibles et auditifs étaient devant nous, même si Mme B. ne disait pas : « J'ai mal », et était incapable de répondre à une échelle d'auto-évaluation de la douleur. Il en a été de même pour toi, Tata, tu parvenais à émerger par moment pour montrer ta douleur.

Il existe plusieurs outils utilisés par les soignants pour évaluer la douleur des patients qui ne sont pas en état de le faire par eux-mêmes, c'est notre quotidien de les utiliser.

Pourtant, l'évaluation de la douleur n'a pas toujours fait partie des priorités du métier de soignant. Mais, finalement, *« la loi du 4 mars 2002 consacrait le soulagement de la douleur comme « droit fondamental de toute personne », et celle de 2004 érigeait la lutte contre la douleur en priorité de santé publique [12] »*.

Des unités de soins palliatifs ont vu le jour et ont entamé un réel travail de prise en charge de la douleur. Ainsi, des soignants formés interviennent et permettent un véritable relais dans les établissements. Ces équipes mobiles soulagent et soutiennent aussi bien les patients, leur entourage mais aussi les soignants, afin de les aider à adapter leurs soins médicamenteux ou autres.

---

[12] Source : sante.gouv

L'évaluation et la prise en charge de la douleur sont une préoccupation majeure de l'infirmier. Elle est d'ailleurs définie dans notre législation[13].

Alors je ne peux que me poser cette question, une énième fois : comment évaluer une position, un regard, une mimique, chez une personne qui est dans le coma ? Comment de ce fait, être sûr que notre patient ne souffre pas ? Nous ne le pouvons pas. Et lorsque je repense à ces phrases que j'ai pu dire comme : « il est dans le coma, donc il ne souffre pas », je me demande si ce n'est pas moi que je souhaitais finalement rassurer. Parce que la vérité, c'est que nous n'en savons parfois rien, et ne pas savoir en tant que soignant perçu comme sachant, c'est impensable. Nous avons toujours l'impression de devoir savoir répondre à toutes les questions, nous avons toujours l'impression, peut-être, de devoir rassurer l'autre tout en nous rassurant nous-mêmes.

00h09 Impossible de dormir. Cela me rappelle cette fameuse nuit où tu étais venue à moi afin de me faire écrire à notre famille le fameux message...celui qui a tout déclenché.

Je crois que je culpabilise. Mon Ingénieur me passe en boucle nos souvenirs de l'entre-deux, ainsi que les paroles de ma mère sur ta souffrance. Si seulement j'avais pu oser parler et être entendue auprès des soignants pour leur relayer les dires de Tata. Nous avons énergétiquement fait tout notre possible avec les kolaimnistes, à distance. Mais un échange, et une collaboration avec le monde médical n'aurait peut-être pas été de trop. Je pense à mon rêve, à mon monde idéal : celui où les soignants travailleraient main dans la main avec des thérapeutes holistiques. Parmi ces derniers, des clairvoyants, peut-être, capables de dire de vive voix ce que le patient ne peut pas faire.

Nous avons fait tout ce qui pouvait être possible à notre niveau, et je me réjouis aussi que tu aies eu à tes côtés une soignante pratiquant la sophrologie et l'hypnose lors de ton sommeil « assisté et insisté ».

---

[13] Article R 4311-2 et Article R 4311-5

Je me sens anesthésiée, comme dans un flou, comme perdue de nouveau entre ces deux mondes. J'ai mis si longtemps à comprendre que je pouvais être les deux, rationnelle, et pourtant connectée.

Lire tes lignes rend notre expérience plus vraie. Thalia, toi et moi, avons vécu la même expérience, la même réalité. C'est fou, encore une fois, ce besoin qu'a mon Ingénieur d'avoir cela sur du papier, pour me prouver que tout cela n'était pas rêvé. Avant, lorsque cela arrivait, c'était individuellement, c'était caché, c'était dans l'ombre. Toi, tu m'as poussée sur le devant de la scène, révélant au grand jour ce que j'étais. C'est inimaginable, ce que nous avons vécu. Finalement, je remercie les mesures sanitaires, car si j'avais pu te voir, je sais que je t'aurais parlé dans ton coma de notre endroit dans l'entre-deux : je t'aurais parlé de la plage, de tes SOS, de Thalia, des kolaimnistes qui veillaient sur toi, de Parrain, de Jacky, de Papy et de Gilbert...Cela aurait donné une excuse à mon Ingénieur pour ne pas croire complètement à notre histoire. Il se serait persuadé que je t'aurais influencée...Je le connais assez maintenant !

Deux semaines, c'est le temps que j'ai mis avant de pouvoir transmettre à nos proches nos conversations dans l'entre-deux, lorsque tu étais hospitalisée. Quelle bonne idée j'ai eu de tout noté, quelle bonne idée ont eu maman et Lolo de le faire aussi...Et quelle bonne idée tu as eu de me pousser cette fameuse nuit, à leur envoyer ce message qui a tout déclenché. Et puis, quelle merveilleuse idée aussi, que tu as eue, de venir me voir régulièrement pour me faire comprendre, que toi aussi, tu avais finalement écrit de ton côté. Même si je dois dire que cela m'effraie un peu de publier nos lignes. Cela me pousse à sortir de l'ombre, sans toi à mes côtés dans la matière, mon Soleil. Je dois avouer que je suis beaucoup moins courageuse que toi ! Mon Ingénieur n'arrête pas de douter, et me sort la phrase que j'ai si souvent entendue : « Quand on ne sait pas, on se tait ! ». Et comme, finalement, je ne sais pas vraiment comment tout cela a pu avoir lieu, alors je m'accroche à ce slogan !

Je crois que la seule chose dont je suis sûre, c'est de ce que je ressens.

Et pour le moment, je me sens hésitante et trouillarde ! J'étais tellement habituée à me taire. Ce voile que tu as levé en moi, il me laisse passer des choses que j'avais enfouies, si profondément, des souvenirs si difficiles. J'ai peur, Tata. Peur de ne plus trop savoir comment me dévoiler, et si je le dois. Et puis, j'ai mal de me souvenir de nos moments dans l'entre-deux. Lire ta douleur a révélé la mienne. C'est dingue, cette incroyable capacité que j'ai, à me fondre dans les émotions des autres !

Je suis une éponge parfois plus qu'un pont. Je devrais passer au-dessus de l'eau au lieu de l'absorber.

En même temps, je ne peux pas faire de notre récit un roman édulcoré. Je ne peux pas y relater que de tendres et joyeux moments. Tu as côtoyé la souffrance. Quoiqu'en disent les équipes médicales, quoiqu'en disent les soi-disant guides du New Age. Dans cette réalité, l'ombre côtoie la lumière, dans tous les domaines. Fort heureusement, ce sont dans les endroits les plus sombres que se révèlent les plus grands phares.

Quand alors je me sens submergée par les émotions, je m'imagine tel un phare, lumineux, droit, ancré...si sûr de lui que tous les parasites qui entrent dans son champ finissent pas griller comme des moustiques ! Je me répète inlassablement : « Je suis un phare comme une paille, qui baigne dans la source, que les moustiques m'approchent, ils se feront dissoudre par cette lumière ». Un jour, je t'avais dit que c'était cela ma prière à moi ! Alors tu m'avais répondu en riant, encore une fois : « Heureux sont les fêlés car ils laissent entrer la lumière ». Il est acté que je dois l'être !

Tu sais, j'ai une autre phrase de toi dans la tête depuis le 05/02/2022. Elle ne me quitte pas, comme un disque rayé qui tourne en boucle dans mon cerveau. Cette phrase toute simple que tu as comme craché lorsque nous étions sur ce banc, cette phrase qui est sortie de toi soudainement, comme poussée par un élan vital. Tu as dit : « Non, il faut qu'on parle, MAINTENANT ». Cela m'avait surprise. Ton intonation, ta détermination m'avaient laissée sans voix.

Maintenant, c'est justement « maintenant » que je comprends la véracité et la nécessité de cette simple phrase. Depuis plusieurs mois, je me réveille épuisée, les poings et les mâchoires serrées. Si tu savais comme mon corps souffre de cet automatisme. Je sais bien ce que cela veut dire. Je retiens encore cette partie de moi, je repousse toujours à demain cette mission...Je ne parle pas seulement de la mission concernant l'écriture de notre livre, je parle aussi, et surtout, de ma mission d'Être. En te lisant aujourd'hui, je ne peux qu'admirer ta force, ta détermination, ta volonté. Cela me porte et me redonne espoir. D'ailleurs, c'est le mot préféré de Naël en ce moment. Il dit que c'est un mot qui fait beaucoup de lumière. Ce petit garçon ne cesse de me faire sourire. Je m'imagine à son âge si j'avais parlé ouvertement comme lui. Et cela me fait rire d'envisager les réactions de mon entourage. Non, cela n'a pas fait partie de mon expérience, et tout est juste. Mes parents, mes proches m'ont permis d'être ancrée dans ce monde. Les pieds sur terre, la tête dans les étoiles. Un jour, Tata, tu m'avais envoyé une carte d'anniversaire avec cette phrase écrite dessus. Sans mes proches, je n'aurais pas eu les pieds sur terre, je serai restée « perchée » très haut ! Malgré tout, je me suis tout de même renfermée dans ce monde entre-deux, où je ressens toute la dimension de ces quelques mots : Je te vois. Et toi, ma Tata, toi, tu m'y as vue...Toi, tu m'as vue, et tu veux que l'on me voie. Je n'ai pas les mots pour t'exprimer ma reconnaissance, et puis ils ne servent à rien de toute façon, car, là où tu es, ce sont mes intentions, mon cœur débordant d'amour que tu ressens. Je t'aime, Tata. De cet Amour Inconditionnel. J'aime quand ta fille m'écrit, à la fin de ses messages, tout comme tu le disais : « je t'aime au-delà de l'univers et des étoiles ». C'est tellement cela.

Je regrette que tu n'aies pas été écoutée sur ton vécu dans l'entre-deux. Tu as essayé d'en parler aux soignants, mais tu t'es retrouvée face à des murs. Il y a ceux qui ont levé les yeux au ciel, et il y a ceux qui se sont tus, comme moi face à Mr B.et tant d'autres.

Pourtant, notre métier d'infirmier repose essentiellement sur une théorie selon laquelle l'être humain est mû par 14 besoins fondamentaux (décrits par Virginia Henderson en 1947) qui lui permettent, lorsqu'ils sont tous assouvis, d'être en pleine santé. « Les activités de soins infirmiers généraux sont relatives à la vie et sont donc rattachées aux besoins fondamentaux des personnes » : c'est cela qu'on nous apprend. Ces besoins sont donc de l'ordre de 14 et se présentent ainsi :

1. Respirer
2. Boire et manger
3. Éliminer
4. Se mouvoir et maintenir une bonne position
5. Dormir et se reposer
6. Se vêtir et se dévêtir
7. Maintenir la température du corps dans les limites de la normale
8. Éviter les dangers
9. Être propre et protéger ses téguments
10. Communiquer
11. Pratiquer sa religion et agir selon ses croyances
12. S'occuper et se réaliser
13. Se recréer
14. Apprendre

Parmi eux, plusieurs n'ont pas été atteints pour toi, Tata. Et celui qui retient mon attention pour notre histoire, c'est celui-ci : « pratiquer sa religion et agir selon ses croyances ». Même si nous ne comprenons pas, et n'adhérons pas à la croyance du patient (ce n'est d'ailleurs pas ce que l'on nous demande), nous nous devons de l'écouter. Et cette écoute n'a pas eu lieu, le silence ou les sourires ironiques faisant écho à ta souffrance, ont été les seules réponses du monde soignant. Je ne juge pas, non, j'ai bien expérimenté ce monde pour savoir comment il fonctionne, ce monde où nous laissons les commandes à notre cher Ingénieur, oubliant notre cœur, notre Infirmière intérieure...

À l'époque, lors de mes études, nous avions ri en disant qu'il manquait un besoin parmi ceux qu'on nous apprenait, celui de « se reproduire ». Aujourd'hui, je pense avoir trouvé un autre besoin essentiel : celui qui t'a décidé à revenir : le besoin d'être Aimé. Alors, poussée par ton Amour, MAINTENANT, j'ai un souhait : celui de faire porter ta voix à travers mes mots et tes maux, pour qu'une trace indélébile perdure à travers l'Histoire. Tout comme la légende du colibri, je souhaite faire ma part, afin de participer à enclencher une transition, une prise de conscience, celle que l'être est complexe, bien plus complexe que ce que nous décrivent nos livres de médecine, que l'être est un Tout qui ne peut être découpé comme nous le faisons avec nos spécialités (pneumo, cardio, uro etc.), que l'être humain a une âme, une conscience, et vit des expériences qui lui sont propres, que chaque être a le droit d'être écouté et entendu quelles que soient ses croyances (même limitantes). Je souhaite faire marcher mon Ingénieur et mon Infirmière main dans la main, pour publier ce témoignage, et faire comprendre qu'il ne s'agit pas d'avoir l'esprit ouvert, mais le cœur. Enfin, ma petite magie-sienne comprend que changer le monde, ce n'est pas ce qui m'est demandé, mais permettre de le faire évoluer en faisant ma part, alors oui, pourquoi pas.

Aujourd'hui, tes mots ont, de plus, donné un sens nouveau à mes visions. Le rouge à lèvres que tu avais donné à Thalia : je me souviens m'être demandé si souvent pourquoi nous avions toutes les deux la même vision. Et puis, on n'en n'a jamais parlé dans les détails quand tu es revenue, on était tellement silencieuses toutes les deux. La vie a été mouvementée aussi, il faut dire suite à ton retour. En lisant ce que tu as écrit sur ce fameux rouge à lèvres, en lisant que tu en avais besoin dans l'entre-deux pour écrire ton SOS sur un miroir, j'ai été bouleversée. Je relis mes notes, et me souviens avoir vu en effet des miroirs comme des vitres...et je ne comprenais pas. J'ai résolu ce mystère, tout s'explique. Finalement, pas besoin de croire, me dis-je. Est-ce que la gravité fonctionne mieux si je me mets à y croire ? Disparaît-elle si je m'arrête d'y croire ? Non. Elle est, et c'est un fait. Il en est de même pour moi, pour notre histoire, pour l'au-delà...C'est ainsi.

En attendant, tes lignes me transpercent et me laissent terriblement bouleversée durant plusieurs jours. Te lire a fini de me convaincre, de me pousser à sortir de ma carapace : tu avais raison : il faut parler, écrire, MAINTENANT... Tes lignes m'ont traversée, transpercée, transcendée...

04/08/2024 : PROMIS C'EST PROMIS

Il est tard, et il fait bon. J'ai décidé de m'allonger dehors pour regarder les étoiles. J'adore faire cela. Et puis, j'écoute le monologue interminable de Naël. Ce soir, il a décidé de m'expliquer l'importance de nos intentions : « Si tu veux voir des étoiles filantes, alors tu les verras, dit-il, il n'y a qu'à demander ». Pour m'illustrer au mieux ses propos, il se lève et me chante une chanson inspirée de sa boîte à histoire « Étoile, étoile, toi qui vis, toi qui veilles, toi qui gardes, viens à moi, viens à moi ». Je souris dans l'obscurité en me demandant ce qu'auraient pensé mes parents, si j'avais osé être ainsi petite. Il est là, en slip, dehors, les mains levées vers le ciel, à prier sa bonne étoile. Moi je ris de bonheur de le voir se sentir si libre de parler, et me dis que j'ai au moins réussi cela dans ma vie ! Il m'explique ensuite l'importance des formes, me raconte qu'en faisant des soins je peux mettre des losanges dans la lumière, afin que cela soit plus puissant...Il est impossible de l'interrompre lorsque c'est ainsi. Alors, j'écoute et divague en même temps. Soudain, il part précipitamment chercher « un quelque chose », comme il se plaît à dire très souvent. Je décide d'en profiter pour continuer la lecture de mon livre du moment, en m'asseyant dans le canapé, tout en me culpabilisant intérieurement de passer plus de temps à lire qu'à écrire...C'est à ce moment-là qu'Isis décide de faire son apparition. Elle miaule et tend sa patte sur le sol devant moi. Je me baisse en lui demandant ce qu'elle cache ainsi. Elle lève sa patte, et dans la pénombre, je discerne une chose volante non identifiée qui se pose sur ma main.

Je ramène celle-ci vers ma lampe de lecture, et m'extasie à la vue de la merveille qui s'y trouve : une magnifique libellule. Je tente de la faire envoler mais elle reste accrochée à moi, littéralement. Naël revient et est aussi excité que moi.

On s'étonne de ce moment, on admire ses petites ailes si bien faites et symétriques. Et il me dit : « Dis-le à mamie : c'est Tata Martine qui nous fait signe ! ». Je reste coite. Je ne me souviens pas avoir un jour parlé de cela devant lui. Plus vif que moi, il prend mon téléphone et s'apprête à prendre des photos. Je le récupère ensuite pour filmer ce merveilleux insecte et l'envoie à ma mère. Il est environ 22 heures. Maman me répond : « Parle-lui stp ma grande ». Alors, là, assise sur mon canapé dans la pénombre, mon petit homme à mes côtés, je me mets à parler, à parler à une libellule, à lui parler, à te parler…J'essaye une nouvelle fois de permettre l'envol de la libellule en levant mes doigts : elle vole enfin, mais revient se nicher dans ma robe blanche.

Je sais au fond de moi ce que Tata souhaite entendre alors, je dis tout haut : « Tata, je te l'ai promis, oui, j'écrirai notre histoire jusqu'au bout ». C'est à ce moment-là qu'elle s'envolera, comme dans un film.

Vingt minutes : c'est le temps que ce petit être sera resté avec moi…Un petit ange amené par ma lumineuse Isis, envoyé par toi, mon soleil, ma fille de l'air…

ÊTRE MERE C'EST PORTER LA VIE DE CEUX QUI NOUS PORTERONT À JAMAIS DANS LEUR CŒUR

Je suis passionnée depuis le collège par la génétique et ce que renferment nos cellules. Et je suis aussi une passionnée de l'Amour. Je veux dire par là : le vrai Amour. Celui qui est Inconditionnel, celui qui nous porte, nous emporte, au-delà de tout. Mon amie Soso me dirait : « Émilie tu es une amoureuse de l'Amour », elle aurait raison.

Tata m'a décrit cet Amour comme étant intangible, puissant et lumineux. Elle disait qu'entre nous (je veux dire par là, nous tous), il y avait des fils de lumière qui nous unissaient. Et sur ces fils, elle y sentait tout l'Amour que nous avions pour elle. Comme une immense toile qui nous reliait.

À travers ses lignes, nous ne pouvons que ressentir combien l'Amour de ses enfants était porteur de ses décisions, porteur d'espoir aussi, et de combativité. C'est beau, magnifique même. Mais, je crois avoir trouvé quelque chose d'aussi beau que ces témoignages de notre Amour : cela s'appelle le microchimérisme.

Et quel hasard, encore une fois, que cette émission soit diffusée au moment où j'écris mon livre. Aujourd'hui, j'ai donc entendu une journaliste scientifique, Lise Barnéoud, nous relater l'histoire incroyable de cette nouvelle découverte. En résumé, dans le ventre de sa mère, l'enfant lui envoie des cellules. Celles-ci restent dans le corps maternel et peuvent aller jusqu'aux organes de celui-ci, et s'y intégrer en travaillant aux côtés de celles de la mère.

Une cellule d'un enfant peut ainsi vivre dans le cœur de sa mère, et cela n'est pas éphémère. Apparemment, ces cellules sont plus présentes dans certains tissus que d'autres, comme la moelle osseuse, et même les poumons de sa mère. Je ne peux que m'émouvoir de cette découverte qui porte un regard nouveau sur ce lien d'Amour qui nous unit. Et, étrangement, je la trouve en adéquation totale avec la vision que j'ai eue de Tata, la nuit où elle a rejoint les étoiles. Cette vision où elle a sorti de sa poitrine, une boule de lumière pour la mettre dans le cœur, les poumons de mon cousin, son fils.

Quand Tata disait aimer ses enfants plus que tout et qu'elle les portait dans son cœur pour toujours, elle était si juste.

29/09/2024 : PROMESSE TENUE

Tata, j'avance à grands pas dans notre histoire, et la mienne.

Au début, je ne voulais raconter que la nôtre mais je me suis vite rendue compte que c'était impossible de dissocier les deux. Puisque notre histoire a révélé la mienne finalement...

Je suis heureuse, car aujourd'hui, j'ai beau relire nos lignes, je ne pleure plus.

J'avais entendu dire qu'écrire sur soi était un travail de guérison, et j'irai même plus loin, pour moi, cela a été de sacrés moments d'analyse de moi-même, une sorte d'auto-psychanalyse sur papier.

Suite à la discussion avec Teddy, Carole et maman en février, et connaissant mon habitude pour la fuite en avant, j'ai décidé de m'imposer une date butoir...que je n'ai pas choisie par hasard.

Je me suis dit que l'anniversaire de ma mère, qui aura lieu dans quelques jours, était parfait. Je sais que tu valides ce choix.

De plus, après-demain, c'est l'anniversaire de ta fille, peut-être que si je gère bien mes affaires, je pourrai lui envoyer en PDF. Alors, je ne cesse pas d'écrire, je n'ai même plus le temps de lire. Depuis deux semaines, je suis allée par deux fois écrire auprès de notre étang en te sentant à mes côtés. Et je n'ai pas pleuré...Quelle merveilleuse victoire que celle d'avoir apprivoisé celle que j'étais ! Ce soir, ce sont des larmes de joie que je sens pointer au bord de mes yeux. Parce que je cherchais un texte pour résumer notre histoire, et que l'Univers me l'a envoyé. Il est venu à moi par Facebook car quelqu'un l'a affiché sur son mur, quelqu'un que je ne connais absolument pas, m'a permis de trouver ce que je cherchais absolument : un texte qui pourrait en quelque sorte clôturer notre histoire même si rien ne sera jamais terminé entre nous, mon ange, ma fille de l'air, ma petite libellule, ma Tata d'amour...Alors, le voici :

LE CONTE DE LA LIBELLULE[14]

«Au fond d'un ancien étang vivait un groupe de larves qui ne comprenaient pas pourquoi, lorsque l'une d'elles remontait les longues tiges de lys jusqu'à la surface de l'eau, elle ne revenait jamais là où elles se trouvaient.

Ils se promirent que le prochain d'entre eux qui remonterait à la surface reviendrait raconter aux autres ce qui lui était arrivé.

Peu de temps après, l'une de ces larves ressentit une irrésistible envie de remonter à la surface. Elle commença à gravir l'une des fines tiges verticales, et lorsqu'elle fut enfin sortie, elle se reposa sur une feuille de lys. Puis elle connut une magnifique transformation qui la transforma en une magnifique libellule dotée de belles ailes. Elle a essayé de tenir sa promesse, mais en vain. Volant d'un bout à l'autre de l'étang, elle pouvait voir ses amis au fond. Elle comprit alors que même s'ils avaient pu à leur tour la voir, ils n'auraient jamais reconnu un de leurs compagnons dans cette radieuse créature.

Le fait qu'après cette transformation que nous appelons la mort, nous ne puissions plus voir nos amis ou notre famille, ni communiquer avec eux, ne signifie pas qu'ils ont cessé d'exister...Ils ne sont pas là, ils sont allés ailleurs pour s'occuper de nous depuis là avec une vision différente.

"La mort n'est rien d'autre qu'un changement de mission." »

Je sais que tu adores ce texte. Il te rappellera certainement celui que tu avais choisi pour ton enterrement, celui qui disait que tu n'étais pas partie complètement, que tu étais dans la pièce d'à côté...

---

[14] Extrait du livre "Des histoires pour grandir et guérir" de Michel Dufour

Tous ces chapitres ont embelli le livre de ma vie, même si certains étaient particulièrement douloureux.

Ainsi, la petite magie-sienne, celle qui se rêvait guérisseuse, a fait tant de chemin pour comprendre finalement que sa principale patiente, c'était elle-même. Et puis, elle avait raison, cette petite magie-sienne : elle a bien fini par le trouver, le remède : c'est l'Amour. Je crois que Tata a largement participé à me faire comprendre cela.

Alors merci, Tata. Tu es la plus incroyable des libellules...tu m'as permis de sortir de mon cocon, de passer de chenille à papillon...J'ai enfin ouvert mes ailes, et c'est en partie grâce à toi, grâce à notre histoire.

Et cette histoire, en a révélé tant d'autres.

Maintenant que je me suis rencontrée pleinement, et que j'ai embrassé celle que je suis, tant d'autres étoiles en devenir sont venues à moi.

Cette expérience extraordinaire a changé nos vies, la tienne, la mienne, la leur aussi...

Notre histoire n'est pas finie, ma Tata.

Elle est éternelle et durera au-delà de l'univers et des étoiles.

PS : Nous sommes le 14/02/2025 et Tata, ce livre est fini, enfin...Je suis allée jusqu'au bout. Ce n'était pas gagné, j'ai beaucoup tergiversé. Mon Ingénieur n'a eu de cesse d'hésiter. Merci pour tes encouragements de là-haut (les ampoules de ma salle de bains qui ont grésillé chaque fois que j'ai osé dire à Julien que j'allais arrêter, les libellules qui n'ont pas cessé de me perturber, tes nombreuses visites dans l'entre-deux, l'odeur du muguet qui me rappelle ton parfum, que je ressens lorsque je doute, tellement).

NOTES À MOI-MÊME :

1. Nous aimons, jusque dans nos cellules, et plus loin que l'univers et les étoiles.
2. Réunir toutes les parties de moi sans jugement m'a sauvée.
3. La vie est pleine de sens et de signes.
4. Ne jamais sous-estimer la volonté de l'univers, et de nos défunts pour nous mener au chapitre suivant de notre vie.
5. Mon pire ennemi, c'est moi-même. Pourtant, je peux être un allié suprême.
6. Aider les autres, c'est leur apprendre à pêcher, ce n'est pas les habituer à ce que je les nourrisse à chaque fois qu'ils seront affamés.
7. Demander de l'aide est parfois nécessaire pour sortir du brouillard, mais au fond, j'ai tout pour réussir. Il suffit de retrouver mes clés, celles qui mènent à mes réponses intérieures.
8. J'ai passé plus de temps à Avoir l'air normal qu'à Être, tout simplement.
9. Colère + Peur + Ignorance + Culpabilité = cocktail détonnant déconnant.
10. Les mots ont un pouvoir mais il est décuplé en fonction du sens et de l'intensité qu'on leur a attribués.
11. Il n'est pas nécessaire de tout savoir, sinon je suis dans le contrôle et celui-ci ne me donne pas accès à mon essence.
12. J'ai trouvé à l'intérieur de moi, un véritable travail d'équipe...celui que je recherchais depuis enfant. Mon Ingénieur, mon Infirmière, ma Guerrière, mon Âme : c'est eux ma fine équipe !
13. On n'apprend jamais mieux qu'au contact des autres car ils révèlent nos blessures, nos poussières cachées sous le tapis.

NOTES À MOI-MÊME POUR VOUS TOUS :

1. Aimez-vous, vous-même, la foi, l'espoir chevillés à votre cœur.
2. Rien n'est impossible ou plutôt : tout est possible.
3. Aimez, au-delà de l'univers et des étoiles.
4. Soyez aimés...en sachant que vous pouvez l'être par au moins une personne : vous-même...et que c'est avec elle que vous passerez le plus clair de votre temps.
5. Vous êtes un merveilleux univers, rempli de potentiels.
6. Écoutez votre cœur, et faites-lui confiance, il sait. Gardez-le ouvert, c'est encore mieux que d'avoir l'esprit ouvert !
7. Rappelez-vous la force de vos intentions et écrivez les chapitres de votre vie tout en vous laissant porter par les signes de celle-ci. Chacun est écrivain, vous avez le crayon en main, laissez-vous porter.

ÉPILOGUE

LEURS SIGNES

Mes deux derniers chapitres ont ouvert définitivement le plafond au-dessus de ma tête. Mon Ingénieur et mon Infirmière s'adorent et se respectent, ma guerrière me procure le courage, et mon Âme veille.

Dans l'énergie, le plafond ouvert doit être bien visible, car, ça y est, les défunts sont revenus. Ils étaient certainement toujours là mais disons que maintenant, j'en ai pleinement conscience et ne me cache plus derrière la porte. Et puis j'ai compris que mieux je me sens, plus je vibre haut en quelque sorte. Ainsi, je peux me mettre en diapason avec eux, les défunts. J'admire leur volonté de se faire entendre. Ils nous aiment tellement. Leur Amour pour nous les mène à l'entre-deux, cette porte entre nos réalités. Nous nous croisons ainsi à cet endroit. C'est comme s'ils descendaient vers moi, et que moi, je montais vers eux. La trappe s'ouvre et les messages défilent, parfois brièvement, mais ils sont bien présents.

C'est le plus beau cadeau que Tata m'ait fait : me permettre de sortir du silence, me permettre de transmettre, et de partager aux incarnés les signes de leurs défunts.

2022 :

Une amie m'appelle et me demande de l'aide pour un de ses proches dans le coma. Son état est grave, et malgré tout, il « reste ». Personne ne comprend ce qui le retient. Je ressens une urgence en moi à me connecter à ce jeune homme.

Il est mal. Je le ressens dans une culpabilité telle que je pleure. À ses côtés, il y a son chien. Il saute et tourne autour de lui. Il y a la lumière au loin.

« Qu'est-ce qui te retient ? »

« Je ne veux pas partir, je mérite de souffrir.»

« Pourquoi ? »

Il me montre des images de lui, de son ex-femme, et de leur fille. Il leur a fait du mal, me dit-il. Et puis à son chien aussi : il est mort à cause de lui.

Je lui dis que je vais contacter son amie qui m'a appelée, et que s'il a un message à faire passer, qu'il me le dise.

Il me montre une image de notre amie commune avec son bébé dans les bras et qui, malgré tout, lui envoie la lumière pour l'aider. « Dis-lui merci et dis-lui de dire à mon ex-femme et à ma fille, combien je suis désolé ».

Il me montre un jardin, une statue zen avec à ses pieds un coffre métallique et de l'argent dedans : il me montre sa fille qui connait ce secret. Il met son doigt devant sa bouche en signe de « chut », et me dit de lui dire : « C'est notre secret. Je t'aime ». Il a une peluche à ses côtés, dans son lit d'hôpital, je la vois, c'est celle de sa fille.

Je reviendrai, lui dis-je.

Je transmets son message. Mon amie est touchée, et va appeler l'ex-femme de cet homme pour lui parler de ce que j'ai vu.

Cette amie me contactera, stupéfaite de mes visions. Sa fille a entendu la conversation téléphonique de sa mère, et le passage de la boîte métallique dans le jardin l'a fait réagir. « C'est un secret entre papa et moi : personne ne le sait ! ». Tout s'explique, tout prend forme, chaque chose retrouve sa place. Oui, il y a eu énormément de souffrance entre ces êtres, et d'incompréhensions. Et puis, je comprends la culpabilité de cet homme envers son chien : celui-ci l'avait suivi alors que son maître était parti courir, et il s'était fait percuter. Il avait toujours dit à ses proches qu'il se tenait pour responsable de la mort de son chien. Enfin, sa fille lui a bien fait passer un doudou à l'hôpital, qu'il a contre lui.

Toutes ces explications me touchent, nous touchent en plein cœur.

Lorsque je me reconnecterai à lui, il sera tellement plus apaisé, c'en sera stupéfiant.

Je le verrai aller vers la lumière. Le lendemain, mon amie me préviendra de son départ vers les étoiles.

2023 :

Elle vient me voir pour une séance de guidance. Je ne la connais pas. Je sais très vite que nous avons de la visite, sur son côté droit, je vois un homme et un magnifique étalon noir. Les images se superposent. Je ressens un amour tel que mon cœur saccade, et mes larmes coulent.

Soudain, derrière son épaule gauche, l'image d'une femme apparait, elle a des fleurs dans les mains et les déverse sur la jeune femme. Un côté floral, un côté animal...c'est drôle me dis-je. «Elle est notre fille», entends-je...Je suis impressionnée et marche sur des œufs lorsque je retranscris cela à la jeune femme. Elle se met à pleurer : «Ce sont mes parents, ils sont décédés, mon papa s'occupait de chevaux, et ma maman était fleuriste ».

2024 :

Elle a perdu son papa, et vient pour une guidance. Je ressens très vite la présence de celui-ci. Une énergie d'amour et festive me traverse. Je sens qu'il est joueur.

Il me montre comment me positionner. Elle est allongée sur ma table de massage, et il m'explique que je dois me mettre derrière sa tête, et poser mes mains autour de celle-ci, et embrasser le haut de son crâne. «Dis-lui : je t'aime Chounette » C'est un drôle de surnom, me dis-je. Je n'en ai jamais entendu de pareil. «Sûr de vous ?? » lui dis-je.

« Oui », il sourit. Je m'exécute, elle réagit et pleure immédiatement : « C'est ainsi qu'il me surnommait et c'est ce qu'il a fait la dernière fois que je l'ai vu avant son décès ».

25/08/2024 :

J'étais avec eux cette nuit. Mon parrain tout d'abord puis Cri-Cri et Tata. Nous nous sommes retrouvés à la frontière du Voile. Il y avait un fleuve sur lequel passait un pont. C'est sur celui-ci que nous étions. C'est ainsi que se montrent les choses dans ma représentation. Et puis soudain, je me suis sentie traversée d'un courant électrique et aspirée par une force dans mon dos. Le décor a changé, et je me suis retrouvée dans un aéroport. La mère d'un des meilleurs amis de mon fils était là, paniquée et attristée. « Que fait-elle de nouveau à l'aéroport alors qu'elle revient depuis peu du Brésil ? » pensai-je. À côté d'elle, un homme assis en fauteuil la regardait. Elle, elle ne le voyait pas, et pleurait son absence. Et au-dessus d'elle, son défunt mari m'apparut, comme un chevalier blanc. Il l'entoura d'amour. Je reçus nettement son message vibratoire : « Dis-lui que je suis là, dis-lui qu'elle n'est pas seule ».

Je ne suis pas très bien ce matin, car comme à chaque fois que j'ai un message à faire passer, je m'inquiète de la véracité de celui-ci. Ce monde entre-deux est parfois si difficile à saisir. J'ai pleinement conscience maintenant que ce que je vois est réel, mais pour que je comprenne le sens de mes visions, les images sont choisies par mon esprit afin qu'elles me « parlent ». Alors est-ce une métaphore ce que j'ai vu ou F. a-t-elle réellement perdu un être cher aujourd'hui, son père ?

Poussée par cet élan habituel des défunts, je finis par prendre mon téléphone et lui envoyer un message. Elle me répond qu'elle a en effet dû partir en urgence au Brésil, son papa étant décédé la veille.

Pour finir, voici les signes que tata recevait...
J'ai trouvé ces passages de son journal intime alors que je terminais la mise en page de mon livre en janvier 2025.

« Lundi 03 décembre 2018 -
Il m'est arrivé une chose bizarre cette nuit. Il faut que je la commente par écrit car je risque de l'effacer de ma mémoire ; c'est bizarre car je me rends compte que si je n'en parle pas maintenant, eh bien le souvenir va s'estomper puis disparaître.
Dans la nuit du 02 au 03 décembre, donc la nuit dernière, j'ai été réveillée à 4 h 20 (l'heure s'affichait au radio-réveil) par une chanson « le chanteur abandonné » chantée par Johnny Halliday. Le son venait de la télé qui justement se trouvait allumée alors que je l'avais éteinte la veille, dans mon lit, aux alentours de 23 heures. Peut-être la télécommande était-elle dans le lit (et elle y était justement mais davantage vers mes pieds donc assez loin de mes mains) et peut-être ai-je bougé dessus et déclenché la télé ??? Ce ne sont que des suppositions. Mais j'avais l'énorme sensation que mon mari était dans la chambre avec moi encore une fois.
La chanson de Johnny était un message. Mon mari adorait Johnny, et je pense qu'il veut me laisser des messages mais je ne sais pas lesquels. Ce qui me fait peur c'est l'heure qui à chaque fois est exactement la même. Pourquoi 4 h 20 justement ?
Je dis bien encore une fois, car il m'est arrivé à peu près la même chose dans la nuit du 05 au 06 décembre 2017, lorsque Johnny est décédé. Le réveil affichait également 4 h 20 ; exactement la même heure, mais cette nuit-là c'est le radio-réveil qui s'est mis en route, et qui m'a réveillée car sur les ondes on annonçait le décès de l'idole. Et j'avais l'impression que mon mari était assis au pied de mon lit.
Tout cela pourrait me faire peur, et faut dire qu'il y a de quoi, et moi je suis très trouillarde, mais le paradoxe, c'est qu'à chaque fois, je me sens apaisée.

04/05/2019

Ah oui au fait, petit journal, j'ai oublié de relater une nuit très spéciale, encore une, que j'ai passée le 4 mai. J'ai été réveillée vers minuit, par de la musique, comme dans une boum, et je me suis rendue compte en me levant et en m'approchant de ma cuisine que c'était mon transistor à piles (pour la deuxième fois en trois semaines) qui s'était mis en route tout seul – une histoire de fous !!!! – je me suis recouchée et me suis rendormie et à 3 h 10 pile (c'était affiché au radio réveil) j'ai été réveillée à nouveau, mais cette fois-ci par la télévision de ma chambre ; elle s'était rallumée toute seule, et le son était en mode « handicap aveugle » donc toutes les scènes étaient décrites et parlées ; une nuit d'enfer, et c'est bizarre car la veille en me couchant, j'ai pressenti que j'allais passer une mauvaise nuit ; il y avait plein d'ondes dans le silence et le noir de la nuit ; tout cela me donne les chocottes. Il y a certainement un raisonnement plus cartésien mais moi je pense aux Esprits...

11/11/2019

Au fait, il m'est arrivé encore un truc bizarre dans la nuit de samedi à dimanche dernier. Aux environs de minuit, j'ai entendu une musique « à fond » ; je pensais que c'était ma télé de la chambre car elle était allumée, donc j'ai éteint le son ; après, je me suis rendue compte que je n'avais pas pris mes médicaments du soir donc je me suis dit que la musique était bien réelle, et que je ne rêvais pas ; je me suis levée et approchée de la cuisine et plus j'approchais, et plus c'était fort. Eh bien, la musique provenait bien de ma radio, installée dans ma cuisine, qui s'était mise en marche « toute seule » et chose bizarre le bouton du volume était sur le « 7 » alors qu'il reste positionné sur le « 2 » comme s'il fallait que je l'entende de ma chambre !!!! C'est bizarre, et cela commence à me foutre la trouille. Mais quand j'en parle à Maman, elle me dit que c'est pas possible, et que c'est moi qui fait cela durant du somnambulisme, et voilà que ma petite sœur me dit la même chose !!! C'est dingue çà, de ne pas me croire !!!!! et d'être aussi cartésien !!!! « Peut-être que ce n'est pas des Esprits, peut-être que c'est seulement un mauvais fonctionnement à l'intérieur de tous ces fils et câbles électriques etc » ... Qui ferait cela ?!

Je n'en sais rien, mais en tout cas, c'est bien RÉEL.

AVRIL 2022 :

(...) Mais qu'est-ce que j'ai pu pleurer la nuit, le jour, je n'y comprenais rien, je ne voyais pas l'avenir, qu'est-ce que je faisais là, dans ce corps inerte, qu'est-ce qui se passait, je ne savais plus rien, rien de rien ... hormis qu'une force intérieure me disait : « Il faut que tu y arrives », « Retrouves ta vie d'avant ». Oui, mais comment ? Il y avait tellement d'amour, l'amour de mes enfants, leurs forces réunies, l'amour de mon frère et de ma sœur, et de bien d'autres aussi, mais eux tous étaient présents à mon chevet, physiquement. Tout cet amour...J'avais l'impression d'une renaissance, d'une prolongation de la vie, d'un sens...il fallait que je me reconstruise pour leur dire de vive voix que grâce à eux, j'étais revenue, que, grâce à eux j'allais tout donner pour pouvoir continuer ce chemin de vie à leurs côtés ...encore quelques années !!!

Je me rappelle de mon Seb qui passait le soir me faire manger à la cuillère, et souvent je m'endormais et il me laissait un petit mot : « Maman chérie, tu t'es endormie, je te laisse dormir, tu en as besoin, je suis parti à telle heure... ».

Tout ceci fait partie des gestes d'amour dont j'avais tellement besoin, et mes enfants me les donnaient, ces preuves d'amour, de force et de respect, mon frère et ma sœur aussi. Comment pourrais-je faire pour les remercier de cette force qui m'a aidée à revenir car il faut bien le dire j'étais dans le domaine des « morts » car même s'ils ne voulaient pas de moi pour le moment, mes chers disparus, eh bien je les ai bien vus, oui je les ai vus, je les ai approchés, côtoyés ..et je sais qu'ils sont là tout autour de nous, à leur façon, mais ils sont là et se manifestent par rapport à certains ou certaines d'entre nous et de façon différente. Il y a bien un Monde parallèle entre la Vie et la Mort, il y a l'Au-Delà ! ».

Tata est partie rejoindre les étoiles le 6 décembre 2022, un signe, un hasard ? Impossible de ne pas y voir un clin d'œil envers son défunt mari, fan de Johnny.

MES ILLUSTRATIONS

Elles ont vu le jour suite à une discussion avec mon frère qui me le suggéra. Et quelle bonne idée !

Certaines ont été plus difficiles que d'autres, émotionnellement parlant.

La première était dans ma tête depuis ce fameux jour de 1993. Tant de fois j'ai souhaité la dessiner mais je m'y suis toujours refusée. Vous l'avez compris maintenant : pour moi, tout ce qui est sur le papier a une valeur particulière : c'est comme une preuve indélébile de ce qui est. Dessiner cette vision, cela aurait été m'y confronter...L'écriture de ce livre m'aura donc permis d'aller de l'avant...et franchement, il était temps !

La deuxième est assez incroyable. C'est en l'ayant fini, que j'ai réalisé que la jeune femme dessinée ressemblait comme deux gouttes d'eau à celle sur un tableau accroché à un mur chez mon ami Cri-Cri. Un coup de mon Ingénieur ? Très certainement.

La troisième...Ah, la troisième...Cette image, je l'ai dans la tête depuis que je suis infirmière, depuis que j'ai vu un scope la première fois avec cette fameuse ligne suspendue révélant la mort de nos patients...Et en même temps, cette image c'est aussi l'illustration de ce qui est arrivé à mon Infirmière intérieure : la pauvre, elle se perdait, se mourait...il était temps qu'elle prenne la porte !

La quatrième est née il y a quelques années. Lorsque je m'auto-psychanalysais si je peux dire. Oui, mon Ingénieur et mon Infirmière se sont tant disputés que des nœuds dans ma gorge en sont nés. C'est ainsi que mes intestins, ma Guerrière, se sont révélés pleinement...C'est ainsi que la trappe au-dessus de ma tête s'est ouverte...Il était temps pour cela aussi !

La cinquième...Quelle drôle d'histoire la concernant. Je n'en reviens toujours pas. Je vais vous la conter du mieux que je le peux. Je n'avais pas prévu de faire cette image, enfin pas vraiment.

J'avais bien ce dessin en tête, car comment ne pas l'avoir après cette histoire avec elle, ma tante. Mais ce moment était si douloureux dans mes souvenirs. J'avais donc fait le choix de dessiner Tata sur la plage, tout simplement, sans SOS, avec les 4 Fantastiques derrière elle, au loin, nous, les kolaimnistes et Thalia, à ses côtés. Mais c'est fou, je n'avais pas l'inspiration. Alors, un soir, j'ai posé ma tablette sur la table devant moi. J'ai mis mon stylet à côté et j'ai attendu. J'ai respiré, je me suis centrée, et j'ai fait le silence en moi. Lorsque j'ai ouvert les yeux, je n'en suis pas revenue : ma tablette semblait dessiner toute seule : le pointeur faisait des traînées de sable sur ma feuille blanche. Cela ressemblait tellement à l'image que j'avais en tête mais me refusais de faire. J'ai frissonné. Et j'ai compris. J'ai attrapé mon stylet, et je me suis autorisée à dessiner ce que j'avais dans ma tête, cette fameuse image d'elle, perdue dans cet entre-deux. Cela ne m'a pris que trente minutes de faire cette image. Et je peux vous assurer qu'à chaque fois que je la vois, je revis ces moments entre nous, dans l'entre-deux.

La sixième n'est autre que la photo prise ce fameux jour, autour de l'étang. Quel merveilleux moment passé avec ce cadeau !

La septième représente ma fine équipe qui n'est plus dans le noir. Et puis, la porte est ouverte, et les messages et les signes peuvent y passer maintenant...

REMERCIEMENTS

Ils sont trop nombreux pour être tous écrits. Mais certains méritent d'être gravés sur le papier en plus que dans mon cœur.

Merci à moi-même, la petite magie-sienne,

Merci à ma maman qui m'a tant écoutée, malgré ses peurs sur l'entre-deux,

Merci à mon papa, pour son humour et sa réserve sur sa « sorcière de fille » rendant cela tellement plus léger,

Merci à mon mari, mon moteur,

Merci à mes enfants, petits bouts de moi en quête d'eux-mêmes comme tout un chacun, j'espère parvenir à vous laisser être ce que vous êtes,

Merci à mon petit frère David qui m'a fait sauter le pas concernant l'écriture de mon histoire mais aussi la création de mes illustrations,

Merci à toute ma famille, mes frères, ma belle-sœur, ma belle-famille, mes cousins, cousines, grands-parents, oncles, tantes...

Merci à ma Lolo, ma cousine...petite sœur de mon cœur, fille de ma Tata, petit bout d'elle si forte,

Merci à toi, petite Thalia, pour ton courage, celui d'avoir osé parler !

Merci à mes amis, à ceux qui savent sans y croire, à ceux qui savent et en parlent, à vous tous qui m'avez tant aidée,

Merci infiniment à Cécile, Laura et Nathalie pour leur soutien infaillible et leurs bons conseils,

Merci à Marie-Hélène, sa grande sagesse et son humilité, répondant inlassablement à mes nombreuses questions...

Merci à la Vie, à mes Anges de l'autre côté du voile mais aussi à ceux incarnés à mes côtés,

Merci à toutes les étoiles en devenir, celles que je croise sur mon chemin, incarnées ou non,

Merci à Cri-Cri, mon Cri-Cri d'amour...je n'ai pas d'autres mots tant ma gratitude est immense,

Enfin, merci à toi, bel ange, fille de l'air, jolie libellule téméraire...merci ma Tata.

Pour conclure : Je vous souhaite d'être aimé et d'aimer au-delà de l'Univers et des étoiles.